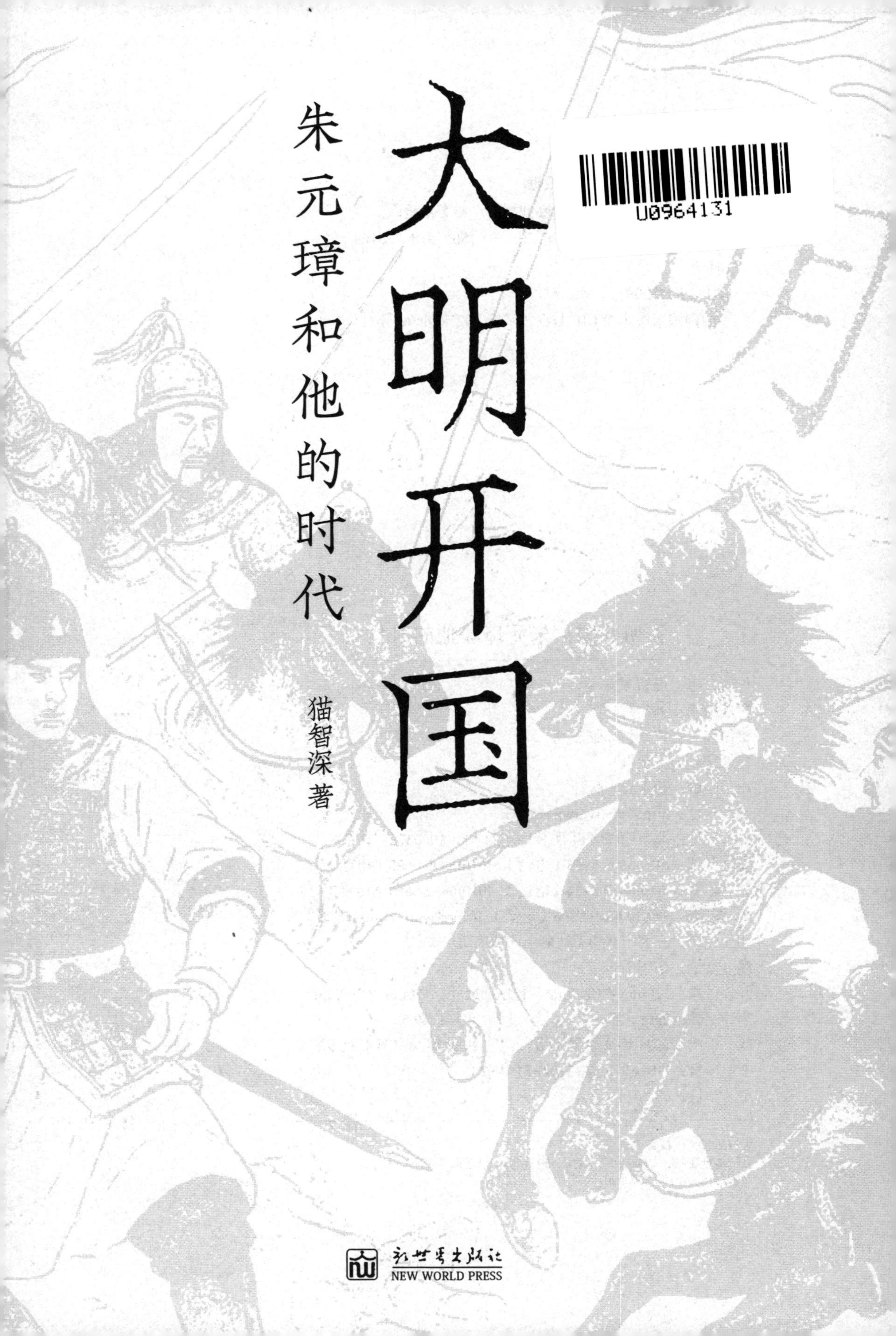

大明开国

朱元璋和他的时代

猫智深 著

新世界出版社
NEW WORLD PRESS

图书在版编目（CIP）数据

大明开国 : 朱元璋和他的时代 / 猫智深著. 北京 : 新世界出版社, 2025. 9. -- ISBN 978-7-5104-8164-2

Ⅰ. K248.09

中国国家版本馆 CIP 数据核字第 2025ZW6602 号

大明开国：朱元璋和他的时代

作　　者：猫智深
责任编辑：刘　颖
责任校对：宣　慧　张杰楠
责任印制：王宝根
出　　版：新世界出版社
网　　址：http://www.nwp.com.cn
社　　址：北京西城区百万庄大街 24 号（100037）
发 行 部：(010)6899 5968（电话）(010)6899 0635（电话）
总 编 室：(010)6899 5424（电话）(010)6832 6679（传真）
版 权 部：+8610 6899 6306（电话）nwpcd@sina.com（电邮）
印　　刷：三河市嘉科万达彩色印刷有限公司
经　　销：新华书店
开　　本：710mm × 1000mm　1/16　尺寸：170mm × 240mm
字　　数：298 千字　　印张：19.5
版　　次：2025 年 9 月第 1 版　　2025 年 9 月第 1 次印刷
书　　号：ISBN 978-7-5104-8164-2
定　　价：65.00 元

目录

第五章　建立明朝

第六章　乾纲独断

第一章

元末风云

01
朱元璋的病根

朱元璋是一个什么样的人？众说纷纭，毁誉参半。有人说朱元璋情深义厚，对糟糠之妻马皇后用情至深；有人说他善于治国，让饱经战火蹂躏的社会迅速恢复生机。

不过，即使是朱元璋的拥趸也无法否认，朱元璋独断而多疑，驭下手段酷烈。他把杀功臣当成常事，和他一起打江山的二十多个兄弟中，只有徐达和汤和有好结局，其他人大多被他杀了。为何朱元璋如此残忍？或许我们能在他早年的经历中找到答案。

一、世界对他如此残忍

“爹爹死了，娘亲死了，哥哥们也死了……”

看着角落里亲人们的遗体，十六岁的朱元璋目光呆滞，难过到哭不出声音。这一年是至正三年（1343 年），元朝立国后的第七十二年。一场瘟疫让朱元璋在半个月内几乎失去了所有的亲人。朱元璋当时还叫朱重八，取这个名字，是因为他的父亲和大伯两家一共有八个男孩，他排行第八。朱元璋的家族实在太穷了，没有读过书，只能用数字或排行取名。

从朱元璋的爷爷那一代起，朱家就四处租别人的土地耕种。在那个时代，元朝的官员与地方上的富户联合，夺取农民的田地和房子，这导致江南地区的农民生活处境很艰难，大多数和朱家一样，没有自己的土地，只能租种地主的田地，把过半的收入交给地主。

更严重的是，朱家这种外来佃户只能租到地主家的贫瘠田地。他们好不容易浇水施肥耕作了几年，但在土地肥沃后就会被地主赶走。于是，朱元璋的父亲只能带着一家人四处奔波，他们先在泗州盱眙（今属江苏省盱眙县），随后又搬去灵璧（今属安徽省宿州市灵璧县）、虹县（今属安徽省宿州市泗县）等地，在每一个地方都无法长期立足。到三十多岁时，他又带家人来到濠州钟离东乡（今属安徽省滁州市凤阳县红心镇），种地二十年了，又在被地主无故夺佃后迁到西乡（今属安徽省凤阳县临淮镇），之后又来到人烟稀少的孤庄村（今属安徽凤阳县府城镇）。被地主们赶得东奔西走，频繁地四处迁徙，这些经历让朱元璋从小就有一种不安全感，而这种感觉终生都在伴随着他。

许多史料记载了这期间朱元璋身上的种种事迹，比如成书于明嘉靖年间的《龙兴慈记》记载，他带领徐达、汤和等一群小兄弟偷吃地主家的牛。但对于这些事迹，笔者一个都不信，因为朱元璋只不过是一个外来户家中最小的孩子而已。

迁徙过程中，朱家也曾有些小钱，还让朱元璋读了几个月的书。但这样的家庭经受不了任何风险，在朱元璋十六岁那年，江南大旱，之后又遭大疫，朱家只剩下朱元璋、他的二哥和二哥的儿子，其他家人都死去了。

朱家人辛苦了几十年，可是活着的时候看不起病，死了连坟地也买不起。朱元璋和二哥只好去找地主，想乞讨一块地来埋葬亲人。他们在地主家的地上耕种了几年，幻想靠这点情面换来地主的怜悯，但等来的只有一顿臭骂。

回到家后，朱元璋和二哥抱头痛哭。正在这时，邻居刘家夫妇找上门了。看到朱家十余口人于旬日间便家破人亡，刘家夫妇于心不忍，主动提出给朱家一块土地埋葬亲人。富裕的地主什么忙都不肯帮，邻居却伸出援手，这让少年朱元璋不胜感激。

坟地有了着落，朱元璋和二哥就用破布包裹住亲人们的遗体，运到山坡下刘家给的那块地。但两兄弟还没来得及安葬，天上突降暴雨，他们急忙躲到旁边的树下。朱元璋想起一家人的惨状，再想到之后不知要去哪里漂泊，忍不住在雨中放声大哭。二哥本想安慰他，可刚说了两句，自己也忍不住号啕起来。

天晴后，两兄弟回到山坡下一看，大雨冲垮了山坡，不知把亲人们埋到了何处。那时的中国人重视身后事，讲究入土为安，可朱家这情况属于尸骨无存了，以后祭拜都不知道去哪里，至惨莫过于此。几十年后，朱元璋再临此地给父母修陵，回忆此情此景仍非常伤心，写道："殡无棺椁，被体恶裳，浮掩三尺，奠何肴浆。"

二、出家为僧

安葬亲人后，朱元璋的二哥抛下他，带着自己的儿子逃荒去了。这也不能怪二哥，灾荒时节二哥哪能养活得了朱元璋，只能带着亲儿子逃走。往日热闹的朱家，如今只剩下了朱元璋一人。曾受全家宠爱的幺子，孤零零地站在空荡荡的屋里，眼睛直勾勾地盯着房梁，丧失了所有的力气。

隔壁的一位汪大娘看朱元璋实在可怜，准备了一点香火钱，把他送入村东南的於皇寺，恳求方丈收下朱元璋。这两年，於皇寺的香火很旺，上上下下有十几个和尚，正缺一个不要钱的劳工，就收留了朱元璋。从此，朱元璋开始了佛门生活。然而，朱元璋的二哥就没有那么幸运了。他带着一个小孩，没有人收留，在逃亡的路上很快就和儿子丧生荒野了。至此，朱元璋兄弟八人，只剩下他一人，直到许多年后成为一方诸侯，朱元璋才托人打听到二哥和侄子的死讯。

了解了朱元璋早年的经历，才能深刻理解他日后的行事风格。世界是如此残忍地对待这个孩子，让他在少不经事时就见识了社会和人性的至暗。悲惨的经历塑造了他残忍的性格，他对待自己的政治对手从不手下留情，动辄抄家灭族。

少年时期的不安全感成为朱元璋一生的底色。即使他晚年贵为皇帝，仍会时常在梦中惊醒，边疆地区传来的一点微小的警讯更会让他惶惶不可终日。甚至到最后，朱元璋对跟随自己多年的淮西派兄弟们不放心，这种不安让他没有选择像赵匡胤一样杯酒释兵权，而是将老兄弟们几乎全部杀光。

刘家夫妇和汪大娘在危难时对朱元璋的帮助，让他对普通百姓有了深厚的情感。日后，有人建议朱元璋认朱熹做祖宗，像唐太宗李世民自诩为道家老祖李耳的后代一样，但唯真豪杰能显真本色，朱元璋才不屑于这样做，他反而在《皇陵碑》中将自己年少时的经历记录下来，让天下人都知道他曾经的不堪。

登基后，他将汪刘两家的子弟安排进了锦衣卫。他还自称“淮西布衣”，标榜自己的平民出身，当然如果其他人敢这么称呼他，那是要掉脑袋的。

执政期间，朱元璋一直怀着对百姓的这种感恩心态。为了防止官员压榨百姓，《大明律》规定，官员只要贪污了六十两银子，就要被剥皮。朱元璋甚至在一段时期内给了百姓监督官员的权力，允许百姓将他们认为有罪的官员押送到应天府（今江苏省南京市）受审。

然而，对普通百姓，朱元璋杀起来也毫不手软。朱元璋一统天下后，想从应天府迁都到凤阳（洪武七年即1374年，朱元璋将故乡改名凤阳府），就调集了十多万民工，修了数年的皇宫。他在即将竣工时前去巡查，结果在这期间做了噩梦，梦见有人杀他，朱元璋就怀疑民工在修建过程中用“压镇法”诅咒他，下旨要把民工全部杀掉。《明史·薛祥传》中记载，工部尚书薛祥看不下去，为民工争辩，但最后也只挽救了上千条人命。

世界曾对朱元璋如此残忍，如此悲惨的早年经历在历代大一统王朝的开国皇帝中实属少见。最终，严酷的现实粉碎了朱元璋心底最后一点天真。

02
朱元璋“失踪”的八年

在朱元璋那个时代，僧人的生存环境十分恶劣。走投无路的朱元璋幻想在於皇寺求得庇护，但世界很快将给他更重的打击，之后他不得不外出游历三年，这段徘徊在生死线上的经历让他的心变得比铁还硬。

一、忍气吞声，只为活下来

於皇寺离朱元璋所在的村子不远，是一个还算富裕的寺庙，住持将周边的一些耕地作为庙产租出去，再放点高利贷，他的日子比一般地主都过得富裕。

和尚们收留朱元璋不是因为佛祖晚上托梦，更不是因为可怜他，而是出于现实的考虑。朱元璋正年轻，什么活都能干，连工钱都不用发，收下他是一笔好买卖。就这样，受父母兄长宠爱的朱家幼子成了寺庙里最小的沙弥。每个和尚都是他的长辈，连打水做饭的火头和尚（庙里的和尚各自专责，有饭头、菜头、火头、水头等职务）都比他要高一头。为了活下去，朱元璋只能忍着这口气，白天伺候人，晚上打扫佛堂。有一日，他气愤至极，拿扫把将佛像打了一顿。

可即便是这样勉强有一口饭的生活，朱元璋也只过了不到两个月。於皇寺的和尚们主要靠地租过日子，但如今世道变了，又是蝗灾又是疫情，村里的百姓不是饿死就是病死，侥幸活下来的都逃荒了，和尚们收不上来地租。于是，於皇寺就把朱元璋扫地出门了。

十六岁的朱元璋，只能拿着一顶破蓑帽，穿着一件不知道多少人穿过的僧衣，在大灾大疫之年被赶出去要饭。不，是“云游”。但一个进庙只有一个多月的小和尚，也没学会几句佛经，出去怎么存活？更为吊诡的是，关于朱元璋这段云游的经历，正史中没有任何记载，这显得非常奇怪。

二、“失踪”的八年

事实上，整个史学界对朱元璋在至正四年（1344 年）到至正十二年（1352 年）的八年经历，即朱元璋十六岁到二十四岁的青年时期几乎一无所知。

在《明太祖实录》的记载中，与前期朱元璋父母身亡、借地葬亲、流落进寺庙的翔实记载相比，关于这八年的经历，史书却记录得极为简单，只提到朱元璋不去富裕的江南，而是一直辗转在闹饥荒的安徽、河南一带，之后就草草收尾。《明太祖实录》中说，朱元璋乞讨至合肥，半路生病，被两个紫衣人救了，后来在六安（今安徽省六安市）碰到一个老书生给他算命，说他日后贵不可言，之后的事迹就没有记载了。要知道，编撰《明太祖实录》的史官是有机会接触朱元璋的，如果朱元璋愿意讲，史官根本不愁没素材。

更诡异的是，朱元璋是一个很喜欢回忆往事的人，什么事都会往碑文和官方文件里写，比如，无钱葬父母、放纵将官掳掠妇女、杀恩人兼岳父郭子兴的最后一个儿子郭天爵，甚至连自己儿子们的罪状都毫不掩饰，但偏偏没有回忆过这八年间的任何事。

朱元璋是一个有魅力的领袖，自带亲和力，到哪里都能和众人打成一片。少年时期他结识了刘英、汪文等朋友，在红巾军期间他结交了汤和、徐达、周德兴等人，可这八年间，他的朋友圈一片空白。朱元璋有恩必偿，称帝后大肆封赏故旧，给他土地葬父的刘家和带他入寺的汪家后人都被封赏，可他云游期间遇到的好心人们却一个也没有出现。

这八年，朱元璋到底干了什么，究竟有什么讳言的？

朱元璋是去要饭了吗？可日后对要饭这件事，朱元璋也从不避讳，时不时还对大臣们说：“我本淮右布衣，天下于我何加焉？”

朱元璋是去当强盗了吗？可当强盗对开国皇帝们来说并不是一段不堪的经历，刘邦就曾在芒砀山落草为寇。

朱元璋不怕别人知道自己无钱葬父、屠城劫掠、杀恩人旧主和教子无方，那他这几年到底干了什么，他究竟在隐瞒些什么？

很有可能，朱元璋为了在灾荒年代活下去，做了许多不堪的事情。为了让读者们更加了解古代封建社会的灾荒是什么样的惨状，笔者引述一下明末陕西灾荒的记载。据明末官员马懋才的《备陈大饥疏》记载：

> 更可异者，童稚辈及独行者，一出城外便无踪迹。后见门外之人，炊人骨以为爨，煮人肉以为食，始知前之人皆为所食。死者相藉，臭气熏天，县城外掘数坑，每坑可容数百人，用以掩其遗骸。臣来之时，已满三坑有余，而数里以外不及掩者，又不知其几矣。

行走在灾情严重的地区三年，朱元璋是怎么活下来的？这个问题至今没有答案。但他在身体和精神上都必然遭到了极大的创伤，以至于从一个备受呵护的农家幼子，变成一个敏感猜忌、熟谙人情世故的"淮右布衣"。他的眼神如同千米深潭，深不见底，让人不敢直视，隐藏着无数秘密和残忍的念头，而潭水表面波澜不惊。究竟是什么不堪的往事，让朱元璋不忍回忆呢？

《明太祖实录》称，朱元璋在外游历的三年主要活跃在安徽和河南两省，去了庐州（今安徽省合肥市）、颍（yǐng）州（今安徽省阜阳市）、亳（bó）州（今安徽省亳州市）、固始（今河南省信阳市固始县）、信阳（今河南省信阳市）、汝州（今河南省平顶山市汝州市）等地。这些区域有一个特点——都有明教传播。而三年后，朱元璋回到於皇寺，再也没人敢赶他走。五年后，元朝大军围剿明教，有人告发朱元璋就是明教麾下红巾军的一员。之后，於皇寺被一把大火烧毁，朱元璋到濠州城（治所在今安徽省凤阳县）投奔郭子兴。朱元璋登上皇位后，一再澄清自己当时和红巾军没有关系，只是被逼无奈才起事的，但真相究竟是什么，於皇寺的那把大火到底是谁放的？也许没人能说清了。

一场大火即将燃起，也将烧到朱元璋的身上。

03
元朝失败的金融政策

看完朱元璋悲惨的少年经历，很多读者会和他一样痛恨残暴无情的地主，但关键的问题是，当民间失序、民不聊生时，元朝的官府去哪儿了？

对于正常的官府来说，他们的职责是在平时抑制土地兼并，让像朱家这样的家庭不再流离失所；在灾害时，他们需要救济平民，帮助更多人活下来。然而，关于上述职责，元朝的官府几乎都未曾承担。

当时，元朝的官府到底在忙些什么？

一、“元以宽失天下”

日后，朱元璋在讨论元朝灭亡的原因时，用“元以宽失天下”来总结。这里的“宽”并不是宽容的意思，而是说元朝对天下的治理松散且力度有限，最终导致了王朝行政系统的紊乱和最终的崩溃。

元朝官府的缺位实在太严重了，当时有一首诗写得很传神：

> 天高皇帝远，民少相公多。
> 一日三遍打，不反待如何？

元朝的情况是：朝廷内的蒙古人在忙着政变或者准备新一轮政变；地方上的蒙古军官是世袭的，无心训练，整日忙于搜刮钱财和骄奢淫逸；中间是一群色目人在忙着收税；而民间是豪强自治，在忙着兼并土地。

整个元朝的统治阶级都在各忙各的，几乎没有人关心这个王朝的弊病。与之相对应的是：各地的农民或是忙着交税，如果交不上各种苛捐杂税，就要一日挨“三遍打”；或是和朱家一样，四处逃荒；或是加入白莲教、明教等队伍，扛起抗元大旗。

谈到元朝灭亡的原因，笔者不想回到以儒家天人感应为基础而总结的那套放之历朝都能用的道德方法论，将王朝的兴起和灭亡全部归于皇帝的品德如何。

儒家尝试用许多类似纣王和象牙筷的故事来自圆其说，即商纣王买了一双象牙筷子，为了配这双筷子开始顿顿吃佳肴，为了配佳肴开始宠幸妃嫔，为了宠幸妃嫔开始建造宫殿，其他官员也有样学样，最终商朝就灭亡了。儒家将此归结为：商朝灭亡是因为统治者耽于享乐，根源在于君主的德行问题，如果商纣王的品德高尚，商朝就不会亡。

儒家为何要把国君塑造成道德完人呢？因为古代封建官府不能保证政策的适当性。古代官府管辖的疆域太大了，任何一个政策都会在对一个地方有利的同时，对部分其他地方有害，既有受益的人群又有受损害的人群，所以官府需要用道德压力要求百姓无条件地服从。

二、合法性“先天不足”的元廷

不同于汉人由嫡长子继承家业，蒙古人喜欢“幼子守灶”，也就是由最小的儿子继承父母的财产。这是因为草原的人口承载力低，一个家庭能养活的人少，当一个儿子成年后，他就会从父母的家里带一部分财产出去，独立游牧生活。当父母年老后，年长的儿子们都已经分家出去了，照顾父母的任务就落在了小儿子的肩上，于是，父母的家业也就属于小儿子了。

所以，当大蒙古国的第四位大汗蒙哥殒命钓鱼城后，成吉思汗的幼子拖雷的儿子阿里不哥在草原圣地哈拉和林，被蒙古权贵们通过法定程序推举为大蒙古国大汗。这时，占据中原的忽必烈发难，他竟然将战火烧到了蒙古人的祖地，双方征战四年，最终阿里不哥战败投降。这次战争让大蒙古国内部产生了巨大的分裂。钦察汗国、察合台汗国、窝阔台汗国都支持阿里不哥，唯有伊尔汗国支持忽必烈。阿里不哥失败后，各大汗国纷纷不服元朝，各派系的蒙古人彼此间征战不休。

于是，缺乏合法性却掌握着富庶土地的元朝朝廷，时时都面临着被颠覆的风险，这让元朝皇帝们整日惶惶不安。而且，因为要笼络蒙古人，皇帝还不能用汉人儒家那套理论为自己建立合法性。元朝立国九十八年，一共有十一个皇帝，第一个皇帝忽必烈在位二十四年（从元朝建立算起），最后一个皇帝元顺帝在位三十六年，其余九个皇帝平均掌权不到五年。这些皇帝，不是死于非命，就是在提心吊胆中日日酗酒，最终暴毙。

三、元朝廷的金融制度

为了让自己能多活几年，让别人少眼红，从忽必烈开始，每个元朝皇帝都要用大量的金钱收买可能造成威胁的人。最开始，这只是权宜之计，结果后来的每代皇帝都不得不如此。皇帝们不仅即位时要赏赐大臣，而且每年都要赏赐。忽必烈即位时直接拉了一车又一车的宝贝收买大臣。

立下灭宋之功后，忽必烈多少有些威望，而到了下一个国君——忽必烈的孙子元成宗即位时，他的赏金加了五倍。十三年后，元武宗即位，还没赏赐完一轮，国库就已经空了，还倒欠了一百八十万锭白银。根据专家的研究，以上赏赐大多为实实在在的金银，只有到了后面，皇帝们才开始用钞来顶替。

皇帝一赏赐，就花了几年的国库收入，国库没钱怎么办？印钞票！和宋朝一样，元朝也是用钞票的，最初，蒙古人恪守准备金制度，以丝、白银等为本，百姓拿着这些物品就可以与钞本自由兑换。但在生命朝不保夕之下，元朝皇帝就用印钞票来收买人心，准备金制度也名存实亡。

至元十一年（1274 年），元朝印了二十四万多锭元钞，名义上相当于一千二百多万两白银，这是一年的国库收入。

至元十三年（1276 年），元朝印了一百四十一万多锭元钞，名义上相当于七千多万两白银，这是六年的国库收入。

至元十九年（1282 年），元朝印了超过二百万锭元钞，名义上相当于一亿两白银，这是十年的国库收入。

即使在后期，皇帝实在没钱了，给大臣们的封赏被换成贬值速度极快的元钞，被皇帝收买的都是有本事的人，没本事的普通民众也只能接受他们用元钞支付。结合当时的情况，可以将《卖炭翁》改写为：一车炭，千余斤，宫使驱将惜不得。半锭元钞给老头，系向牛头充炭直。

元朝是不允许民间百姓用金银交易的，在官府的管控下，民间的金银都被收缴到国库里，老百姓只能存钞。元朝利用新发钞票来变相掠夺老百姓的财富，每次新钞票一出，旧钞票就贬值。比如，至元钞与中统钞的兑换比例是一比五，新钞发行就意味着老百姓手中钱的购买力变成了原来的五分之一。

时人写了一首散曲来总结元朝的灭亡，有几句是："开河变钞祸根源，惹红巾万千。官法滥，刑法重，黎民怨。人吃人，钞买钞，何曾见？"从这两句诗可以看出，当时的人们认为元朝灭亡的主要原因是疏通黄河工程和滥发钞票。但元朝的黄河改造工程只征发了十五万民工、两万军士，征发这点人力在之后的朱元璋时期根本不算什么。洪武二十三年（1390 年），朱元璋在崇明海门修决堤征调了二十五万人，两年后又在溧阳凿河道募集了四十万人。

可见，元朝灭亡的直接原因是滥发钞票，导致元朝丧失了中小地主的支持（因为大地主在元朝的宽松管制之下受益，所以此时他们还在支持元朝）。于是，私盐贩子张士诚、渔民陈友谅等人在辛苦一年后，惊讶地发现自己的资产缩水了五分之四。

04
历经磨难终登大位的元顺帝

一般来说，历代王朝的末代皇帝多会被史家塑造成昏君，但元朝的末代皇帝元顺帝的政治水平却比之前的皇帝明显高出了一大截。早年，他和先祖成吉思汗一样，四处流浪，朝不保夕，饱经世事。年少时，他又如后世康熙帝那般，扳倒权臣伯颜，日日勤政。之后，他又找到了蒙古版的孔明——脱脱，一起开启新政，与汉族地主们加强了合作，收纳了刘伯温等一众能人，兴科举、裁开支、严法令，被世人称颂叫好。

《万历十万年》的作者黄仁宇这样评价元顺帝："顺帝是有权能的政客，适于生存，富于弹性，愿意将就妥协，擅长利用一个人物或一种机构去平衡另一人物或因素。"

一、父亲被弑

艰难困苦玉汝于成，这句话用来形容元顺帝的早年生活一点都不为过。他的父亲叫和世琜，是元武宗海山的长子，但有机会继承大统的父亲被叔父篡夺了皇位，逃到西北的察合台汗国避难，隐居在阿尔泰山脚下。

后来，和世琜与一个当地女子结婚，生下后来登上皇位的元顺帝，取名为妥懽帖睦尔，蒙语的意思是“铁锅”。妥懽帖睦尔出生时，他的母亲就死于难产。之后，和世琜另娶了一个女人，给妥懽帖睦尔生了一个弟弟。妥懽帖睦尔的童年过得不错，夏天他们一家人在凉快的北疆扎颜居住，冬天去斡罗斡察山过冬，春天的阿尔泰山遍地都是野花，他们在那里学会开垦荒地、种粮食和蔬菜。

在妥懽帖睦尔九岁时，一个机会从天而降。和世琜的弟弟图帖睦尔在元大都（今北京市）击败了篡位者，要迎接和世琜回去当皇帝。虽然已经考虑到背后的风险，但面对难得的机会，和世琜还是答应了。

为了加强自己登位的正统性和寻找盟友，熟谙政治规则的和世琜取道草原返京，拉拢了一众草原上的王爷，并在蒙古人的圣地和林即位。随后，他强烈要求弟弟派人把玉玺送来。这招让人一看就知道，和世琜是一个狠角色，不是进京当傀儡的人。和世琜此举的含义是不等进入元大都，我就已经是皇帝了，等到了元大都就没人能变卦了。他的弟弟如约送来玉玺，让和世琜放松警惕，但随后在和世琜返京的途中毒杀了他，而弟弟自己登基为帝，是为元文宗。

对于这件事，史书上只有几行字，背后却是万千博弈。和世瑓虽然背后站着一众草原的蒙古王爷，但他的弟弟背后站着的是元大都的权贵。这些权贵们心想，你既然不愿意来当傀儡皇帝，还招来了草原上的蒙古人，就别怪我们心狠了。

返京途中，元文宗得意坏了，把此前早就准备好的诗拿出来反复吟唱："犬吠竹篱人过语，鸡鸣茅店客惊眠。须臾捧出扶桑日，七十二峰都在前。"

二、桂林潜心

父亲和世瑓死后，妥懽帖睦尔的日子就难过了，小小年纪就成了犯人。元文宗下诏书称他不是和世瑓的儿子，然后把他送到今天韩国的大青岛监禁起来。

政治上的落水狗从来不缺人踩两脚，妥懽帖睦尔在岛上都住得不安稳，被人揭发说高丽人想找他谋反，这分明就是有人要置他于死地。还好他年纪不大，他的亲叔叔没有全信，留了他一命，只是把他押解到广西桂林的大圆寺继续监禁。

被兵士连拖带拽押上海船的妥懽帖睦尔，在船舱里漂荡大半年后侥幸没死，来到了桂林。据史料记载，在转徙的大半年中，他身上的枷锁没有一天取下来过，所以到达广西时，他的手腕、脖颈上的皮肉几乎脱骨。

大圆寺的寺僧秋江大师见他可怜，主动承担了照料他的职责。在秋江大师的指导下，他开始系统地接受儒学文化的教育，学习《论语》《孝经》等传统儒家经典，还坚持每日练习书法。秋江大师还教导他韬光养晦、人前不妄发言、不可不自重，在这种不利的情况下求存待机。

妥懽帖睦尔的汉文化水平日渐增长，为日后成长为元朝历史上文化素养较高的皇帝奠定了根基。他学会了动心忍性，学会了默默等待，等待自己的时代来临。他曾在独秀峰岩壁题了“万岁山”“日月”等字，汉族文人这样评价当时他的书法：“运笔之妙，鸾翔凤翥，势若飞动……肆笔而成，已见于居潜之日。”

元朝的皇帝大多短命，在杀死亲哥哥和世瑓四年后，年仅二十八岁的元文宗也走到了生命的最后阶段。要论古代最迷信的职业，非朝堂中人和商人莫属，原因是他们很难用理性推导出自己升迁或赚钱的原因，只能归因于缥缈的运气和神佛保佑。元文宗图帖睦尔就是其中一名。他笃信藏传佛教，相信因果报应，对篡夺哥哥的权力并杀死哥哥很是过意不去，所以他没有对哥哥的子女赶尽杀绝，甚至将哥哥的幼子养在身边。元文宗曾立自己的儿子为太子，结果一个月后太子就死了，迷信的元文宗更觉得这是因果报应。

至顺三年（1332 年），和世瑓死后第四年，元文宗驾崩，传位给妥懽帖睦尔。妥懽帖睦尔在桂林喜滋滋地等着进京，但上天给他的苦日子没结束。元文帝的政治搭档燕帖木儿选择绕过他，让他的弟弟即位，是为元宁宗。

三、死里逃生

燕帖木儿心狠手辣，据说他害死过两任皇帝（泰定帝和元明宗），尤其是第一次，他靠十七个人就敢发动政变，后来他又一手扶植起了元文宗。

在文宗朝，燕帖木儿大权独揽，担任右丞相。元朝的朝堂上有左右两个丞相，元文宗为了他不再设置左丞相，所有财政、法律、工程事务都由他说了算，亲王、群臣、公主甚至皇帝的近侍都不许越过燕帖木儿上奏。

但是，五十三天后，燕帖木儿拥立的元宁宗就驾崩了。同样是一个父亲所生，同样都是在阿尔泰山脚下成长的蒙古孩子，为何妥懽帖睦尔四处颠簸却越长越结实，他的弟弟却这么轻易就死了？

无可奈何之下，燕帖木儿只得把妥懽帖睦尔接回元大都，但仍然晾着他。

几个月间皇位一直空缺，这时的妥懽帖睦尔处于极度危险的状态下。五个月后，燕帖木儿死了，终年四十八岁，史书说他死于纵欲过度，但在这个时候死去，实在太巧了。

1333年，十三岁的妥懽帖睦尔即位，改元元统。后世称他为元顺帝（明代给他上谥号为顺帝，北元上庙号为惠宗）。

当时，虽然燕帖木儿已经死了，但他的家族势力依旧强大，家族成员担任左丞相、御史中丞等一众高官，他们还让燕帖木儿的女儿当上皇后，让元顺帝连睡觉都睡得不安稳。

两年后，元顺帝的父亲和世㻋多年前的王府侍卫伯颜走到台前。作为贵族子弟，伯颜曾被燕帖木儿压制许多年，如今他联合元文宗的皇后一起发动政变，杀死了燕帖木儿全家，其中包括已经成为皇后的燕帖木儿之女。

之后，伯颜独掌大权，行事无所顾忌，其官衔多达二百四十多字，“天下之人唯知有伯颜而已”。为了回报自己政治盟友——元文宗的皇后、此时的太皇太后，伯颜还将元文宗的儿子立为太子，如此一来，元顺帝的地位便朝不保夕了。没人知道元顺帝之后的几年是怎么度过的。

五年后，元顺帝联合伯颜的侄儿脱脱发动政变，杀死了伯颜和太皇太后，年仅二十岁，就成为大权在握的元朝皇帝。

05
急需革新的元朝社会

元顺帝当政后，很快就发觉王朝存在五大弊病，分别是：皇室间互相倾轧；朝堂上权相当道；地方上官员和军队首领的权力无人制衡；民族矛盾严重；财政已然崩溃。为了解决这些问题，他想采用汉人的人才选拔制度、官府架构和法律制度，并推行汉人的文化。这些措施能成功吗？

一、要不要汉化

和许多少数民族入主中原后一样，元朝的统治者面临一个问题——要不要汉化？

这个汉化包括推行汉人的文化、采用汉人的人才选拔制度（科举制）、官府架构（三省六部制及其演化）和法律制度。比如，清朝的前身后金就接受了汉化，大明万历朝的龙虎将军努尔哈赤在未起事前只是辽东总督李成梁的手下，他除了学明朝还能学谁？《大清律》在很大程度上就是明朝律法的延续，《大清律集解附例》中明确提出要“详译明律，参以国制”。他们推崇儒家，实行科举，在官制和官府架构上也基本延续了明朝的旧制。

但也有前车之鉴。早在北朝时期，北魏孝文帝为了汉化，迁都洛阳，着汉服，行汉制，甚至改汉姓，但汉化之路危机重重，迁都之后，北境守边士兵的群体利益没有得到保证，起兵造反，北魏的政权很快就覆灭了。

相较于前文所述的少数民族政权，元朝的统治者大部分时候都不想汉化。南方汉人的地位最低，别说和蒙古人、色目人比，连北方汉人都比不过。整个元朝九十多年时间，只开过十六届科举考试，录取了大约一千二百名进士，不到清朝的二十分之一。没有了科举，汉族的文人们无法做官，只能去做吏，或隐居，或走上造反之路。

二、发现弊病

不用汉法和汉制对于元朝来说是一个极大的损失。历史教材里说，明清两朝是封建社会发展的最高峰。这个最高峰的背后是汉制的成功，汉人统治的理论水平和技巧在当时无疑是领先于世的，自从宋太祖赵匡胤杯酒释兵权，完善了各部门相互制衡的三省六部制后，宋、明、清三代再也没有权相或军头能成功篡位。

而元顺帝很早就接触了汉文化，并且素养极高，他早就发现元朝存在五个问题。

第一，皇族倾轧。元朝脱胎于部落联盟，王爷们一直以来都手握兵权，皇帝们登上帝位后平均不满五年就会死去。

第二，朝堂上权相当道。中书右丞相的权力很大（中书省可以理解成元朝的朝政枢纽，蒙古人以右为尊，中书右丞相就是百官之首），能轻易把皇帝架空。元朝没有固定的朝会日期，只有出现重大事务时，官员们才一起商讨，日常事务则由中书右丞相把持，官员不得绕开他向皇帝上奏。而且，中书右丞相还能直接监督吏部、户部、兵部等职能部门。

第三，无人能节制地方官员和军队首领的权力。地方军队的军官都是世袭的，一支军队都是首领一家说了算。而在地方官府中，蒙古官员整日喝酒喝得昏昏沉沉不办事，而干实事的汉人小吏没有升迁的希望，只想着为自己牟利。

第四，民族矛盾严重。汉人精英进入不了统治集团，因此元朝得不到大多数汉人的支持，统治基础薄弱。

第五，财政崩溃。皇帝要收买的王爷和部落首领太多，要给喇嘛庙的赏赐太多，官府效率低，税收不上来，只能靠发纸币，结果货币贬值，物价飞涨，财政崩溃。

在元顺帝看来，实行汉制的宋朝就没有这么多问题，只有采用汉制才能解决元朝的问题。不仅他一个人，许多蒙古精英也这样认为，包括元顺帝招徕的“蒙古诸葛”——脱脱。

三、金华学派

脱脱是权相伯颜的亲侄子，出自蔑里乞氏。脱脱小时候被养于伯颜家中，少年时就显露出蔑里乞人的天赋：力气大，能射箭。脱脱每日骑马射箭，好不快活。

脱脱的父亲马札儿台在陕西等地做了多年的地方官，是蒙古贵族中少有的清醒者。他知道元朝的统治已经岌岌可危，急需变革，而汉制是未来的出路。因此，马札儿台为脱脱延请了南人吴直方为师，让他系统地学习儒学。

吴直方是浙江婺（wù）州（今属浙江省金华市）人，他背后站着一个学派，即中国儒学中的金华学派。早在北宋时期，大儒张载就提出了理学，“为天地立心，为生民立命，为往圣继绝学，为万世开太平”，这是出世的学问。之后，张载的两个侄子程颢、程颐发展理学，后来又传到朱熹，他强调格物致知，经世致用。

朱学支派林立，其中，婺学号称嫡脉，婺州出了许多理学大家，比如被称为“金华四先生”的何基、王柏、金履祥、许谦。婺州还出了一个理学名人陈亮。那句有名的“醉里挑灯看剑，梦回吹角连营”出自辛弃疾的《破阵子·为陈同甫赋壮词以寄之》，这个陈同甫就是陈亮。

后来，朱元璋集团能战胜对手张士诚集团，一个关键原因就是朱元璋占领了婺州地区。他录用的文士多是婺州人及周边地区的人，他们信奉理学，讲究实用，关注历史、社会等经世致用的知识。与之相比，张士诚占领了苏州，后来还占领了杭州，苏杭富甲天下，当地的文人日常耽于文学，喜欢喝酒吟诗，怎么跟朱元璋手下的那帮谋士争？

回到正题，吴直方这个家族非常擅长教书育人，不仅他自己教出一个元朝明相脱脱，他的儿子吴莱也成了理学大家，教出一个大儒宋濂。后来，宋濂又成为朱元璋儿子们的老师。

吴直方出身南宋官宦世家，日常交游的多是南宋遗民子弟，学习的又是理学知识，对汉人管理国家的那套理论十分清楚。当时，不仅脱脱这个小孩对吴直方心服口服，脱脱那游宦四方、见多识广的父亲也大赞吴直方为奇士，常常向他咨询时政，遇到疑难之事，更是必须先征询吴直方的意见再施行。

吴直方下了一番狠功夫教育脱脱，竟将蔑里乞部落的勇猛少年教成了一个翩翩君子。史书上说，脱脱从小就立下了“日记古人嘉言善行，服之终身”的志向。长大后的脱脱除了文武韬略外，还善书画，其书法刚毅有力，酷似颜真卿，画竹也颇得妙趣。

恰好，元顺帝当年自从流放到桂林，就向秋江大师学习儒学知识，一直倾慕汉学，他登基后诏选儒臣欧阳玄、李好文、董缙、许有壬四人，让他们进宫讲学。在他们的指导下，元顺帝习读四书五经，写大字，操琴弹古调，学习之前中原王朝的贤人言行，熟练掌握了汉人的传统文化。

四、中原鹿正肥

身为权相伯颜的亲侄子，脱脱长大后迅速得到伯颜的信任，不仅任虎符亲军都指挥使，掌管了部分亲军的军权，还获任御史中丞，纠察百僚。之后，伯颜将脱脱安排到元顺帝的身边，监视其一言一行。

但是，伯颜失算了，人们能否一起合作，关注的是价值观。因为价值观相同，脱脱和元顺帝走到了一起。《元史》里说，脱脱是因为忧心叔父伯颜太过猖狂，担心他给家族惹祸，才投向元顺帝。笔者认为这个观点不可靠，出卖自己的家族投奔元顺帝，脱脱难道不怕事后被清算？倾慕汉文化让脱脱和元顺帝有了共同的价值观，二十岁的元顺帝和二十六岁的脱脱正值青年，又有哪个有志青年不想挽救国家于危难呢？

《元史》对夺权的过程轻描淡写道：伯颜出去打猎，元顺帝和脱脱把城门关上，不让伯颜回来，然后用一纸诏书将其贬去了韶关。但往细处想，伯颜的军队呢？那些亲信呢？家族的其他成员去哪儿了？这实在是细思极恐。元顺帝和脱脱做了这么多事，《元史》都没提，据说伯颜死在了去广东的路上。

至正元年（1341 年），脱脱被任命为中书右丞相，在朝堂上一人之下，万人之上。同年，史称“脱脱更化”的改革正式开始，这也是元朝最后的机会。

这次革新的首要内容为开科举，同时改革官制，让更多的汉人精英进入行政体系。大批汉人因此进入官府，比如此前不得重用的刘伯温被任命为江浙儒副提举，兼任行省考试官，在浙江抓教育，推科举。后来，陕西汉人贺惟一甚至担任了中书左丞相，成为朝堂上仅次于中书右丞相的人物。

同年，濠州大疫，比元顺帝小八岁的朱元璋几乎失去了所有亲人，不得不出家为僧。

留给元朝的时间不多了，再过八年，刘福通就将在阜阳起事，利用“莫道石人一只眼，挑动黄河天下反”的民谣，闹得天下大乱。

大泽龙方蛰，中原鹿正肥。

06
元顺帝的改革

至元六年（1340 年），二十岁的元顺帝终于掌权了，他任命刚刚二十六岁的脱脱为中书右丞相，即百官之首。有鉴于之前几乎所有的元朝皇帝和大臣们的生存境况惨烈得就像田里的小麦，每隔几年就要被收割一茬，这两个年轻人决定改革。

他们把汉人传统的统治方法作为改革良药，希望能消除元朝的弊端。然而，他们没有想过，如果这些方法管用，南宋又怎么会被元朝消灭。

一、元顺帝治国的逻辑闭环

最初，元顺帝的改革并没有遇到很大阻力。当时朝廷的财政快要破产，货币贬值，土地兼并严重，各地不断有人起事，改革已经成为有识之士的共识。元顺帝在当年就开设宣文阁，招收了以理学名家苏天爵为首的汉法派士大夫，并以宣文阁为改革的策源地。元顺帝和脱脱还开设了中国古代的最高学府国子监，收拢贵族子弟来学习汉文化。

很快，元顺帝和脱脱就恢复了被蒙古顽固派叫停多年的科举考试，让汉人重新有机会当官，从而让南方的地主们有了获得政治地位的机会。在这一次考试中，元朝录取了七十八人为官，其中既有蒙古人和色目人，也有汉人。

南方汉人几乎是帝国中地位最低的族群，在科举上不可能被平等对待。朝廷给中进士的蒙古人和回回们分配的是御史等握有朝堂实权的美差，而大多让汉人担任下级官员甚至充当教职，比如刘伯温就被分配到浙江推行教育了。但即便如此，汉人中的佼佼者也可以入仕了。

此外，元顺帝又招揽天下名儒来京城给自己和太子传道授业解惑，还鼓励满朝文武一起学汉学。为了让蒙古人看懂“之乎者也”，他让人翻译《资治通鉴》《贞观政要》等经典著作给蒙古人读。

随后，元顺帝又做了一件中原汉人王朝为宣扬正统而必做的事——修史。任何一个中原王朝，成立后的第一件大事就是修史，因为修史可以控制对历史的解释权。比如，晋朝建立后，司马氏马上让陈寿写了《三国志》；明朝成立后，朱元璋立马让宋濂修了《元史》。而元朝到了最后一个皇帝元顺帝时，终于开始修史，由此可以推测之前的元朝皇帝和权臣们都在忙着内斗，对汉文化不太在意，所以没有推动这件事。

不过，元朝修史有一个重要问题需要解决——前朝为南宋、辽、金，究竟以谁为正统？元朝的朝廷上有各个民族的官员，许多都是这三个国家旧臣，彼此争论不休。元顺帝的办法是：《宋史》里以宋为正统，《辽史》里以辽为正统，《金史》里以金为正统。于是，不同于晋朝只修了一本《三国志》，元朝修了三本史书。

在元顺帝和脱脱的带动下，元朝从上到下掀起了学习汉文化、总结历史教训之风。在用汉文化对满朝文武进行洗礼后，元顺帝以为大家应该都是“君子”了，于是就开始制定法律，让这些“君子”们遵纪守法。

之前，蒙古人对国家一直都是粗放式管理，忽必烈在刚进中原时以金朝完颜氏的《泰和律》为蓝本，制定了一部法律，后来的几个皇帝又制定了一些巩固特权的律法，之后几十年都没有修订过。因此，元顺帝让一群文臣制定了《至正条格》，用来完善法令，缓和阶级矛盾和民族对立。

为了保证法律能被彻底执行，聪明的元顺帝采取了三条措施：第一，设立监察部门肃政廉访司，令其巡行全国，监察地方官员；第二，官员考核机制明确化，定下了“户口增、田野辟、词讼简、盗贼息、赋役均、常平仓得法”六条标准；第三，朝廷对地方的抽查规模化，即派遣钦差大臣巡游四方。

至此，元顺帝通过推广汉文化提高了官员们的素质，通过科举引入了新鲜血液，通过修订律法进行了法制建设，除掉了一些官场上的“蠹虫”，改革取得了一定的成效。

二、缘木求鱼的政治改革

一套组合拳下来，元顺帝得到了汉族地主们的交口称赞。据《文宪集》卷十二的记载，宋濂回忆起那个时代，说："天光下临，衣被万物，声教所及，罔闻朔南，呜呼盛哉！"但元顺帝这么优秀，为什么成了一个亡国之君？因为他错信了那群地主阶级的儒家知识分子。蒙古的那套方法治理国家不行，但儒家的那套挽救危世也不行。

儒家治国的核心理论是"君君，臣臣，父父，子子"，即把国家看成放大的家庭的"家国同构"理念，君王叫君父，群众叫子民。因为父亲是不会错的，所以皇帝也没有错，这套理论从法理上为君王的统治树立了合法性。

以儒家的理论治国，在王朝建立的初期还能施行，但到了王朝末期，这套理论就渐渐不管用了。因为在每个王朝的末期，土地兼并严重，农民没地吃不饱饭，谁还信这套君王就是父亲的理论？在王朝末期，君王最应该做的是抑制兼并，尤其不让地主过度侵占农民的土地，保障耕者有其田。灭亡元朝的起义军们大多不都是土地被地主兼并的失地农民吗？但元顺帝却想依靠儒士去挽救因土地兼并而岌岌可危的王朝，而这些儒士大多都出自地主家族，这难道不是一个笑话吗？

其实，元朝向农村收的税并不多，赋税不到土地收入的百分之五。但地主向农民收的地租很高，占到农民一半的收入，再加上其他的费用，农民几乎所剩无几，一旦发生天灾人祸，像朱元璋这样的平民百姓就要家破人亡。

在得知民间惨况时，元顺帝也会施行一些减税措施，但好处全部落到了地主的手里，百姓们还是会饿死。

三、元朝的货币政策：印钞，还是印钞！

元顺帝的改革进行四年后，各种抵制开始出现。也许是预感到结果必然不理想，脱脱辞去相位，官方史料记载的原因是身体不好。脱脱的辞呈就相当于扇了元顺帝一个耳光，让他在朝堂上下不来台。

元顺帝历经磨难，岂是好相与的？他虽然外表儒雅，但下手极狠，不然如何能成为元朝在位时间第二长的皇帝？在他执政三十六年间，据说仅一品以上的官员，他就杀死了五百多人，对有威胁的人，他下手从不犹豫。

由于得罪了元顺帝，之后的几年里脱脱过得很惨，元顺帝将脱脱的父亲当作报复的目标。元顺帝先将他的父亲流放到甘肃，脱脱也随行，之后元顺帝又将其父亲流放到西域，然后又调回甘肃，在一次次跋涉中他的父亲很快就死了。

脱脱的去职只是一个小插曲。当时元顺帝受到满朝上下的称赞，说那个时代是“千载一时”，文人把元顺帝夸成了一朵花。元顺帝不放心，还派钦差巡查四方，收到的反馈是天下大治，即使有个别贪腐，也只是疥癣之疾。但让他没想到的是，有一个“不识时务”的江西儒生献上了一本民间的诗集，里面记录了民间关于巡查钦差的歌谣，把元顺帝气得肺都要炸了。下面摘录一二：

（一）奉使来时惊天动地，奉使去时乌天黑地。

官吏都欢天喜地，百姓却啼天哭地。

（二）九重丹诏颁恩至，万两黄金奉使回。

（三）官吏黑漆皮灯笼，奉使来时添三重。

这些歌谣用生动的语言描述了钦差与地方官僚上下勾结、贪赃枉法的种种劣迹，戳破了“皇帝的新衣”。

元顺帝顾不上震惊，因为他又碰上一个更大的困难：没钱了！朝廷不仅发不起大臣们的俸禄，连给王爷们的那些赏赐都要拿银钞代替了。大臣们的问题倒不要紧，可王爷们有兵权，惹怒这些人是会出乱子的。不得已之下，元顺帝下旨召回脱脱，让他复任中书右丞相，想办法弄到钱。这时的脱脱已经被折磨得不成人样，他终于认清了皇权的威力，不得不从。

当时，元朝和宋朝一样，也自己印钱，但元朝的货币政策很糟糕。最开始，元朝的银钞是有准备金的，百姓可以凭持有的银钞找政府兑换生丝等物品。但是，不受约束的元朝官府花起钱来没有止境，这些压箱底的准备金也被花出去了。

元朝的一大开销是战争，通过战争，皇帝不仅可以掌握更多的社会资源，打赢了还可以抢劫分钱。就算失败了，死的大多数也是从战败国（南宋、金等国）收编的军人，这些人都是怀念前朝的不安定分子。几十年间，元朝攻打安南（今越南）三次，战败；攻打日本两次，战败；跨海去打爪哇（今印度尼西亚），战败；后来攻打缅国（今缅甸），赢了，建立了一个缅中行省。但缅甸太穷，没多久这个行省又被撤销了，恢复了部落自治。打仗非常花钱，比如至元二十四年（1287 年），忽必烈为了平定草原王爷们发起的叛乱，就花了五十万锭白银，这大约是中原王朝几年的国库收入。

元朝官府印了大量的银钞，禁止民间用贵金属交易，只准兑换自己的银钞，从而搜刮钱财。由于印钞过多，货币贬值，物价飞涨。面对这个问题，脱脱能有什么办法呢？他的知识体系无非是孔子两千年前提出的那套理论，但孔子也没有办法解决这个问题。别说脱脱是“再世诸葛”了，就算真正的诸葛亮来了，碰到这问题也无解。现在，脱脱只能硬着头皮上阵。解决朝廷没钱这个问题，无非就是走开源和节流两条路。节流需要节约开支，但如果朝廷减少给地方实力派的赏赐，恐怕第二天地方上就会发生政变。能节流的只能是节省自己的开支了，皇帝也听从脱脱的劝导，把丝绸制成的鞋子换成了布鞋，但也仅此而已，脱脱可没有胆量得罪后宫势力，削减妃子和太监们的用度。因此，节流这条路行不通。

那就只剩开源了。但脱脱太了解地方上的蒙古官员了，指望他们提高行政效率、发展地方经济是不可能的。如果朝廷多收税，在地方上的各路实力派稍加运作后，有钱人是不用多交钱的，税赋的重担最终会落到百姓的身上，很快就会有人开始喊着“王侯将相宁有种乎”来起事了。

摆在脱脱面前的只剩下一条路——接着印钱！于是，脱脱开始变着花样地印钱，将自己所有聪明用在将新一代纸钞设计得更美观、更大方、更气派上，印制了“至正宝钞”来代替之前皇帝发行的宝钞。可就算新一代钞票设计得再漂亮，社会上钞票多了也会通货膨胀，超发货币的本质是元朝统治者借此来掠夺社会财富。没过多久，整个元朝的社会经济就崩溃了，货币大幅度贬值。至此，元朝统治者失去了所有的民意。

历史给元顺帝留了十年的时间，至正十一年（1351年），韩山童高喊“石人一只眼，挑动黄河天下反”，在安徽阜阳发动了起义。元顺帝意识到，以少数蒙古人凌驾于百倍人口的汉人之上是绝不可行的，因此他希望能在政权内吸纳汉人的地主精英。可问题是，最后反的却是汉人中的底层民众。蒙古人因为人口少，对汉族底层的压迫并不严重，严重压迫汉族底层的正是这些汉人的地主精英。缘木求鱼，爬到树上去找鱼，大概就是这个意思吧。

07
元朝治河，天下乱起

阜阳是一个位于中部省份安徽的并不出名的城市，但在约七百年前，阜阳是决定中国命运的地方。在元末，阜阳的周边地区诞生了许许多多红巾军的领袖，也诞生了元朝晚期的顶梁柱——察罕帖木儿。

阜阳人杜遵道是这些风云人物中极为特别的一个，他出身于元朝的最高学府国子监，却是第一个看出元朝要亡的人。他本被元朝朝廷所看重并破格提拔，却加入了红巾军的阵营，成了说干就干的“匪首”。

一、顶级文人去参加明教

杜遵道是颍州颍上（今安徽省阜阳市颍上县）人，跟春秋时期的齐国名相管仲是同乡。从后来他展现出的才干来看，青年时的杜遵道读书并没有囿于四书五经，而是以管仲为榜样，学了各种治国安邦乃至行军打仗的知识。也许因为才华出众，杜遵道之后被国子监录取，成为国家以备擢用的人才。

元朝重用蒙古人和色目人，汉人成为监生非常不容易，但优秀之人不管在哪个团体里都会脱颖而出。在国子监读书时，杜遵道给枢密院知院（元朝主管军事部门的官员）马札儿台上书，请开武举以收天下智谋勇力之士。他的上书见地深刻、条理清晰又切中时弊，让马札儿台极为欣赏，延揽他到枢密院就职掾史。

千万别小看杜遵道担任的这个枢密院掾史，虽然职位不高，但至少离权力中心很近。同时代的刘伯温与之相比，即使聪明到被后人称为“谋圣”，在科举及第后也只是被授予掾史，还被外派到江西省，和杜遵道的境遇简直是天壤之别。

在之后的几年里，杜遵道身处元朝的朝政枢纽，这让他有了与众不同的见识和宽广的视野。久而久之，聪明如杜遵道这样的人自然看出了元朝无法挽救的制度弊端和必将迅速灭亡的命运，于是，他辞去职位，不再复仕。江西的刘伯温自感不得志，虽辞官但又反复几次复出，杜遵道却绝意仕途，一门心思地走上了反元之路，可见后者心志之坚定，因此杜遵道也被后世的明人称为“十数年前见机最早者”。

杜遵道辞官后回到颍州，不像一般告老还乡的官员那样吟诗喝酒、流连风月，而是与明教的教主韩山童走到了一起。明史学家吴晗认为韩山童、韩林儿父子出自明教，明教的称号出于明教经典《大小明王出世经》，杨讷等学者则认为韩山童出自白莲教。笔者认同吴晗的意见。杜遵道读过书，是元朝儒林的顶尖人物，他的加入很快让这支民间宗教力量与以往的白莲教、弥勒教等势力出现了不同，确立了明确的政治目标——复宋。

二、朝廷开始治理黄河

元朝是中国水灾频繁发生的一个时期，当时水患多，不仅出于天灾，更多则是出于人祸。元朝的统治阶级大多没有以天下的主人自居，皇帝觉得中原太热，每年四月去元上都（今属内蒙古自治区锡林郭勒盟）避暑，八九月秋高气爽后再返回元大都。大部分时间里，他们瞧不上汉文化，根本没有与汉族儒生共治天下的想法。

这样一个王朝，怎么可能指望它好好治水？中国治水，最难在于治理黄河。黄河是一个地上河，需要勤加维护，不然时不时就会溃坝决口。黄河的河道改过几次，每次都让下游变成一片泽国。元代统治九十余年间，是中国历史上黄河河道最紊乱的时期。

元朝以前，黄河就曾数次决口，洪水侵夺淮河流域，甚至还侵夺了淮河的河道，两条大河合并在一起入海，造成了一片黄泛区。但这与元朝时期的黄河水况相比，简直是小巫见大巫。元朝初期，蒙古人出于军事目的在开封城北十多公里的寸金淀掘提。不得不说元朝的掘堤点选得很准，此次开掘之后，整个元朝时期，黄河下游形成汴、涡、颍三支分流。之后，一旦雨下得稍微大点，三条支流一泛滥，支流之间就变成了一片泽国。再加上蒙古官员出身草原，没见过几条大河，更别谈治水了。于是，元朝的存续时间虽不长，水灾发生的次数却成为历朝之最。

到了元顺帝时期，元朝开始推崇汉文化，重用了一批汉族文人。汉族和黄河打了几千年的交道，知道这条河是什么情况，也知道怎么治理，于是山西人贾鲁建议元顺帝治理黄河。奋发有为的元顺帝批准了贾鲁的方案。客观地说，贾鲁治理黄河的工程很科学，在一段时间内结束了黄河下游数条河道并存的状况。而且，这次元朝在整个治理过程中征调的人不多，只有十五万劳力。可底层民众早已对元朝失去了信心，治黄工程刚刚开始，百姓们就躁动了，传出了民谣："丞相造假钞，舍人做强盗，贾鲁要开河，搅得天下闹。"

三、反元复宋的明教

贾鲁治理黄河工程的重点河段，是从黄陵冈的白茅口到归德府哈只口的一百八十里长的河道，要将其挖深拓宽。他调集了汴梁（今河南省开封市）、大名（治所在今河北省邯郸市大名县）等地的十五万民夫，以及庐州（今属安徽省合肥市）等地的两万戍卒，开始治理工程。此时，民众已经穷得连饭都吃不上，早就被明教、白莲教、弥勒教影响至深。而且，官府早已腐朽不堪，修河的拨款被各级官员层层贪污，劳工们不仅没有工钱还要自己出粮。不仅如此，官员们还借着修黄河一事在民间大肆收税。

知识和眼界兼备的杜遵道也活动了多年，趁此良机，他和明教教主韩山童雕了一个石头人，并写了一首歌谣，其中就有流传天下的两句："莫道石人一只眼，挑动黄河天下反。"他们利用宗教势力让这首词在民间被广泛传唱。

至正十一年，在治理黄河的过程中，独眼石头人从明教首领、大地主刘福通的地里被挖了出来。当年五月，韩山童、刘福通、杜遵道在颍上县聚集了三千教徒，杀白马、黑牛祭天，“誓告天地，约起兵，兵用红巾为志”。

起义准备得很周全，尤其有了杜遵道这个文化人加入，他将起义目标定为建立地上天国，还和反元复宋结合起来。韩山童还称自己是宋徽宗的八世孙，刘福通也自称是岳飞同僚刘光世的后代，带领众人一起建立新宋朝！杜遵道还为他们提出了政治口号，即“虎贲三千，直抵幽燕之地；龙飞九五，重开大宋之天”。这个口号后来也被朱元璋等各地义军广泛使用。

然而，这次起义在当时却轻易地被当地官府扑灭了，元朝连主力部队都没有派遣，仅仅由当地的县官带着治安部队就将明教教主韩山童生擒，并迅速将其杀掉。

四、红巾军大起义

时来天地皆同力，运去英雄不自由。失败后的刘福通和杜遵道带着残兵败将绕着颍州撤退，虽然出师不利，但没想到时机很快就来了。周边地区日子过不下去的民众早就恨透了元朝，短短几日内，他们组织的红巾军力量越来越大，竟然攻破了颍州城！之后，河南、安徽许多地方的民众都开始反抗元朝。元朝在这些地区的统治早已腐败，蒙古地方官们此时一个个都被吓破了胆，当时流传的民谣唱道：“满城都是火，官府四散躲。城里无一人，红军席上座。”

杜遵道学以致用，施行瓦岗寨和陈胜吴广的那一套做法，不杀平民、不奸淫、不抢劫，还开仓放粮，在各地建立统治。这样一来，起义军从最初的一千残兵迅速扩张至二十万兵力。受到红巾军的声势影响，湖北的徐寿辉也反了，占领了蕲（qí）州（今湖北省黄冈市蕲春县）；李二（他因在荒年拿出家中仅有的一仓芝麻赈济灾民，被称为“芝麻李”）、赵君用攻占了徐州；布贩王权（又称“布王三”）也起兵占领了南阳。大家打的都是红巾军的旗号，河南、湖北都被红巾军占据。

08
元朝皇帝最信任的军队——阿速军

“山河奄有中华地，日月重开大宋天！”元朝成立七十多年后，中原大地上的汉人打着“复宋”的大旗起事，短短几个月就聚集了十万民众。面对即将燃起的熊熊大火，元顺帝派出阿兰人的精锐铁骑，镇压起义军。阿兰人骁勇善战，曾用铁蹄踏碎南宋的山河。他们战斗力强悍，随着元朝扩张的步伐征战四方，之后又成为元朝的定国神兵。

当阿兰人的精锐遇到汉人，结局会如何？

一、从高加索山脉来的勇士们

至正十一年，得知颍州被攻占后，元朝派枢密院同知赫厮、秃赤率领由阿兰人组成的阿速军前去镇压红巾军。这是皇帝眼中最精锐的部队，也是元顺帝最信任的军队。阿速军由阿兰人组成，是元朝最精锐的部队。他们原本居住在高加索山脉，是车臣人祖先的重要起源之一，蒙古人在东征西讨时发现他们善战，就将他们收为皇帝的亲卫军。阿速军的士兵们身材高大、碧眼卷发，以彪悍著称，精于骑射，在帮助蒙古人征伐中原的过程中所向披靡，立下了赫赫战功。

为何元朝皇帝会最信任阿速军？说来可能会出乎所有人的意料，成吉思汗死后，蒙古内部的派系斗争实在太激烈了，杀戮不断。例如，成吉思汗的第四个儿子拖雷之子旭烈兀在西亚建立的伊尔汗国，就是被成吉思汗的长子术赤之子拔都建立的金帐汗国消灭的。所以，元朝皇帝处处提防本族本宗势力，禁卫军由来自今俄罗斯南部的钦察人和车臣人的血亲阿兰人组成。

这两派人在元朝无依无靠，只能紧紧依靠皇帝。之后，钦察人凭借着离核心权力近的优势，在元顺帝之前把控了朝廷二十年，他们当中出了权臣燕帖木儿。元顺帝登基后，迅速铲除了燕帖木儿的家族，并将钦察人的势力连根拔起，所以现在他能信任的禁卫军就只剩阿兰人了。历史真是有一定的相似性，比如，汉武帝的托孤重臣中就有匈奴王子金日磾。

这次韩山童的红巾军和以往的起义军不一样，他们在前枢密院官员杜遵道的支持下掀起了复宋的大旗，号称韩山童是宋徽宗的后人。对元朝统治下每个汉人来说，宋朝是梦中的天国。对于文人来说，宋代的富裕生活、不杀士大夫的政治传统、宋词中幽怨徘徊的长短句，都让他们魂牵梦绕。提出复宋，就意味着维持传统儒家社会的统治模式和利益分配机制，意味着维护儒家名教，这样会获得广大地主的支持。不仅是对上层社会，宋朝对底层群众也有巨大的吸引力。

二、暖风熏得勇士醉

至正十一年五月，枢密院同知赫厮、秃赤带着以六千阿兰人精锐为核心的部队，前去征讨红巾军。

兵贵神速，很快，阿兰人大军兵临颍州，准备和起义军一决胜负，用敌人的血报答蒙古皇帝对他们祖辈的厚待。反观红巾军这边，大宋的号召力不容小觑，再加上有杜遵道这个博古通今的文人帮助，红巾军将之前历代农民起义的开仓放粮、均田地、建立人间天国等手段全部用上，此时兵力已有十余万人。

阿兰人酒足饭饱后，第二天来到阵前。红巾军军容鼎盛，严阵以待。可双方还离得老远，阿兰人就逃跑了，不是撤退，而是溃不成军地逃跑，一边跑还一边喊："阿卜、阿卜！"意思是："赶快跑啊！"优渥的供养只会养出饭桶，不仅是元朝的禁卫军，唐、宋、明、清四朝也皆是如此，禁卫军最后都沦为了摆设。

暖风熏得阿兰醉，错把大都当故乡。元大都花天酒地的城市生活，让阿兰人仅仅在两代人后就失去了勇武作风，在几次宫廷政变中站对位置更让他们不可一世，失去了自己赖以为生的战斗技能。这些阿兰人成为红巾军口中的笑柄，中原的阿兰精锐就此消失在历史的长河中，之后再也没有被提及。

笔者认为元朝的古阿兰人很可能是车臣人血亲，是出于以下证据：

第一，中国社科院俄罗斯东欧中亚研究所的网页资料称，车臣人是由古高加索的山民、阿兰人及突厥人长期混血形成的古代民族的后裔。

第二，历史学家鲁斯兰·哈斯克汉诺夫（Ruslan Khaskhanov）等人完成了古代阿兰人和现代车臣人的DNA分析，从基因角度证明了有一部分车臣人是阿兰人的直属后裔。该实验虽然只选定了一个区域，并没有证明所有车臣人都是阿兰人的直系，但车臣人口并不多，且相互通婚，所以笔者认为他的结论具有普遍性。

09
朱元璋被“逼上梁山”

元朝自建立以来，各地叛乱从未平息，可就是这样，元朝依旧坚挺。为何元末这场南方的叛乱却让帝国走向了毁灭？这是因为元朝每年的税粮在一千三百多万石①，其中，江浙地区就占了四成。经过南宋的开发，江浙早已富甲天下，成了元朝的财政支撑。所以，当南方发生大规模叛乱时，就意味着元朝丧失了大部分的收入。

时势造英雄。如果时局没有动荡，朱元璋大概一辈子都会当和尚，张士诚会继续带着几个弟弟贩盐，陈友谅大概会当一名渔民头领或官府的衙役。在元末动乱中，他们将先后展现自己的智慧和局限性，在史书上留下自己的名字。

---

① 元朝、明朝时期，每石粮食约为150斤。——如无特别说明，本书脚注均为作者注。

一、国家崩盘之后，权臣们必用这招

至正十一年，第一批镇压红巾军起义的元朝部队不战而溃，起义迅速在山东、安徽、河南、江西、江苏、湖北等地蔓延。这场起义让元朝如此紧张，除了发展迅速外，关键还在于起事的地点位于淮河中游，起义的核心区域在大别山区，进可攻退可守，给元朝的财源地江浙地区造成了巨大的威胁。

此时，朝堂上乱成了一锅粥，改革的推行者脱脱成为众矢之的。治理黄河是你推动的，印钞票也是你主持的，现在南边反了，不怨你怨谁？脱脱心里也是有苦说不出："当年隋炀帝修大运河征发了一百多万人，我才征调了十五万人，天下怎么就乱了？印钞票还不是为了满足你们这些贵族的花销，我才不得不印的？"但他再做任何辩白都是无用的，新一批政治家们时刻准备杀死他，然后站在他的尸体上攫取权力。

作为一个成熟的政治家，脱脱根本不理会朝堂上的非议，而是紧紧抓住了军权，尤其将大都的卫戍部队牢牢攥在手中。之后，他召集各地蒙古精锐，再次讨伐红巾军。为了牢牢掌握军权，挂帅的是脱脱的亲弟弟也先帖木儿。鉴于之前吃败仗的元军将领称，失败的原因是红巾军的人数太多了，足足有二十万人，此次脱脱为保万无一失，凑了三十万人。红巾军多由农民组成，而这批元军却是世代为兵的军户。

这次征伐，元军果然出手不凡，迅速攻破了红巾军的重要据点上蔡（今河南省驻马店市上蔡县），擒杀了将领韩咬儿。之后，两军在大别山脚下的汝宁

（属汝宁府，治所在今河南省驻马店市汝南县）对峙。

一百年前，汝南作为金国的最后一个都城被南宋和蒙古联合攻破，此时又回到了汝南，不知蒙古人作何感想。不同于百年前的祖辈们，元军主帅也先帖木儿并不懂军事，他从小接受的是儒家教育，长大后成了一个儒雅君子，擅长吟诗作赋。这样的性格怎么统领蒙古军队打仗？俗话说：“兵屎屎一个，将屎屎一窝。”他与红巾军交锋受挫后，竟然扎营一个月按兵不动，日日求神问卜。也先帖木儿的惶惶不安影响了全军，将士们都不知道要干什么。

一天夜里，元军大营内发生了炸营。炸营又称“营啸”，士兵们大多压力很大，在军中提心吊胆地过日子，很有可能在某一天随着某个士兵的一声惊啸，处于精神崩溃边缘的士兵们全体陷入癫狂，然后自相残杀。当军队发生炸营时，将领一般的处理方法是弄清情况和安抚士兵，但也先帖木儿想骑马直接逃跑。身边的将士苦苦哀求他留步，他却拿着刀边砍边喊：“难道我的命就不是命了吗？”大军顿时崩溃。

营外红巾军的探子都看呆了，急忙顺势掩杀。三十万元军，最后只收拢了一万多人。这三十万士兵是元朝的主力，皆是精锐，还有元朝积存数年的刀枪、甲胄、粮草和物资，在此一朝丧尽。也先帖木儿逃回元大都，在哥哥的保护下平安无事，有其他官员声讨他的罪责，结果全被脱脱发配到艰苦之地，从此再没有人再敢谈论兵败之事。

之后，形势进一步恶化，红巾军首领芝麻李占领了徐州，掐断了京杭大运河的漕运。此后，元大都的蒙古贵族们连吃饭都成了问题。

二、朱元璋造反

天下已经如此鼎沸，淮西地区更是连年出现疫灾、旱灾和匪患，朱元璋却过着相对安静的生活。

朱元璋在明教、白莲教活动最活跃的信阳、汝阳一带游历三年后，回到於皇寺平静地度过了五年。史书对此不曾解释，为何之前於皇寺容不下这个干杂活的小沙弥，之后竟能容他在庙里待这么久。是他在外结识了一些明教中人，庙里的和尚不敢再赶他出去吗？还是他在外的三年学得伶牙俐齿，知道如何劝说信众来捐钱捐粮？

世道一天天乱下去，越来越多人起事，可史料中没有记载这五年间朱元璋有何作为。也许他并不是一个喜欢冒险的人，不想像别的豪杰一样将脑袋绑在裤腰带上搏取富贵，只想过平静的生活吧。如果活在太平盛世，大概朱元璋一辈子也就只能做一个庙里的住持，在吃斋念佛中度过一生。可乱世中的平民哪里有平静的生活，要么加入厮杀，要么就甘心做随军的“两脚羊”被吃掉。元末陶宗仪写的《南村辍耕录》中称：“天下兵甲方殷，而淮右之军嗜食人。”

至正十二年，汝阳城下三十万元军一朝溃散，天下皆惊。同年，明教的郭子兴起兵，攻占了朱元璋所在的濠州（治所在今安徽省滁州市凤阳县）。郭子兴出身地方豪强，用今天的话来说就是“地头蛇”。他的父亲是一个算卦先生，四处流窜，最后娶了濠州地主家眼盲的女儿，定居在濠州。郭子兴从小就喜欢结交四方豪杰，和明教有千丝万缕的联系，很快成为当地数一数二的地主。

郭子兴起兵也许并非自愿，毕竟这一年他已经五十一岁了。古代人平均寿命也就在四十岁左右，郭子兴已经到了知天命的年纪，可以给自己准备身后事了。就算被称为大器晚成的刘邦，起事时也不过三十九岁，他还是因为押运犯人失职而无奈逃亡的。郭子兴没有刘邦的手腕，更没有刘邦的志向，有的只是三个没有能力的儿子。但刘福通将一纸文书传至濠州，如果不配合刘福通，很可能第二天就会有人去官府告发郭子兴。于是，郭子兴只得起事，当时的濠州早已被明教渗透得千疮百孔，郭子兴很快就占领了濠州城。

这个消息被朱元璋同村的发小汤和得知。汤和比朱元璋年长两岁，自小父母双亡，没人管束。在亲戚的帮衬下，他的日子还算过得去，还日日射箭骑马，顾盼自雄，说好听点叫洒脱，说难听点就是倡乱轻浮。

看到天下大乱，汤和很开心，觉得一身功夫终于有了用武之地，就带领十几个小兄弟一起投奔了郭子兴。因为自小舞枪弄棒，汤和在众多士兵中间如鹤立鸡群，很快被提为千户。但汤和不是郭子兴的嫡系，需要提着脑袋顶在前线打硬仗，若没点真本事，很快就会变成炮灰。汤和没有读过几天书，更别提有管理经验了，他看着手下众兵发了愁。

汤和想找一个文人帮忙出谋划策，但能考上秀才的人谁会造反？秀才找不到，汤和想起了家乡破庙里的朱元璋，虽然他只是一个和尚，但去过很多地方，口才极好，肯定能帮到自己。于是，汤和就托人给朱元璋送了一封信。但是，这封信可逼死了朱元璋。他收到信后又生气又害怕："我在庙里怎么说日子还能过得下去，而且因为口才好，还时不时有人来找我算卦。你造反拉上我干什么？"结果还真有人准备告发朱元璋造反，好去领赏钱，朱元璋听说后害怕了，就去找同村的周德兴商量。

"你是和尚，你问我干什么？你去问菩萨啊！"周德兴说。

朱元璋只得来到菩萨像面前，烧了两炷香之后抽签，问菩萨自己逃跑行不行，结果抽出一根大凶的签。那留在庙里行不行？还是抽出一根大凶的签。朱元璋愣住了。无奈之下，他只得问问菩萨要不要投奔汤和，抽出的结果是"无妨"。于是，朱元璋走上了反元的道路。

这一年，朱元璋二十四岁。

三、因为长得帅，被人推举为皇帝

至正十一年，当时的朱元璋不过是一个生死未卜、前途黯淡无光的小角色，而此时风头一时无两的则是湖北黄冈人徐寿辉。

徐寿辉是中国历史上少有的因为长得帅而登上帝位的皇帝。他本来只是一个走街串巷的布贩，主要的顾客是妇女。由于长得帅，再加上能说会道，他的生意还不错。有一天，徐寿辉偶然碰到了明教的彭莹玉，命运就发生了天翻地覆的变化。

当时，明教有一个理论称“明王”将要降临人间，带领大家推翻元朝，建立地上天国。正好彭莹玉遇到徐寿辉，见他体貌魁岸、龙眉凤目，顿时就像被电了一下，全身一抖。“嗯，就他了，明王诞生了。”彭莹玉说。至正十一年，趁着刘福通在大别山的北边起事，彭莹玉拉着徐寿辉和自己的一群徒弟在蕲州也发动了起义。当地有很多穷苦贫民，彭莹玉一起事，他们立马一呼百应。

刘福通吸引了元军的大部分主力，徐寿辉这边得以迅速发展，很快攻下了武汉、九江、衡阳、黄山、上饶等大片区域，横跨湖北、湖南、安徽、江西诸省。各县数以千计的“郭子兴”们，裹挟着数以百万计的“朱元璋”们加入，与各地还忠于元朝（或许是害怕被起义军们劫掠一空）的地主们彼此混战，天下彻底大乱。

彭莹玉带着这群徒弟在蕲水（今湖北省黄冈市浠水县）建都，将徐寿辉立为皇帝，取国号为“天完”，即“天”比“大”多一笔，“完”比“元”多一个宝盖头，意为压制“大元”。虽然寓意不错，但是很多人把“天完”理解成“天完，天完，天天要完……”这一年，渔家子弟陈友谅也加入了彭莹玉的队伍，此时还只是一个不起眼的小人物。

大元的天下真的要亡了吗？沧海横流，时穷节现。《新元史·脱脱传》称：“忠于许国，而有戡乱之才者，脱脱一人而已。”此时，才可看出脱脱的本领。

第二章

群雄并起

01
元廷下放募兵权

中国大一统王朝的寿命大多在两百年到三百年，比如，从朱元璋称帝开始，明朝存续了二百七十六年；从清军入关起，清朝存续了二百六十八年。一般来说，这些王朝一般发展到一百年左右时，会进行一次自我变革，施行更适宜的政策，之后会迎来史书中所说的“中兴”。

元朝也来到了这个时间节点。在贤相脱脱的主持下，元朝开展了各项改革。在这个关键的时刻，虽然汉人中的地主们已被朝廷笼络，但社会底层如和尚朱元璋、私盐贩子张士诚、渔民陈友谅等辈站了出来，率军向元朝发起了一波又一波的冲击。

一、元朝允许地方募兵

面对危局，被史书评为“有戡乱之才”的脱脱开始有所作为。为了平息汉人的不满，脱脱采取了一系列政策，助推元朝从草原帝国向中原王朝转型。

在韩山童起事之前，脱脱已经推动元朝重开科举和修《宋史》。到了韩山童起事后的第二年，脱脱加快了改革步伐，重新放开了中书省、御史台和枢密院等朝廷机构对汉人的限制，允许汉人进入这些机构做官，而不仅仅是当吏。脱脱清晰地意识到时局愈发危险，在他的主导下，元朝允许各地的实力派自行募兵练兵。这项政策的有效性曾一次次被历史验证过，不过朝廷一旦下放兵权后，再想收回就难了。

东汉时期，高喊“苍天已死，黄天当立”的黄巾军起事，皇帝眼见大事不妙，只得让地方官僚和地主们自行募兵。很快，公孙家、曹家、孙家、袁家等地方实力派组织了军队，他们以门生、同乡、师生关系为组织框架，凝聚起实力更胜官军的军队。不久，黄巾军被平定，地方实力派却不愿轻易放弃到手的权力，开始割据一方。

元朝允许地方募兵后，汉族官僚和地主纷纷组织武装抵抗起义军。例如，荆门（今属湖北省荆门市）被红巾军占领后，荆门籍官员聂炳招募了七万士兵，又夺回了荆门。在红巾军势力强盛的浙江、江西、湖南，处处都有这样的地方武装，朱元璋日后最大的敌人察罕帖木儿武装就是其中的一支。

对农民军抵抗得最强烈的地方是江西。这里儒学昌盛，有许多人既是大儒又是田连阡陌的地主，他们见一帮佃农往头上缠上红巾就敢高喊“摧富益贫”，也组织起自己的队伍严阵以待。红巾军中，建立天完政权的徐寿辉席卷湖广，兵锋所过之地望风而降，可到江西却踢到了铁板。江西的地主们硬生生地抵抗了五年，一次次打得天完军溃不成军。

脱脱当然也知道下放兵权的“副作用”，但他留了后手。作为贵族子弟，脱脱对蒙古人恢复祖先的荣光充满信心，在给南方地主放权的同时，他从各地大量召集蒙古人，积攒实力，准备在红巾军被地主武装削弱后再出击。到时候，他有忠于元朝的强兵在手，哪里会怕南方地主武装不顺从。

要调动军队就需要军费，虽然元朝的货币系统因滥发元钞而濒临崩溃，但脱脱并不在意，又发了五百万锭纸币。通过新发的元钞，军事负担很快就转移到老百姓的肩上，当元军的士兵们拿着元钞找老百姓买东西，谁敢不收？

脱脱在军事上有布局，在政务上也有“妙手”。当时，漕运已被截停，元大都出现粮荒，脱脱从南方招了两千名农民屯田，缓解了粮食危机。当然，这些粮食都是给蒙古权贵准备的，老百姓就别想了，只能自己找树皮、观音土填饱肚子。

二、川军东出，北军南下

在军事上，脱脱在给南方地主放权的同时，还不断调集分散在各地的元军。此前，元军将主要兵力囤积在西南和北方，将一部分精锐部队屯驻在四川盆地作为控驭西部疆域的支柱，即探马赤军；将另一部分精锐部队屯戍于漠北草原和西北地区，由东、西道蒙古宗王率领，作为北方的屏障，以应对蒙古祖地和西北地区想攻打元朝的蒙古势力。元朝虽然在南方也部署了一些兵力，但蒙古士兵畏热喜寒，受不了长江以南的气候，因此这部分兵力都被部署在长江以北。元朝采用的是“三王镇江淮”的策略，即镇南王驻扬州，宣让王驻庐州，威顺王驻武昌，以扬州、庐州、武昌为核心部署元军，把控长江的要害之地。

当时，红巾军声势最大的地方是湖北和两淮，而镇南王、宣让王和威顺王在这些地区有大量的利益，他们指挥南方的元军与红巾军在此区域反复拉锯，战况惨烈，城池往往一月间几次易手。随后，四川的元军主力被调过来，胜利的天平开始向元廷倾斜。自蒙哥起，为了征服南宋，元朝就在四川建立了军事据点，经过百年的经营，世袭的军事家族云集此地，兵多将广，驻扎四川的军队也成为元军主力中的主力。如今，四川元军沿着百年前祖辈征服南宋的路线，顺江而下赶赴襄阳（今湖北省襄阳市）。红巾军中的许多士兵都是农民，与四川元军一交锋就处于下风，很快襄阳就丢了，武昌（今属湖北省武汉市）也回到元军的手里。

脱脱从北方各省的驻军中抽调主力，把这些原本用来防范草原蒙古势力的兵力投入了两淮战场。跟湖北战场上的红巾军一样，两淮地区刘福通的主力顷刻间被打散，他带着残部退守大别山，再难掀起波澜。脱脱眼见时机成熟，于至正十二年率大军亲征，目标是中国南北方的枢纽之地、大运河的咽喉——徐州，并于当年九月兵临城下。

徐州红巾军的首领芝麻李虽然麾下有十万士卒，但哪里是元军的对手。脱脱采用几十年前他的前辈攻打南宋襄阳城的战术，以巨石为炮，昼夜猛轰徐州。一个月后，徐州城破，并惨遭屠城。脱脱更是在给元顺帝的奏章中写道“河南汉人皆反”，若之后红巾军皆被镇压，中原地区汉人的命运可想而知。

自此，徐州回到元朝手中，大运河又恢复了漕运，元朝的经济命脉重新贯通，江浙出产的粮食被源源不断地运到元大都，供养着元朝。脱脱不愧是“有戡乱之才”，元朝正在他的推动下一步步回到正轨。《剑桥中国史》这样评价他：“脱脱不但能设法创造一个全国性的镇压机器，而且能有效地控制它，这点的确很不简单。他时不时地建立与解散较大的军事组织，经常不断地将军队将领从一地区调到另一地区。”

三、彭莹玉之死

徐寿辉的天完政权在湖北被元军压得喘不过气。彭莹玉见势不妙，就想突围去江西、浙江一带谋发展。

至正十二年，彭莹玉让徐寿辉留守湖北，自己带领一支红巾军顺长江东下，先后了攻克安庆（今属安徽省安庆市）、池州（今属安徽省池州市）、铜陵（今属安徽省铜陵市）等地。彭莹玉一路喊着“摧富益贫”的口号，短期内吸引了大量贫民加入，声势复振。之后，他们连克江州（今江西省九江市）、饶州（治所在今江西省上饶市鄱阳县）、信州（今江西省上饶市）、徽州（治所在今安徽省黄山市歙县）等城，并在七月十日夺取了南宋旧都杭州（今浙江省杭州市），彭莹玉也站到了人生的最高点上。

但是，此时的浙江不同于湖北，多数贫民还有一口饭吃。而且，浙江儒学根基深厚，元朝官府与地主的关系融洽。彭莹玉来了之后，“摧富益贫”的政策触动了地主们的利益，遭到地方武装的激烈抵抗，难以建立稳固的根据地。在夺取杭州十天后，彭莹玉就被赶出了杭州城，最终在小城高安（今江西省宜春市高安市）被围杀。

在各地红巾军中，彭莹玉是最早扛起反旗的抗元领袖，早在刘福通起事的十三年前，彭莹玉就在袁州（治所在今江西省宜春市）起事，建立了一个“佛国”（所有起义者的胸、背各写一个“佛”字，以求弥勒佛保佑）。后来，他一次次起事，又一次次失败，每次他都能逢凶化吉，搅得朝廷不得安生，没想到最终竟命丧高安。

剿灭彭莹玉后，元朝将江浙的军队调到湖北，让他们和从四川而来的元军会合，又从西北调来一支由西宁王率领的部队，共同对付徐寿辉。很快，天完政权的大本营蕲水失陷，四百多名官员被俘，徐寿辉侥幸逃出重围，捡了一条命。至此，曾经占据湖北、湖南、江西、浙江、安徽的天完政权只剩下些许残部散落在黄梅山和沔阳湖中。

刘福通的情况也好不到哪里去，他长期承受着元朝主力的进攻，势力被压缩在大别山地区。不过，淮河年年泛滥，一直都有没饭吃的穷人，刘福通不愁招不到兵，所以尽管他被打败许多次，但还是没有被消灭。

除了这两支红巾军，安徽、浙江、福建、江西各地的义军也几乎全部失败，脱脱即将大功告成。

四、混不出头的朱元璋

反元大业受挫，身在其中的每个人都感受到了压力，包括朱元璋。而且与陈友谅加入的天完政权相比，朱元璋加入的濠州红巾军是一支很“不靠谱”的团队。

濠州红巾军是由郭子兴和另外四个庄稼汉带的队伍拼凑而成的，一开始他们就谁也不服谁，表面称兄道弟，实则背后插刀。从至正十二年到至正十四年这三年，别的红巾军发展得起起伏伏，发展到高峰时攻城略地，低谷时退守一方，濠州这支队伍的发展曲线却是一条横线，一直在濠州不动，原因是五大头领谁也不信任谁，就怕自己出击失败，实力受损后被其他人吞并。

濠州红巾军没有发展，朱元璋就更不可能有发展。虽然朱元璋相貌堂堂，而且有多年的游历经验，一入红巾军就被郭子兴看重，娶了郭子兴的养女马姑娘，但之后朱元璋混得并不如意，在遍地的红巾军中，他在最初几年只是一个小队长，后来也只升为镇抚这种低阶武官。但更让朱元璋难受的是，镇抚这个官职在军队中主要负责司法，级别不高但担责不小，是一个得罪人的差事。朱元璋在部队中管纪律，难免被人忌恨，时不时就被别人到郭子兴面前“上眼药”。

关于郭子兴，正史里描述他性格暴躁又喜欢听谗言，在别人的挑唆下，郭子兴多次猜疑朱元璋，《明史》记载，朱元璋曾被囚禁起来不许进食。在这种团队中，又遇上这样的首领，这位未来的最强者只能眼睁睁地看着别人大旗一展，招兵买马，攻城略地，再眼睁睁地看着元军渡过淮河将这些队伍一支支剿灭。

至正十二年的冬天，在清除了徐寿辉、彭莹玉的威胁后，一支元军南下濠州，领军者是此前疏导黄河的治水专家贾鲁。之前，元军攻破徐州后屠了城，可以预见，濠州城破后，朱元璋必将难以幸免。

02
张士诚起事

至正十三年（1353 年），元朝不断绞杀各地的反抗势力，抗元事业如风中之烛，几近湮灭。值此千钧一发之际，一个盐贩子站了出来，力挽狂澜，以孤军击败了元朝的举国之兵，让元朝中兴之势变成梦幻泡影。他就是《水浒传》中宋江的原型、朱元璋两大对手之一、以十八条扁担起事后虎踞江浙的张士诚。

一、施耐庵的江湖往事

翻开《水浒传》，宋江带领一百零八个兄弟攻破青州、大名府等名城，逼得皇帝招安，之后又征辽、征方腊，好不威风。历史上确实有一个叫宋江的“反贼”，出现在《宋史·张叔夜传》《宋江三十六人赞》等史料里，但这个人的队伍只有三十多个人，他们四处流窜，一支地方治安武装就能将其剿灭。

可这种县级武装的小头目，怎么在《水浒传》中就成了威风凛凛的呼保义宋江了？真实的情况是:《水浒传》里的宋江只是一个“壳”，里面装的事迹都不是他的。文人施耐庵以自己的主公张士诚为原型，塑造了宋江这个人物，将张士诚波澜壮阔的一生写进了《水浒传》。

施耐庵文采斐然，据说他与刘伯温为同榜进士，后逢战乱，两人分别投奔了朱元璋和张士诚，都成了军师。施耐庵为张士诚出谋划策，助他割据东南。之后，张士诚身死国灭，施耐庵只得浪迹天涯。又过了几年，年老的施耐庵隐居江南，想起故人，往事历历在目，万般思绪涌上心头。施耐庵想将这些事述诸笔端，但张士诚是朱元璋的死对头，朱元璋又是一个爱猜忌的皇帝，施耐庵怎么敢直书张士诚之事？于是，他只得以宋江为“壳”，将一部以宋江为主人公的小说，写出了大军攻城略地、群雄尔虞我诈、豪杰智士纵横捭阖的乱世风云。

二、古代风险最高的职业——私盐贩子

张士诚是江苏盐城人，以贩盐为生，他的经历和《水浒传》中的宋江有许多相似之处。

宋江有一个绰号叫“黑宋江”，而张士诚由于日常操舟贩盐，也晒得遍体黝黑；宋江为人仗义疏财，“平生只好结识江湖上好汉”，而明朝人写的史书也承认张士诚“颇轻财好施，得群辈心”；宋江“所过州县，秋毫无犯”，张士诚每到一地，必“出榜安民”，严令手下不得伤害百姓；宋江义薄云天，弟兄们大碗喝酒大块吃肉，张士诚对手下诸将更讲江湖义气，众将日常住豪宅、拿厚禄，甚至打了败仗都不被惩罚。

《水浒传》中的许多事迹也有张士诚的影子，比如，宋江曾攻城略地，张士诚也接连攻下过泰州、扬州、通州、苏州；虽然宋江受招安的过程一波三折，但最终还是为朝廷效力，而张士诚最后也接过了元朝的官帽。另外，梁山泊“纵横河港一千条，四方周围八百里”，张士诚起事的盐城白驹盐场地区也是水网密集，而且张士诚在白驹镇安营扎寨的地方就叫小梁山。

张士诚是一名私盐贩子，这是各朝各代打击最严厉的职业，风险极高。因为盐税是古代官府最主要的税种，比如在南宋时期，盐税有时占到官府收入的一半以上。因此，贩私盐相当于从朝廷的嘴里拔牙，敢做这一行的人都是厉害角色，比如唐末攻破长安的黄巢、五代十国的吴越王钱镠以及隋末瓦岗寨的程咬金。张士诚生活的盐城，有着悠久的制盐历史。盐城早在春秋战国时期就“环城皆盐场”，汉朝时以盐为名称为盐渎县，“渎”就是水沟，“盐渎”形容处处流淌着白花花的食盐的河流。

张士诚本名张九四，一听这名字就知道和朱元璋一样（朱元璋本名朱重八），都是苦出身。张士诚在盐场讨生活，他把私盐偷偷掺到官盐中，用船卖往周边地区。据《明史》记载，他常常被当地有钱有权的人欺负，还被盐场弓

手丘义了拿走大部分利润。若是太平时期，张士诚还能把日子过下去，但天下大乱后，物价飞涨，他被丘义克扣得更厉害，心中十分不忿。明教韩山童起事两年后，三十二岁的张士诚带着家中的兄弟及盐场工人起事，共计十八人，后人称他十八条扁担打天下。

张士诚率人先杀掉丘义，之后又到白驹盐场周边的镇子抢劫富户。当时，施耐庵就住在镇上，他目睹了这一切。张士诚回到盐场后，召集乡亲们共谋大事。这些人不是盐工就是盐贩，连张士诚这样小有威望的人都过不下去了，更何况他们，索性便跟着张士诚一起反了。

三、“梁山泊”大战元朝水军

张士诚这支队伍的战斗力极强，这是因为盐工们早已在日常的劳作中形成了默契，而盐贩更是早就习惯了在刀尖上舔血讨生活，对战斗丝毫不怯。于是，张士诚的队伍很快就攻下了泰州及周边地区。

当时，元朝的主力军正忙着剿灭刘福通，地方官看张士诚来势汹汹，不敢迎战，便抛出了一个官位，想把张士诚招安。张士诚和他的这帮兄弟们完全没有斗争的意志，立即就投入了元朝麾下。毕竟，大家有熬盐贩盐的技能傍身，只要地方官不要盘剥得太狠，还是能维持生活的，何必豁出性命去造反？

可元朝刚把张士诚招安，就把他当枪使——派他去讨伐明教的刘福通。当时，刘福通的威名谁人不知，连元朝的主力军都对付不了他，更遑论张士诚了。“我们原本不过是在河边贩盐的小贩，如今被元廷派去大别山区同明教那帮人打仗，这不是让我们送死吗？与其同明教打仗，还不如同元廷打仗。”张士诚自忖。于是，张士诚又立起了反旗，攻下了泰州，之后攻取了兴化。他还在兴化的德胜湖周边集结上万人，训练水陆两军。

元廷终于注意到张士诚，调集了扬州、滁州等地的军队，会同当地驻军，乘坐大船向德胜湖扑来。元朝的造船业发达，讨伐张士诚的部队装备多艘巨舰，巨舰配有火箭、火筒等当时最先进的海战利器。反观张士诚这边，只有运盐的小船，没有人看好他们。

两支军队在三垛镇（今江苏省高邮市东四十里的三垛镇）附近的水域相遇，张士诚的部下们看到元军的巨舰，顿时被吓蒙了。水面上，元军战舰的火筒、火箭齐飞，被射中者纷纷坠入水中。幸好这片水域像梁山泊一样水网密布，水中有大片犹如青纱帐的芦苇，便于小船隐蔽和周旋。张士诚派兵划着小船，沿着水网绕到元军船队的后面，在战斗最紧急时杀了出来，与主力两面夹击元军。

其实，元朝的水军早已腐化，平日欺负小商贩还行，这下一看形势不妙，便纷纷跳船逃生。最终，张士诚取得了胜利。之后，他又猛攻高邮城，元朝淮南行省左丞相偰（xiè）哲笃、高邮府知府李齐等官兵不敌，弃城而逃。

四、得意忘形，必有遗祸

今天的人提起高邮，会想到这里是秦观和汪曾祺的故乡，想起汪老笔下的乡愁和乡味，想起双黄鸭蛋，想起苏轼在这里写下的“几时归去，作个闲人，对一张琴，一壶酒，一溪云”。但在军事家的眼中，高邮是古代南中国的咽喉，地处京杭大运河东岸，北扼两淮，南控扬州，素有“运河大门的铁锁”之称。元廷丢了高邮后，连江南的一粒米都无法通过大运河北上了。

作为军事重镇，高邮的城防被修缮得非常坚固，城墙高九米，四周还有护城河，非常难以攻取。高邮落到了张士诚手里，除非元朝集结大军，否则很难再将其收复。

此时，元朝又想重新招降张士诚，但只开出了“万户”这个筹码，双方没有谈成。更严重的是，元朝提出“万户”，似乎让张士诚感到很不受尊重，之后张士诚便称王了！朱元璋在打下金陵，占了安徽，气候大成时，都仍将“高筑墙，广积粮，缓称王”作为首要原则，张士诚此时起兵才三个月，竟然就称王了。而且，张士诚取的国号，居然是“周”！难道他想表明自己是周天子，要领导天下诸侯推翻今日的“商纣王”元顺帝吗？

张士诚显然没料到称王的后果，他立马成了海内瞩目的焦点。元顺帝和满朝文武气疯了，马上从塞北、吐蕃、西域调集军队，甚至逼着附属国高丽派出数万大军。元朝集结全部力量，准备向张士诚发起攻击。

03
高邮之战，张士诚以一城敌天下

张士诚在高邮的所作所为，沉重地打击了元廷。元廷失去高邮后，京杭大运河又被卡住，没有了南方鱼米之乡的供养，元大都的贵人们哪里还能夜夜欢饮？张士诚在精神上对元廷的的打击更严重。一个月前，他不过是一个私盐贩子，如今就敢称王？于是，元廷集结了所有的武装力量，吐蕃人、高丽人、西域人……各地的勇士们在高邮城下云集，即将与张士诚一决胜负。

一、各族联军来江南

张士诚称王后，元廷迅速从湖北战场和扬州先后抽调了部队前去进攻，然而，张士诚对水战、陆战全然不惧，击败了几支元军。接连的胜利让张士诚声威大震，四面八方的江湖好汉们纷纷赶去投奔。整整一年，元朝都拿这些好汉们无可奈何。时间一天天过去，元大都的粮仓已经见底，元顺帝和脱脱都知道，如果高邮城一直被张士诚占据，元朝的灭亡将进入倒计时。

至正十四年（1354 年）九月，元顺帝命脱脱率领重兵围剿张士诚，全国文武百官都由脱脱挑选，各地将领都要听他的号令。元朝拿出了能抽调的全部兵马，据《元史·脱脱传》记载，连西域和吐蕃的兵都被抽调而来，一时间“旌旗累千里，金鼓震野”。境内的犹太人（当时叫术忽回回）、吐蕃人、高丽人、西域人，甚至高加索山民的后代都被朝廷下令集结。史书上用“出师之盛，未有过之者”来形容这支军队，当年蒙古打到多瑙河也不过出兵几万人，这次为了对付张士诚，元朝调集了五十万兵力，对外号称百万大军，军队正浩浩荡荡地杀向江南！

高邮之战虽然规模宏大，但史料对此战的记载很简略，以至于很多人并不熟悉这场战争。原因很简单，张士诚日后被朱元璋击败，他的得意之战被忽略并不足为奇，而且中国历史上的大战役太多了，赤壁之战、淝水之战、昆阳之战，哪一个不是号称百万大军参战？

不过，对于参战的高丽人来说，高邮之战的意义可不一样。这是高丽几千年来第一次派兵到中原腹地，所以他们对此战的记载非常详细。高丽被元朝征服后，虽然王室被保留，但被降格为元朝治下的征东行省。当时，高丽人以温顺出名，元朝皇宫内的许多宦官和丫鬟，甚至连元顺帝后来娶的皇后奇氏都是高丽人。而在皇宫外，高丽的贡女进入了很多高官贵族的家中，她们彼此间传递消息，形成了一个信息网。

此外，许多高丽的学者、僧侣和商人都寄居在元朝，仅元大都就居住着两万名高丽人，元朝境内散居的高丽人大概有二十五万名之多。元顺帝选择了一个高丽皇后来辅佐自己，高丽人在元朝境内的势力可见一斑。

至正十四年，高丽人接到元朝皇帝发来的诏书，元朝让他们帮忙讨伐张士诚。高丽人没想到元朝也有在军事上求自己的一天，感到非常光荣，立即派国内名将柳濯和总兵廉悌臣率王室禁卫部队的两千名精锐驰援。在路过元大都时，高丽军队又在当地招募了两万名高丽人。

高丽军队抵达高邮前后，由西域人、吐蕃人组成的军队也陆续到达。十一月，脱脱率领大军南下，很快就将张士诚包围在高邮。张士诚接连率手下的好汉们出城突围，但无奈实力悬殊，每次都被元军击败。按照脱脱以往的屠城事迹，高邮被攻破后将鸡犬不存，全城百姓只得全力帮助张士诚守城，能拖一日算一日。

如果说汉人的传统技能是种地，高丽人的技能就是射箭。作为渔猎民族，高丽人的射箭水平被历朝认可，比如唐伯虎的朋友、苏州四大才子之一徐祯卿就曾在诗句中提到高丽的弓，“魏子手挽高丽弓，气满两石开青虹”。同样，征讨张士诚的高丽士兵射技高超，被脱脱委以重任。在高邮之战中，他们与毛葫芦军（这支军队由河南西部彪悍的山民组成，因其用兽皮做箭袋，毛茸茸的，类似葫芦，故名）等部队互相配合，共同作战。战斗时，毛葫芦军在前面攻击，善射的高丽人被安排在后面用弓箭射击，对张士诚的军队造成很大的伤害。

有一次，在高丽人的掩护下，毛葫芦军已经冲上城头，高丽人正准备全部上阵，攻下高邮城。可这时元军的主帅突然鸣金收兵了，高丽人和毛葫芦军回去一打听，才知道元军主将眼红高丽人抢得头功，故意下令撤军。这次战斗后，张士诚发动城中百姓连夜抢修了城墙，高邮城转危为安。

几次攻城失败后，元军改变了策略，对高邮城围而不攻，将部队分散，派兵剿灭周边的义军。高丽人被指派去攻打位于长江北岸的六合（今江苏省南京市六合区），在这里，他们碰上了朱元璋。

二、郁闷的朱元璋

此时，朱元璋的日子非常不好过。他所在的濠州城被郭子兴和其他四支人马共同占据，五大首领谁也不服谁，钩心斗角，都希望对方垮掉，然后兼并他的部众。于是，在元末风起云涌的大环境下，其他起事的队伍多是迅速兴起，攻城略地，被元军盯上后剿灭，可朱元璋这支队伍竟然毫无声息。五大首领很少出去攻伐，整日在濠州城里晒太阳，谁也不肯出去拓展势力，生怕自己出去后，大本营被另外四支队伍灭了。

一个城里有五支人马已经够乱了，然而，从徐州逃出来的将领赵均用和彭大也进了濠州城，五大首领变成了七大头领。赵均用、彭大与脱脱的主力战斗过，从个人能力到部队实力，都超出五位濠州首领一大截。因此，濠州众人“乃共推奉之，使居己上”（《明史·郭子兴传》），让这两个外乡人当了大首领。不过，在这之后，濠州城迎来的不是团结，而是七大首领的内斗。郭子兴和铁匠出身的彭大脾气相投，这两人组成一伙，赵均用和其他四个头领组成一伙，双方斗得天翻地覆。

一天，赵均用突然发难，在军营中把郭子兴掳走，将他一阵毒打后关押起来。朱元璋赶紧去找彭大求救。彭大为人仗义，一听郭子兴被抓，立即带兵与赵均用对峙。眼看濠州城里就要有一场火并，赵均用怕伤了元气，只得把郭子兴放走。在这种情况下，连郭子兴都几乎性命不保，身为下属的朱元璋更是朝不保夕。关于当时朱元璋的记载，不是因为管军法得罪人，几乎被人折磨至死，就是在大军缺物资时，被派出去筹集粮食或盐。

时间来到张士诚被围在高邮的一年多前，濠州也正在被元军围攻。七个头领只得暂时放下内斗，共同应对外敌。此次，围攻濠州历时六个多月，元军久攻不下，最终撤围而去。虽然濠州转危为安，但守军减员严重，朱元璋终于迎来了机会，被派回家乡招兵。

当时，天下越来越乱，老百姓们再也不能安心种地，朱元璋此次回乡大有收获，招募了七百多人。郭子兴只给朱元璋留下二十多人，他们和朱元璋在军中的几个好友日后将成为朱元璋集团的核心，被称为淮西二十四将。在建立明朝的过程中，他们得到了充分的锻炼，成为明朝稳固的根基。比如耿君用、耿炳文父子，他们为朱元璋坚守太湖西岸，牢牢控制了张士诚西出的路线，每年都抵挡住了一次次攻击，让张士诚一辈子都突围不了。

这二十四个人，除了个别几个人战死，其他人在明朝建立后都被封公侯。朱元璋一生不过才封了六十多个公侯，这些人和他们的后代几乎就占了一半，组成了明初政坛最核心的淮西帮。然而，这些勋贵虽然一度风光，但在朱元璋这种雄忌之主身边谋事，大多结果不好。如果他们知道自己将来的命运，让他们再选择一次，是否还会离开家乡，跟随朱元璋打仗呢?

04

入赘郭家，朱元璋崭露头角

朱元璋曾经的护卫俞本在《纪事录》一书中，明确无误地记载朱元璋是“赘于郭元帅女马氏”。那么，朱元璋这个赘婿是如何成长起来的呢？

接下来，本书会给大家展示朱元璋真实的一面。我们会看到朱元璋在岳父郭子兴死后夺取郭家的兵权，又铲除郭家血脉的血淋淋的事实；也会看到他用阴谋、杀伐和奖励的手段，将一个松散团体整合成有凝聚力的集团，最终建立明朝；还会看到一个普通的农家子弟蜕变为权谋家，并在之后杀光了同自己创业的兄弟的故事。

一、朱元璋出奔，没人“月下追韩信”

元军退去后，朱元璋回到家乡招兵，凭借三寸不烂之舌，他说动了七百人参加他的队伍。这大大超出了郭子兴的预期。七百人对于郭子兴是什么概念？郭子兴起兵时的全部人马也不过八百人，虽然之后陆续招兵买马，但这半年被围攻后又折损不少，朱元璋一招兵，就为他带来了这么多新鲜血液。当然，这些招来的人，社会阶层都不高，有徐达、陈德这种兵荒马乱之下失去生计而不得不当兵的农家子弟，也有花云这种之前就喜欢舞枪弄棒的浪荡之徒。

对于这七百人，朱元璋以为郭子兴至少会给自己留一半，但郭子兴只给朱元璋留下了二十多人。不过，郭子兴也没能留下来那些他从朱元璋这里带走的人，他们大多被赵均用和彭大吞并了，郭子兴对此也无可奈何。朱元璋十分不忿，自己辛辛苦苦招的兵，却被敌对派系夺走了，可见郭子兴之无能。当时，外来户赵均用、彭大已经在濠州称王，在级别上比原来的五个本地头领高了一级，他们的部下也处处为难包括朱元璋在内的本地派系。几十年过去后，朱元璋在自己写的文章《纪梦》中回忆当时的情景，仍旧充满恨意，称“赵、彭僭称，部下多凌辱人”。

此时的朱元璋还不是日后隐忍猜忌的明太祖，他才二十五岁，还不能动心忍性。他觉得郭子兴太窝囊，保护不了自己的利益，于是，他不顾郭子兴的劝阻，毅然决定自立门户，带着二十多个部下离开了濠州。大丈夫自有凌云志，当南下与群雄争天下。

然而，心高气傲的朱元璋很快就成了笑柄，他什么事情都还没做就在路上病倒了，被徐达带回郭子兴军中，半个月后才苏醒过来。朱元璋就这样灰溜溜地兜了一圈后，又回到了濠州城。这段时间，郭子兴没有来看过他一次，但也没有赶他走，毕竟他是入赘郭子兴家的女婿。

二、你还有脸回来?

这次热血的出奔结局让朱元璋灰心丧气，但也让他成长了很多。朱元璋刚刚能起身后，立刻去找郭子兴。他没有在军队营帐中找郭子兴，而是径直来到郭子兴的卧房中。

郭子兴对朱元璋当然没有好听的话，根据《明本纪》的记载，郭子兴问："汝来何为？"朱元璋没有道歉，也没有跪地认错，他用一句话引起郭子兴的兴趣："闻他方有欲归者，我欲扶病前往。"上次才招了七百人，朱元璋称这次能招三千人。朱元璋没有低声下气地求原谅，他抓住了人与人之间交往的本质——交换。

没有什么丢脸面，没有什么温情，我与你郭子兴之间是赤裸裸的交换。你把马姑娘嫁给我，虽然是恩情，但也是看中了我的能力，还让我在军中当你的耳目。你不是抬举我，你只是在和我交换利益而已。今天，我也要和你交换，我不会为自己的出奔向你解释什么，我要告诉你，我现在能给你带来什么。上次，我能给你招来七百人，这次我能给你招来三千人!

郭子兴听后，眼睛一亮，有了这三千人，虽然自己的实力还是比不上赵均用和彭大，但至少腰板能挺直了。

郭子兴开始关心起朱元璋："汝病方痊，未可行。"

《明本纪》接下来赤裸裸地写道："上知王意（王代指郭子兴，他后来被明朝追封为滁阳王），决行不辞，王许之。"朱元璋知道郭子兴心里想的是什么，不顾他的客套话，又一次出发了。

三、朱元璋的撒手锏

在乱世中当说客，显然不是一个好差事。大家都是刀口舔血，凭什么我要听你的？此时，朱元璋的上司郭子兴不过是濠州城里众多头领中一个头目，没有实力的朱元璋将怎么完成这个任务？《明本纪》对此有详细的记载。

“我很清楚你们这里快没有粮食了，情况很不妙！”朱元璋进入山寨后对流民的首领说。这句话点出了对方的烦心事，乱世中结寨而守，十个里有九个都缺粮。

“我们的首领是您的老朋友郭子兴。”朱元璋接着套近乎。郭子兴家两代人都是濠州县的大豪，县里有点势力的人大多都认识郭子兴。

接下来的一句话才显露出朱元璋的功力：“我家将军听说有势力要来攻打你们，特意让我来告知你们。”《明本纪》上说这件事是朱元璋诈他们，是“诡称”。

“你们不妨搬来濠州城，我们变一家人一起过日子吧。就算不愿意来，你们最好也赶快搬家。”朱元璋在设身处地地为对方着想。

可以想象当时的情景，朱元璋仪表堂堂，口才流利。他对着结寨自守的首领侃侃而谈，大谈己方的实力，动之以情，晓之以利害关系。乱世中大多数人是在无奈之下才造反，并无太大的野心。于是，流民首领在朱元璋劝说下同意加入郭子兴的队伍。

但有道是好事多磨，朱元璋回去后，流民首领越想越不对劲，又找人打听出郭子兴在濠州城的窘境，就想反悔了。朱元璋早料到对方会反悔，他从郭子兴那里借了三百人再次赶到山寨。他对山寨中的人谎称那伙外敌马上就要杀来，自己则带来了救兵。

流民首领不想和朱元璋把场面弄得太难堪，又听说外敌要来，惊慌之下就放他们入寨了。朱元璋所带的兵马虽然只有寨中人数的十分之一，但都是精锐。进入营垒后，朱元璋立刻翻脸，将流民首领劫持，然后烧掉营垒，断了这群流民的后路，让他们不得不跟随朱元璋回到濠州城。原来这才是朱元璋的撒手锏！

有了这支力量的加入，郭子兴实力大增，这次宁肯火并也不能让赵均用把这批人再夺走，终于成功地吞并了这些人马。郭子兴论功行赏，朱元璋得以有了几百个手下。但这并不意味着朱元璋能被郭子兴倚重，在军中成为和郭子兴的小舅子张天祐、儿子郭天叙并列的大将。

朱元璋和你我一样，在二十多岁都曾经充满自信心，过高估计了自己对世界的意义，甚至以为自己是天之骄子，以为整个世界都将给我们让路。世界必定会一次次善意地提醒我们看清楚自己是谁，直到我们认清自己，懂得了世界的运行规律。我们该如何评价那些不好的经历呢？笔者认为，评判的标准应该是这段经历能否帮助我们成长，只要能拓宽我们的视野、能深化我们的思考，那就是一段有益的经历。

05
对标刘邦，朱元璋组建核心班底

百花发时我不发，我若发时都吓杀。

要与西风战一场，遍身穿就黄金甲。

这是朱元璋早年写的《咏菊》，全诗杀气腾腾，凌冽的杀意透纸而出。更耐人寻味的是，此诗和黄巢的《不第后赋菊》[1]很像。黄巢作为私盐贩子出身的造反首领，被历朝历代的文人深深忌惮。朱元璋却模仿黄巢的诗，写下了《咏菊》，丝毫不顾忌儒家士大夫的感受。在朱元璋南下滁州的途中，两个重要的人出现了。他们各自提出一条了谋略，帮助朱元璋从匪寇蜕变为一个新王朝的开创者。

① 待到秋来九月八，我花开后百花杀。冲天香阵透长安，满城尽带黄金甲。

一、你对我的生命毫不在意

“爱婿，你的口才着实厉害，接连招来两批豪杰，让我军如虎添翼！”郭子兴说，“周边就只剩横涧寨了，这些人新遭大败，你若能再去劝降，必将满载而归。”如果是普通人，刚刚被提拔，又被捧得那么高，哪怕是龙潭虎穴也要闯闯，但朱元璋思虑片刻，抬起头说：“我不去。”郭子兴一听，脸色顿时阴沉下来。

“横涧寨的人太多了，需要我们濠州的七个将领一起去，才有实力将他们吞下。”朱元璋冷静地分析道，“不是末将贪生怕死，到时我愿为先锋，必助岳父大人拿下此寨。”朱元璋的这句话让郭子兴没办法责备。横涧寨的规模很大，里面有两万民兵。之前，他们曾响应元朝官府，围攻过濠州，双方有血债。从事后来看，当时朝廷还给横涧寨派了一个张姓监军，朱元璋若去劝降，只怕会被一刀砍了。

郭子兴想到要和濠州城的其他几个首领一起分蛋糕，心里很不情愿。他沉思许久，如果能单独吃下横涧寨，必能在濠州独大！就算死了一个朱元璋又怎么样？马姑娘不过是一个干女儿，自己还有两个亲女儿呢。但是，无论郭子兴怎么说，朱元璋都明确地拒绝。无奈之下，郭子兴只得与濠州城中的诸位首领商量。其他首领听说郭子兴的女婿要当先锋攻横涧寨，便都欣然同往。

当夜，濠州城里诸位首领率军前往横涧寨，朱元璋作为前锋，带着自己手下的几百人在前面开路。横涧寨的人出城迎战，朝廷派来的张监军在后面压阵。双方接战后，朱元璋命“黑先锋”花云带队冲锋，张监军眼见对方来势汹汹，竟然率先逃跑了。寨主缪大亨见此，只得率众投降。事后一清点，濠州红巾军不仅俘获了两万民兵，还俘获了这些民兵的家人，共计七万人。这下，濠州红巾军的实力大增，朱元璋日后回忆，红巾军变得“赤帜蔽野而盈冈”。

二、北上与南下

此时，张士诚在高邮击败了一波又一波元军，搅得南方人心大乱。濠州红巾军在实力大增后，看着元军这么不经打，也准备出击了。七个首领坐到了一起，商量进攻的方向。

根据如今的局势，红巾军看似有四个方向可以选择，但在势力较强的赵均用和彭大看来，只能往北。因为濠州西边是大别山，刘福通在这里和元军拉锯了两年，当地早已没有人烟。而在东边，张士诚正在和元朝鏖战，天下的精兵都集中在那里，躲避都还来不及。往南更不用考虑，江浙一带向来很少饥荒，穷人也能吃上饭，没有人会跟着造反，红巾军将得不到兵力补充。而且，南边的地主们组织了大量民团，实力雄厚。而最令他们望而却步的是长江天险，没有水军的红巾军很难渡江。

在首领们看来，往北进军是目前最佳的选择。赵均用、彭大就是在徐州起兵的，熟悉当地的环境。而且，北边有大片的黄泛区，遍地都是没有饭吃的穷人，红巾军将一呼百应。过了徐州再接着往北，还能进入山东，那里更是沃野千里。日后赵均用的下属毛贵就是在山东成功建立了政权，山东成为红巾军最稳固的一块根据地。

赵均用等濠州头领们选择向徐州挺进，郭子兴也随他们一起进军。但郭子兴留了一个心眼，他让朱元璋和儿子郭天叙南下攻取滁州。滁州在长江以北，当地的富户早就渡江而下了，就算攻下了也没有多少收获，所以郭子兴的举动没有引起濠州其他头领的注意。此时，滁州的防御薄弱，守军人数很少。朱元璋大军很快赶到了滁州，两军对垒时，又是“黑先锋”花云单骑冲破敌阵，率领大军在如雷的战鼓声中前进，滁州守军随之迅速溃散了。

三、大量人才来投

攻下滁州后，除了在军事上有所收获，朱元璋最关键的是得到了大量的人才。在朱元璋开国后分封的六公中，有三个都是在此时加入的。

第一个是李善长，他比朱元璋大十四岁，这一年他已经四十岁了。在朱元璋所有的功臣中，李善长位列第一，他日后负责的是朱元璋的后勤保障工作，被誉为明朝的“萧何”。《明史·李善长传》是这么描述他的：“少读书，有智计，习法家言，策事多中。太祖略地滁阳，善长迎谒。太祖知其为里中长者，礼之，留掌书记。”

李善长“习法家言”，这说明他不善儒术，日后他也不以诗文和文章见长。古代的读书人讲究学而优则仕，才智最顶尖的读书人都学习儒家经典，去考科举，李善长偏偏研习法家。李善长在农村待了半辈子，没有官职，仅仅是“里长者”，大约就是村里有一定威望的人。

加入朱元璋的队伍后，李善长马上献策，让朱元璋以汉高祖刘邦为榜样，学习刘邦的种种措施，建立自己的朝代。参考刘邦的策略，李善长对朱元璋提出了三条要求：豁达大度、知人善任和不乱杀人。李善长比朱元璋及其手下年长，朱元璋发怒时，他会站出来维护众人，慢慢在军中就有了威望，逐渐成为朱元璋集团中淮西帮的二号人物，并在明朝建立后被封为韩国公。

接着来投奔朱元璋的两个人才，是日后被封为宋国公的冯国胜和他的哥哥冯国用，两兄弟都是地主出身，此前一直在结寨自保，在乱世中求存。和朱元璋手下喜好厮杀的将领不同，这两人不仅喜欢读书，还通晓兵法。尤其是哥哥冯国用，献上了一条对早期的朱元璋至关重要的谋略——夺取金陵为基地。据《明史》记载：

> （冯）国用对曰："金陵龙蟠虎踞，帝王之都，先拔之以为根本。然后四出征伐，倡仁义，收人心，勿贪子女玉帛，天下不足定也。"

但是，如果想攻取金陵，就需要克服两个难题，一是江南的元军，二是找到船只渡过长江。冯国用也给出了具体的解决方案。此时，为了攻打刘福通和张士诚，元朝早就把江浙行省的正规军抽调走了，当地剩下的兵力都是地主武装。这些武装的战斗力不容小觑，江西的地主武装可是抵挡了徐寿辉和陈友谅整整五年。

冯国用自己就是地主出身，他认为夺取江南的关键不在于攻伐，而在于能对地主们"攻心"。因此，针对第一个难题，冯国用提出了"倡仁义，收人心"之计，即承认儒家的思想主张，与地主们合作，打造"仁义之师"。第二个难题是找船只渡过长江天堑。笔者推测，冯国用在朱元璋与巢湖水寇们的合作中起到了重要作用，从而解决了船只问题。

冯国用、冯国胜两兄弟有自己的部曲，因此在诸多将领中地位较高。五年后，冯国用因病死于军中。之后，冯国胜肩负起重任，屡立功勋，在明朝建立后被封为宋国公。洪武二十年（1387 年），他率领傅友德和蓝玉两名绝世名将，以步骑二十万兵出东北，迫使北元的"东北王"纳哈出投降。

四、朱家也有千里驹

这段时期来投靠朱元璋的还有他的外甥李文忠，他在明朝建立后被封为曹国公。李家是盱眙人，原本家境不错，但瘟疫暴发后，李文忠的母亲、兄妹和几个伯父都死了，全家只剩下父亲和李文忠。听说朱元璋在滁州城后，李文忠和父亲立即来投奔。

朱元璋见这父子两人形如乞丐，立即为他们置办衣服和住所，还将已经十六岁的李文忠收为义子，改名“朱文忠”，开始精心培养他。三年后，李文忠受起用，成了朱元璋最信任的人。他先是作为亲兵跟在朱元璋的身边，听朱元璋言传身教，之后又被外派，跟随各个战区的大帅历练。

二十四岁时，李文忠总领严州、衢州、信州、处州、诸全州的军事事务。

二十七岁时，李文忠严守今日的浙江金华一带，让张士诚不能南下一步。

三十岁时，李文忠代替了病死的常遇春，成为全军中仅次于徐达的二号人物。

三十一岁时，李文忠率军出野狐岭，俘获了北元皇帝的嫡长子、后妃、宫女、诸王、将相官属数百人以及宋、元玉玺金宝十五件。此战后，朱元璋到奉天门接受满朝文武的朝贺。

三十八岁时，李文忠和李善长一起“总中书省、大都督府、御史台，同议军国大事”。

四十六岁时，李文忠不明不白地死去，随后朱元璋处死了为他看病的大夫。

李文忠的战斗风格和常遇春相似，临阵常常身先士卒，如遇大敌，胆气益壮，每次战胜，必把军功归于部下。他真可谓是朱家的霍去病！

> 去时儿女悲，归来笳鼓竞。
> 借问行路人，何如霍去病？[①]

除此三公外，日后大明的大都督朱文正也在此时来投。

---

①《光华殿侍宴赋竞病韵诗》，南朝梁名将曹景宗作。

几年前的灾荒后，朱元璋其他兄弟的子女中，唯有朱重四的一个儿子活下来，他就是朱文正。李文忠和朱文正，就是朱元璋在这个世上仅有的血亲了。朱文正只比朱元璋小六岁，他是朱元璋小时候的玩伴。这一年他十九岁，跟朱元璋长得很像，也被朱元璋收为养子。之后，他很快承担起冲锋陷阵、建功立业的重担，即将指挥事关朱元璋生死存亡的“洪都保卫战”，在南昌抵挡陈友谅的六十万大军。

06

张士诚战胜蒙古、吐蕃、高丽、西域联军

至正十四年，张士诚以高邮截断大运河半年后，元朝权相脱脱带着元军的主力南下，对外号称百万大军。元朝汇集所有力量，蒙古人、吐蕃人、高丽人、西域人……多支军队云集高邮，与张士诚一决高下。

此时，抗元形势处在最低谷。若张士诚再被剿灭，大运河将重新贯通，元朝在得到南方鱼米之乡的“输血”后，将会转危为安。因此，天下人都在注视着高邮。

一、以孤城力敌元朝百万大军

脱脱征召了全国各地的元军精锐，甚至还召集了吐蕃人、高丽人、西域人……对外号称百万兵力，实际有五十万人，云集扬州下辖的高邮。张士诚曾试过出城迎击，结果大败，退回城内后就再也不敢出击了。元军将高邮围得铁桶一般，在元军的高密度打击下，高邮城内箭石如雨，士卒出门都需要以盾牌为伞。

关于此战的资料太少了，笔者找到一场情景类似的战役——南北朝时期，北魏纠集北方各民族联军与南方刘宋的盱眙之战，读者可以由此估量高邮之战的惨烈。盱眙离高邮只有一百公里。盱眙之战很多人没听过，但与此战有关、辛弃疾写的《永遇乐·京口北固亭怀古》大家都耳熟能详。

> 元嘉草草，封狼居胥，赢得仓皇北顾。四十三年，望中犹记，烽火扬州路。可堪回首，佛狸祠下，一片神鸦社鼓。凭谁问、廉颇老矣，尚能饭否？

辛弃疾的这首词，写的是引发盱眙之战的宋文帝刘义隆发起的北伐。辛弃疾讽刺宋文帝本想学霍去病“封狼居胥”，派大军北伐，失败后引得小名为“佛（bì）狸”的北魏太武帝拓跋焘率大军南下。

和元朝多民族组成的南下大军类似，拓跋焘的部队里除了鲜卑人，还有丁零人、匈奴人、氐人和羌人，他们一路从中原打到长江岸上，攻破扬州后隔江对金陵虎视眈眈。在此一系列战事中，刘宋罕有的令人眼前一亮的战绩是在盱眙之战中取得的。

盱眙和张士诚据守的高邮有些相似，城池虽小却坚固，当时，盱眙由臧质（南宋开国皇帝刘裕的妻侄）率领三千甲士据守。拓跋焘大军听说南朝经营盱眙多年，城内储存了大批粮食，就率军来到城下。拓跋焘以为盱眙这么小的城池，在十万铁骑面前一定会吓得瑟瑟发抖，直接开城投降，但臧质直接拒绝了劝降，盱眙之战随之开始了。

拓跋焘大军修筑了一堵围墙，将盱眙围了起来，切断了盱眙对外的水陆通道，断绝了城内与外界的联系，使盱眙成了一座孤城。然后，拓跋焘大军开始攻城。他们准备了许多攻城器械，先在弓箭掩护下用钩车钩住城楼，然后让士兵往上爬。臧质早有防备，让军队在城墙上准备了大量的石头和羽箭，在北魏士兵攀爬的途中将其射杀。之后，北魏军队又用大量冲车撞击城墙，想把城墙撞塌。幸亏南宋军队在战前加固了城墙，城墙被冲击后仍岿然无恙。

拓跋焘恼了，不再顾忌士兵损伤，展开全面进攻。攻城器械全部被损毁后，北魏士兵们在督战队刀刃的威胁下，一队队轮番爬上城墙，结果是一队队被射杀，战死者的尸体几乎堆得和城墙一样高。一个月后，拓跋焘仍旧攻不下盱眙。而且，此时北魏军中暴发了瘟疫，拓跋焘不得不退军，盱眙之战以刘宋的胜利告终。

盱眙之战打了一个月就已经这么艰难，而张士诚和元军的高邮之战打了三个月。而且，高邮之战比盱眙之战晚了九百余年，军事技术已经进步许多，攻城手段更加多样，在这种情况下，高邮之战只会比盱眙之战更惨烈。但张士诚不愧是军师施耐庵眼中的宋江原型，又狠又硬，高邮外城已被攻破，仍旧苦苦支撑，就是不降。

围城期间，脱脱一直在分兵剿灭附近的义军，高丽军就被派去攻击六合的义军。高丽人到六合后，义军招架不住，连忙向刚刚占领滁州的朱元璋求救。

六合毗邻滁州，一旦失守滁州则将直面高丽军的兵锋。朱元璋懂得唇亡齿寒的道理，顾不上元军势大，立即领兵前往六合。在此战中，朱元璋的部队打得很顽强，高丽军猛攻，朱元璋就硬拼，一直坚持战斗。到了晚间，朱元璋的部队也不休息，忙着修复城防工事。最终，朱元璋虽然因不敌而撤退，但也没遭到太大损失。

不过，《明史·太祖本纪》大肆吹捧朱元璋此战的战绩。书中说，朱元璋接战后佯败，引敌来追，然后设伏击败了元军，缴获许多马匹。随后，朱元璋主动向高丽军送回战马，并备上厚礼，说己方只是结寨自保的百姓，请高丽军不要攻击。高丽军还真的相信了他，随后两边不再相攻。但即便如此，《明史·太祖本纪》也不得不承认，朱元璋主动撤出了六合，滁州自此门户大开。

和此时的焦点张士诚相比，朱元璋还只是一个不起眼的小角色。夺取六安后，高丽人没有接着攻击滁州，不是因为《明史·太祖本纪》中记载的朱元璋的“妙计”，而是因为高邮出了大事！

二、转折点到来

在惨烈的军事斗争中，元军并非铁板一块，内部斗争相当激烈乃至残酷。就在张士诚快坚持不住时，元军内部出问题了——脱脱被免职了！

脱脱下台的直接原因是权力太大了。此次出征，脱脱征召了朝堂上一半的官员随他出征。他还掌握了元朝最精锐的部队，有任免官职，征调钱款、物资的权力。人、钱、军三权都集中在一个大臣手中，这让皇帝怎么想？而且，脱脱攻打由一个私盐贩子占据的小城高邮，竟然三个月还未攻下，迟迟不班师回朝，交回军权，这又让皇帝怎么想？此外，当时元朝的朝中大臣分保皇派和太子派，太子派想举行册宝大典和郊庙之礼，让太子的地位无可动摇。脱脱为了维护皇权，拒绝了这些人的建议，引起了他们的忌恨。于是，脱脱同时成了保皇派和太子派的眼中钉。

之后，皇帝下旨，要将脱脱流放到云南腾冲。诏书到来时，脱脱的属下建议他不要听从，鼓动他“将在外，君命有所不受”。可脱脱称自己受天子重恩，不能背叛。于是，他把名马和物资分给手下诸将后，交出了兵权。元朝的政治斗争极为残酷，派系领袖失势被杀后，整个派系几乎会被诛杀殆尽。脱脱被免职后，他的属下们自然知道将有什么结果，比如，客省副使哈剌答就直接说：“丞相此行，我辈必死他人之手，今日宁死丞相前。”然后就持刀自刎了。其他将领一看这样，接下来还怎么打仗，于是，“大军百万，一时四散”。

张士诚就这么赢了。元廷连一场战略决战都没有，甚至连一个像样的对手都没有，就这么输掉了整个南方。在这之后，张士诚实力大涨，俘获了可供养五十万大军的物资和许多溃散后无所依的元朝精兵。十几年后，元朝风雨飘摇，监察御史圣奴总结朝廷为何失败，认为转折点就在此时，“奸邪构陷大臣，以致临敌易将，我国家兵机不振从此始，钱粮之耗从此始，盗贼纵横从此始，生民之涂炭从此始”（《元史 · 脱脱传》）。

一个个渔民（如陈友谅）、农夫（如徐达）、小地主（如冯胜）、强盗（如常遇春）、和尚（如朱元璋）、盐贩子（如张士诚）在此刻真正走上了历史的舞台。王侯将相，宁有种乎？小人物们将以生命为赌注，写下属于自己的篇章。

07
明教的四路北伐

研读历史后我们会发现，“百无一用是书生”完全是谬论。历史上，白莲教、弥勒教等教派组织的起事很多，他们没有读书人的帮助，只能喊出“均田地”“弥勒转世”等空洞的口号，几乎没有号召力。但明教不一样，在起事早期，知识分子就发挥了巨大作用，将其原来的主张转变为“复宋”，即认同儒家，起草政纲，建立朝廷，反对民族压迫，再建宋朝。在抗元战争的洗礼下，明教中的知识分子们从“杏花烟雨江南”的才子，变成了“西风吹醒英雄梦”的豪杰。

一、建立新宋朝

至正十四年是抗元战争的转折之年。张士诚在高邮城下挡住了元朝的百万大军，不久，元军统帅脱脱被免职、毒死，元朝再也没有人能组织起各地分散的力量，再度发起进攻了。

于是，各路义军的反击开始了。至正十五年（1355 年）的风云人物是刘福通，这一年他接连取得胜利，还把明教教主韩山童的儿子韩林儿接了出来，号称这是南宋赵家的血脉。他拥立韩林儿为皇帝，定国号为宋（史称韩宋），定都于亳州（今安徽省亳州市）。这个消息让元朝的文武百官十分愤怒。古代封建王朝一向非常看重正统性，之前张士诚只是称王，元朝都要和他拼命，而韩林儿这次都称帝了，那还了得？而刘福通这边，既然他取国号为“宋”，宋的都城汴梁还在元廷手中，不收复回来怎么能行？至此，双方已势同水火。

不过，和很多以宗教发迹的武装一样，明教在军事压力稍稍缓解后，就开始内讧了。在明教中，韩林儿只是名义上的君主，教中掌控实际权力的两大头领分别是丞相杜遵道和掌管军事的平章刘福通。

正是因为有了杜遵道，明教才能提出“山河奄有中华地，日月重开大宋天”的口号，将一场宗教斗争拔高为全体民众的抗元事业。如果没有杜遵道，明教提出的大概还是建立“人间佛国”之类的政纲，根本无法取得地主阶级的认可，明教所到之处将会引来地方豪强的拼死抵抗。杜遵道既有理论基础（从国子监毕业），又有顶层视野（曾在枢密院就职），还肯脚踏实地干事业（回到百姓中组织明教），所以在教中威望极高。

不过，明教的武装力量主要掌握在刘福通的手里。为了制衡刘福通，杜遵道和皇帝韩林儿走得很近。刘福通的应对办法非常简单粗暴，“命甲士挝杀遵道”。毕竟，明教不是宋朝的朝廷，文人不再是“东华门外唱名”的好男儿，这世界还是武人的天下，杜遵道就这么被杀了。杜遵道死后，短期内明教反而更团结了，因为大多数教众都是“李逵”“程咬金”这类的文盲，他们见队伍里再也没有“臭穷酸”的文人，士气大振。“李逵”“程咬金”们高喊“杀到东京，夺了鸟位”，以汴梁为目标，发起了一波又一波的攻势。

二、北军南下、川军东出

关于明朝的历史，一直以来都有一个热点问题：朱元璋起兵后并未与元朝主力决战过，他的北伐只是“摘桃子”，那么元军的主力是谁消灭的呢？答案是刘福通、张士诚和陈友谅。

在元朝统治的九十多年里，朝廷大多数时间都认为主要的军事威胁在于北方和西北的蒙古诸汗国，对南方的汉人不以为意。因此，元朝将多数兵力放在了北方诸省和西南的四川。后来，长江中下游地区的经济对元朝越来越重要，朝廷逐渐重视起南方的安全，建立了“三王镇江淮”体系，以武汉、庐州和扬州的三个封王为中心构筑了军事体系。至于长江以南，蒙古士兵怕热，并不驻扎。

后来，天下大乱后，元廷突然发现红巾军的实力竟然这么强，本地的治安军都镇压不了，只得调北兵南下和四川兵东出，想以元军精锐扑灭其反抗。随着战事发展，从北方调来的元军主力在高邮之战后基本失去战力，元朝的机动兵力只剩下四川兵了。

韩林儿、刘福通主张“复宋”，引起了元朝的重视，元朝开始调动川军。

率领川军的是四川行省左丞相答失八都鲁，他出身蒙古军事世家，曾祖父纽璘曾跟随蒙哥攻打合州钓鱼城（今重庆市合川区钓鱼城），祖父和父亲都在川军中任高官。从至正十五年开始，答失八都鲁与刘福通在河南和安徽反复拉锯。这年七月，刘福通在长葛大败答失八都鲁。九月，刘福通又在中牟袭击了答失八都鲁，俘获了其军中物资。到了十二月，刘福通在太康被答失八都鲁打败，退回亳州，被元军包围。第二年，刘福通与韩林儿的大本营亳州被攻破，丞相罗文素等众多官员被俘，刘福通带着韩林儿跑到安丰。

刘福通对此次失败并不在意，河南、安徽遍地都是吃不饱饭的穷人，他大旗一挥，又招揽了许多人，军势复振。至正十七年（1357 年）二月，明教大将毛贵进入山东，攻陷胶州、莱州、益都等地，占领了胶东半岛。同时，明教李武、崔德等将领又攻入武关，直逼长安，关内大震，明教逐渐在抗元战争中占得上风。

三、四路北伐

刘福通杀了杜遵道后，明教的经济建设跟不上了，他养不起手下的兵了。至正十七年，在缺粮的压力下，刘福通分四路对元朝展开全面进攻。

第一路，刘福通亲自率领重兵，直接赶赴北宋的旧都汴梁。第二年，刘福通攻克了汴梁。

第二路，目标是元朝的心脏——元大都。这路由毛贵领军，从山东直捣大都，兵锋直抵蓟州，把元顺帝吓得准备迁都。可惜，这一路军队最终被元军击败。

第三路，目标是汉唐故都西安，由白不信、大刀敖等明教将领率军进入陕西，与之前进入关中的红巾军共同作战。

不过，最让汉人们扬眉吐气的是由关先生、破头潘带领的第四路红巾军。

他们先从山东进入河北，之后翻越太行山进入山西。翌年，重入河北，计划配合毛贵军攻元大都。计划失败后，他们重回山西，北上攻取攻占了大同（今山西省大同市）。然后，他们竟然兵出塞外，进入蒙古高原！之后，这路红巾军攻破了元上都，焚毁了元朝多年经营的宫阙庙宇，将元上都化为一片废墟。

之后，他们又攻取了元朝辽阳行省的首府辽阳（今辽宁省辽阳市）。元朝的新丞相太平认为，红巾军不敢打仗，过不了多久肯定要走，于是把自己的亲儿子任命为总兵大将军，想通过收复辽阳来捞军功。可太平没有想到，这些来自河南和安徽的红巾军竟然想在东北安家，他们在当地安营扎寨，在行政上还设了辽阳行省。太平的儿子兴奋地赶到辽东后发现，红巾军“日治战马，一无退意”，一仗都没打就被吓跑了。

随后，关先生、破头潘想起当年高丽帮脱脱攻打过明教，又率军跨过鸭绿江，攻破高丽国的西京（今朝鲜平壤）和开京（今朝鲜开城），逼着高丽王弃都而逃。元朝官军、高丽人甚至倭寇，都对东北的这路红巾军虎视眈眈。在各路敌人的围剿下，红巾军在辽阳和高丽的开京接连失败，关先生等人也被杀。虽然失败了，但他们“不作安安饿殍，效尤奋臂螳螂”，度过了波澜壮阔的一生。

在辽东，这路红巾军寸土必争。比如，当时金州（今辽宁省大连市金州区）在元军、红巾军和倭寇数方势力中反复易手。可惜，最后的胜利者是朱元璋，没有人记得这些豪杰，他们从此湮没在历史中，有的人只留下一个外号，连名字都不被人知晓。

关先生，后人只知道他叫关铎，是江西抚州崇仁人，曾北行游历天下，后来以善谋打动了刘福通，被任命为前锋。他的绰号叫“先生”，大概真是一个文绉绉的教书先生吧。江西抚州崇仁是出才子的地方，比如写出《牡丹亭》的汤显祖、唐宋八大家之一的曾巩、政治家王安石都出自此地。元末乱世烽烟中，一个来自杏花烟雨江南的先生，骑铁马，踏冰河，破雄城，丧生塞外，名湮历史长河。他死前，会问家乡的杏花开了吗？

此四路一出，元朝处处烽火，连元上都都被攻破了，天下再无一片安宁之地。人人都知道大元要完了，于是，天下彻底大乱。

在整个抗元过程中，刘福通承担了大部分来自元朝的军事压力，而朱元璋只是个摘桃子的后来者。明朝嘉靖时期，学者李文凤说了一句公道话："元之不能以匹马只轮临江左者，以有宋为捍蔽也。韩氏君臣非特有功于中国，其亦大有功于我明也乎！"（《资治通鉴后编》卷一百八十三）

不过，刘福通大军燃起了熊熊大火，燃料却是黎民的生命。刘福通活动的主要地区之一河南，自古便是中原膏腴之地，但多年的拉锯战让这里损失了大量人口。明朝建国十几年后，为充实人口，河南历经几次移民后也只有一百多万人口。

明教中参与北伐的一名名普通的士兵，都是别人家的父亲、兄弟和儿子。最终，他们死在关中的田垄上，死在塞外东北的寒风里，死在华北平原的桥下路边，又有谁记得他们的名字呢？

08
朱元璋夺权

在元末这个群雄逐鹿的时代，在南方的众多角逐者中，最有名的三人分别为陈友谅、张士诚、朱元璋，三人各有所长。陈友谅善攻，他占据长江上游，有数艘巨舰，连绵数十里，攻必克，战必胜；张士诚善守，他曾在高邮率军对抗元朝天下精兵；朱元璋善于争取人心，处处展示宽厚与仁善，招徕四方英豪。在此三人中，朱元璋的起点最低，他最初只是郭子兴的手下，还被陈友谅和张士诚夹攻，可为何最后成事的却是朱元璋？

一、为他人做“嫁妆”

至正十四年的高邮之战是红巾军抗元事业的转折点。此战之后，元军的主力损失殆尽，各地的红巾军转守为攻，尤其是陈友谅和张士诚的军队，分别在湖北和江浙地区攻城略地，短期内二人的势力迅速扩张。

朱元璋却还在走霉运，这一年，他刚刚有点起色的事业又一次跌入谷底。此前，他的岳父郭子兴响应刘福通的号召，跟随赵均用北上争天下，让朱元璋留守大本营濠州。朱元璋便有了独立领兵的机会，他很快攻下了滁州，收揽了许多人才，组建了日后建立明朝的核心班底。可到了至正十四年，抗元事业的风口期，其他红巾军首领都风光无限，朱元璋又开始倒霉了——他的岳父郭子兴回来夺权了。

郭子兴在濠州红巾军的七个头领中排名老幺。他脾气不好，喜欢骂人，在濠州红巾军北征占据了泗州（治所在今安徽省宿州市泗县）和盱眙后，他就被赶走了。郭子兴连濠州城都不能再待，只能灰溜溜地来了朱元璋所在的滁州。郭子兴带着一万兵马来到女婿这里时，发现朱元璋已经有三万兵马了，他感到了切实的威胁。所以，来到滁州后，郭子兴做的第一件事就是夺权，如果朱元璋不交出军权，郭子兴就要杀掉他。朱元璋手下有三万人，郭子兴手中才有一万人，为什么朱元璋会怕郭子兴？

举个例子，刘邦在荥阳（今河南省郑州市荥阳市）被项羽击败后，只带了一个马夫夏侯婴，二人诈称是使者，进入韩信的军队中，轻轻松松就夺得了军权。韩信眼见辛苦几年聚集起来的大军就这么没了，为什么连个“不”字都不敢说？其实，韩信很清楚，刘邦不知道在他的军中安了多少钉子，连他的副手张耳都是刘邦的儿女亲家。

同样的，朱元璋手下的将领中，不知道被郭子兴安了多少钉子，朱元璋哪里敢不上交兵权？朱元璋之后的日子更难过了，郭子兴对朱元璋起了猜忌之心，对他百般防范。郭子兴把朱元璋的亲信将校和幕僚逐步调走，甚至还想将朱元璋手下最得力的文人李善长调入自己的元帅府。

李善长不愿跟那些粗人共事，就向朱元璋哭诉。朱元璋无可奈何道：“主帅之命，我们哪里敢违抗。”但李善长就是不肯去元帅府，幸亏郭子兴认为还没到跟朱元璋撕破脸的时候，后面没有再理会这件事。朱元璋的竞争对手们也趁机对诋毁他，在他和郭子兴之间挑拨离间，以致后来郭子兴组织重要的军事会议时，都将朱元璋排斥在外。

二、夺权

之前，朱元璋招募了三万士兵，确实有了实力，但这些士兵要吃饭，滁州哪里有这么多粮食？郭子兴把军权握到手中后，看着这么多士兵，可愁坏了。这些士兵因为没饭吃，连元朝都敢反，更何况是自己？

郭子兴只得把朱元璋找回来商量对策，朱元璋趁机提出酝酿已久的策略——渡江攻取金陵。郭子兴当然知道，江南既有钱又有粮，问题是如何渡过长江天险？虽然元朝的陆军主力都在高邮之战中耗尽，可元朝的水军主力基本得到了保留，这些水军日日在长江上游弋，就是为了防备红巾军。而且，就算红巾军侥幸偷渡过去，一旦元军用战船在江上截断红巾军的补给线，这几万渡江的兵马就成了没有粮草的孤军。朱元璋又趁机向郭子兴推荐巢湖水寇。虽然朱元璋自己也拿不准，这些水寇能否对付元朝水军，但郭子兴的红巾军没有更好的选择了，除了南方，所有的战略方向都被堵死了，留在滁州根本没有办法发展，连这几万人马都养不活。

郭子兴无奈之下，只得率军南下，打通前往长江的道路。他们的第一战是攻取和县（今安徽省马鞍山市和县一带），这一仗主要由郭子兴的妻弟张天祐率军攻打，张天祐让手下打扮成元军的样子，混进城去，轻松就攻取了和县。这时，濠州红巾军七位首领之一的孙德崖也被排挤出了濠州，来到郭子兴军刚刚攻取的和县。郭子兴之前就与孙德崖不和，仇人相见分外眼红。如今，郭子兴的手下可有数万人马，便想吞并孙德崖的势力。孙德崖早有防备，见事情不妙，就提前跑了。郭子兴为此闷闷不乐，竟然发了一场病，很快病逝，终年五十三岁，他在《明太祖实录》中被评价为“性悻直不能容物”。

对于郭子兴的死，朱元璋说不出心里是高兴还是难过。虽然郭子兴对自己有诸多刁难，但他也是自己一生中最重要的贵人，如果没有郭子兴的慧眼相识，没有被他收为赘婿，在群雄并起的乱世，朱元璋怎么能在茫茫人海中出头？所以，朱元璋仍然终生感激给他机遇的郭子兴。明朝刚一成立，朱元璋就封郭子兴为滁阳王，让他享受朱家子孙世世代代的香火祭祀。在滁阳王庙中，朱元璋在立的碑上清楚地写着：“及今大统既定，四海一家，推本寻源，实由于王！”意思是：我朱元璋本为淮南布衣，能一统天下，最该感谢的就是郭子兴！

郭子兴死后，朱元璋就开始准备在军中消除郭子兴的势力，尤其是郭家的男丁。郭子兴有三个儿子，大儿子之前已经战死，三儿子郭天爵年纪尚小，目前，二儿子郭天叙继承了郭子兴在军中的主要势力。郭子兴死后，目前这支队伍中掌握军权的主要是三个人，分别是郭子兴的二儿子郭天叙、郭子兴的妻弟张天佑和郭子兴的女婿朱元璋。可见，称这支队伍为郭家军丝毫不为过，如果不是局面复杂，朱元璋早就被卸磨杀驴了。

不久，他们名义上的领袖、明教教主小明王韩林儿下了圣旨，给他们定下排名，任命郭天叙为都元帅，张天祐为右副元帅，朱元璋排第三，任左副元帅

（当时以右为尊，明朝建立后才改回以左为尊）。在这支队伍中，郭天叙和张天祐掌握着北征回来、战斗力最强的军队，而朱元璋一直主要负责后勤工作，基本没打过硬仗，再加上他又不是名正言顺的郭家人，排第三理所应当。

郭子兴死后，摆在这三个头领面前的仍是队伍的“吃饭”问题，郭家军还是必须渡江。很快，郭家军将与巢湖水寇们展开合作，朱元璋也要走出他一生中最关键也最肮脏的一步。

09
朱元璋凶险的渡江一战

至正十五年是高邮之战后的第一年，随着元军主力大败，抗元事业迎来了高潮。这一年后，陈友谅占领湖北全境，溯江而上谋取蜀地，顺江而下兵临南昌，兵锋之利引天下瞩目。张士诚也相继破扬州、苏州和常州，占领天下膏腴之地。

然而，此时朱元璋的队伍连自己都养活不了，需要冒死渡江去金陵求生存。渡江，对他们来说实在凶险万分。朱元璋会如何破局？

一、巢湖水寇

自古以来，流寇对付官军都有一个绝招——裹挟百姓。

在占据稳固的地盘之前，流寇每到一地，大多会烧毁房屋、毁坏耕地，破坏生产，而家园被毁坏的农民为了在乱世中求存只能加入流寇。这些被裹挟的农民将成为流寇填平壕沟的“材料”，侥幸存活下来的少数将沦为麻木的杀戮机器，去裹挟更多的农民，像多米诺骨牌一样，依次将一个个城池推倒。

元末时期，淮西大地早已残破不堪，仅朱元璋所在的濠州，红巾军最少有七支，而朱元璋的岳父郭子兴是其中实力最弱的。可这支红巾军之后也从七百人发展到了四万人，其中自然少不了被裹挟的农民。这仅仅是一个濠州，江北的州县又何止百千。此时的江北已经没有人种地了，只要有人敢种地，就有别人来抢粮食，但如果不种地，人就会饿死。这么下去，只有死路一条。朱元璋决定与巢湖水寇合作，渡江！

巢湖位于安徽中部，水面辽阔，地形复杂，又是交通要道，自古民风彪悍，多位名将出自此地。每逢乱世，这里就会成为流寇土匪的乐园。元末，巢湖水寇的战斗力很强，不仅武力出众，还信奉明教。明教领袖彭莹玉很早就在此地传教，收了赵普胜、李普胜等徒弟。这些人是渔民出身，擅长水战，但并不擅长陆战，此时他们正被小明王韩林儿的手下左君弼攻击。左君弼战力强悍，之前消灭了元朝的宣让王，占据了庐江，巢湖水寇自然不是他的对手。

所以，朱元璋的队伍与巢湖水寇都无法继续待在江北，双方一拍即合，决定共同渡江去江南。一个雨夜，巢湖水寇乘着一千多条小船突破元军的封锁，进入了长江，顺流而下来到和州，和朱元璋的队伍会合。

至此，郭天叙、朱元璋集团内的三大派系正式形成。这三大派系分别是：第一个是郭子兴死后遗留的直系派系，主要由郭天叙和张天祐带领，他们掌握着集团内经历过北征战火考验的最强战力；第二个是巢湖水寇系，首领是李普胜和赵普胜，手下有廖永安、廖永忠兄弟，俞廷玉、俞通海、俞通源、俞通渊父子等将领；第三个是朱元璋派系，这一派以徐达等朱元璋的二十多个濠州老乡为核心，队伍中还有文人李善长、地主冯国用和冯国胜等人。

如今，摆在朱元璋眼前的有两大任务，一是带领大家在江南站稳脚跟，二是争夺派系领导权。

二、又是采石矶

对于渡江的登陆点，郭天叙、朱元璋集团有两个选择，分别是金陵和离金陵尚有一段距离的采石矶。

金陵是元朝江南诸道行御史台的所在地，管辖江浙、江西、湖广三省十道，汇集了元朝在江南积累百年的大量财富，这对江北好汉们的诱惑力极强。朱元璋军中众人出于刻板印象，认为江南人不善打仗，多数人赞成直取金陵，幸亏朱元璋收纳了一些读书人，他们给出了历史上北方军队渡江最常用的登陆点——采石矶。

采石矶位于今天安徽省马鞍山市区西南方向七公里临江的翠螺山麓，这里风景奇秀，还是诗仙李白酣醉后捉月飞仙之地。李白的《望天门山》描绘了此处的景色：

天门中断楚江开，碧水东流至此回。

两岸青山相对出，孤帆一片日边来。

“天门中断”，是形容此处江面狭窄，便于渡江，“两岸青山”，则表明控制此地后有山可守，再往东就是一马平川的金陵地区了。因此，北方政权的多场重要战争都是从采石矶渡江，比如，西晋王濬灭吴、隋朝韩擒虎灭陈朝、北宋曹彬灭南唐之战。

至正十五年六月，郭天叙、朱元璋集结部队开始渡江。他们此行就像乞丐搬家，汇集了巢湖水寇的一千多只渔船，还收集了不少用苇荻编的筏子，在日暮时避开元军的大船，全军渡江。富贵在此一举！可是突然下雨，这些小船和筏子被风吹得七零八落，郭天叙、朱元璋只得推迟一天再渡江。

第二天，他们乘着上千只破破烂烂的小船和筏子再次启程。此次渡江还算顺利，顺利达到长江对岸。面对岸上的守军，不久前还是土匪的常遇春崭露头角。只见常遇春飞舟而近，奋戈直前，敌人抓住其戈，常遇春乘势跃而上，大声呐喊着重入敌军阵中，来回突击，无人能敌。在元军动摇之际，诸将乘势而上，郭天叙和朱元璋的军队攻占了采石矶。

三、置之死地而后生

郭天叙、朱元璋渡江后，元军反应迅速，用楼船巨舰堵截采石附近的江闸，截断了红巾军的归路。巢湖水寇仅凭渔船和筏子哪里敢出战？郭天叙、朱元璋的渡江部队成了孤军，后方的粮草断绝。这种深入敌后且没有补给的军队，一般很快就会面临围追堵截，只要有一战失利，就会全军覆没。郭天叙、朱元璋的渡江在军事上是孤注一掷。

郭天叙、朱元璋只得率军继续向着金陵前进，来到当涂（今安徽省马鞍山市当涂县）。这是元朝太平府的官府所在地，历来驻扎着重兵。出人意料的是，守城的蒙古官员竟然弃城跑了，义军不费吹灰之力就得到了此城。这场胜利来得如此轻松，让渡江众人悬着的心稍稍平定下来，参与此战的帐前黄旗先锋俞本在《纪事录笺证》中回忆道："江东士民值太平日久，闻着无不股栗，素手待降。"

实际情况是江南人生活富裕，没有人愿意为几个军饷拼命。高邮之战后，所有人都知道元朝要灭亡了，地主阶级们迅速转向，寻找新主，没有人再愿意为元朝拼命，这也让朱元璋轻易就在江南站稳了脚跟。攻下当涂后，朱元璋准备大肆劫掠一番，这时地主中的知识分子站了出来，与朱元璋谋求合作，这是地主阶级与朱元璋乃至大明王朝两百多年合作的开端。

当涂的大儒李习、陶安带领地方上有名望的人，出城列队迎接郭天叙、朱元璋的队伍。李习出自当地大族，祖辈在南宋时期就当过饶州（饶州的辖区是鄱阳湖旁的七个县）的长官，现在是书院的院长。陶安是一个有功名的人，举人出身，也曾当过书院的院长。这些地主阶级知识分子既不结寨自守，也不逃往他乡，主动出城迎接朱元璋。而且，李习、陶安两人的学生多数是地主子弟，背后牵涉了整个地区的地主人际网络。由此可见，元朝彻底被地主们抛弃了。

很快，城里的富户捐了一批金银财帛，也为郭天叙、朱元璋把粮草准备周全，双方正式建立了合作。时来天地皆同力，朱元璋的渡江竟如此顺利！郭天叙、朱元璋也报之以李，任命李习担任知府，负责地方行政。之后，他们还在这里征聘了许多儒士，其中包括日后成为明朝丞相、被封为忠勤伯的汪广洋。

对于这些儒士，朱元璋充分展现了自己的口才，竭力夸赞他们。比如，对陶安，朱元璋给他写了一副对联，称其"国朝谋略无双士，翰苑文章第一家"；对汪广洋，朱元璋"比之子房、孔明"……儒士们高兴得合不拢嘴，感慨自己读了一辈子的四书五经，今日终于遇到了伯乐。

四、最肮脏的一步

此时，镇守金陵城的是元朝的江南行台御史大夫福寿。他是一个党项族出身的能臣，得知调往高邮的金陵守军被张士诚击败后，他急忙从金陵富户家里搜罗钱财，招募大量民兵，还开出了赏钱以激励士卒。

当涂失陷后，福寿反应很快，迅速就派出数万民兵围攻郭天叙、朱元璋。这路元军由康茂才和陈埜（yě）先率领，来势汹汹，直接将当涂包围起来猛攻。此时，郭天叙、朱元璋立足未稳，猝不及防之下，当涂险些被攻破，朱元璋率领死士勉强守住。第二日，元军再度来攻，朱元璋提前命徐达率骑兵绕到后方，在元军攻城之际前后夹击，大破元军，俘获了陈埜先。

接下来，事情的发展很耐人寻味。朱元璋先与陈埜先深谈一番，劝说他加入自己的队伍。陈埜先本就是从外地调来的民军将领，又不是蒙古人，没必要给即将倾覆的元朝卖命，跟着朱元璋一起攻破金陵共享富贵，才能让他的利益最大化。因此，陈埜先很快就同意加入了。第二天，朱元璋还准备了白马、黑牛祭天，与陈埜先歃血为盟，结为兄弟，悉心拉拢陈埜先为心腹。

休整一个月后，红巾军出征金陵。此行由郭天叙带队，朱元璋被留守后方管理民政。陈埜先还没有被郭天叙充分信任，其部属被郭天叙抽走，他本人随朱元璋留守。金陵城内，福寿防守得当，民军们在赏钱的激励下听其调用，郭天叙、张天祐拿金陵毫无办法。这时，陈埜先来献计，说："金陵三面环水、地势险要，西晋和隋朝都是凭借强大的水军才将其攻克。我们没有水军，便不要着急进攻金陵，应该向南占领溧阳、向东占领镇江，如此将金陵包围起来，金陵自然就能不攻而下。"

根据《明太祖实录》记载，朱元璋驳斥了陈埜先的建议。朱元璋称，既然已经渡江成功，船只对我们就不再重要，应该舍舟步进，江南这些弱兵根本不能阻挡我军。但是，在事情之后的发展中，郭天叙、朱元璋还是采用了陈埜先的计策，红巾军由郭天叙带队，相继攻克了溧阳、句容、溧水，从三面包围了金陵。陈埜先也取得了郭天叙的信任，得以重新带兵。

不久，陈埜先却出状况了。据《明实录》记载，陈埜先有三次倒戈的先兆，都被朱元璋识破。第一次是郭天叙攻打金陵失败后，陈埜先在背地里搞小动作，有人将他的反常举动报告给了朱元璋。朱元璋说："我知道这个人不是诚心归顺的，但杀了他，恐怕让后来者不敢归顺。"于是，朱元璋找到陈埜先，直接告诉他，如果他想回去就回去吧，自己绝对不拦着。但陈埜先不承认，还是留了下来。第二次是陈埜先重新带兵后，劝红巾军暂时不要进攻金陵。朱元璋认为他这是在耍诈，不予理会。第三次是陈埜先向朱元璋诈称他活抓了一名元军将领，让朱元璋来他的军营接收俘虏。朱元璋拒绝前往。

到了九月，红巾军再攻金陵。郭天叙、张天祐率军从句容、溧阳一带赶来，攻打金陵城的东门，朱元璋仍然坐镇当涂，但他派了陈埜先进攻金陵城的南门。奇怪的是，郭天叙、张天祐并不知道陈埜先之前的反常之处。之后，陈埜先邀请郭天叙、张天祐来自己营中商量军略，郭天叙、张天祐不疑有他，径直前往。陈埜先在两人入营后，当场杀掉郭天叙，然后将张天祐献给了金陵的福寿。随后，陈埜先与金陵守军前后夹击围城的红巾军，取得大胜。《明本纪》称，此战红巾军被"杀溺两万余"，这意味郭天叙、朱元璋集团一半兵力被灭。在这前后，巢湖集团的首领李普胜也被朱元璋诛杀，《明史》称，是李普胜打算先动手，被朱元璋察觉后，才将其杀掉。李普胜被杀后，巢湖集团的二号人物赵普胜吓得出逃，投奔了徐寿辉、陈友谅集团。

至此，前文所述的郭天叙、朱元璋集团中三大派系的首领只剩朱元璋一人，郭天叙和李普胜剩下的部属只能投靠朱元璋。虽然明朝人对开国皇帝的这段历史百般掩饰，对关键信息含糊其词，但当代学者从浩如烟海的文献中给我们指出了事件的关键疑点。

第二年三月，独揽大权的朱元璋再次进攻金陵，驻扎在金陵城外的陈埜先的义子陈兆先率部投降，不做丝毫抵抗。朱元璋对陈兆先十分厚待，将他纳为自己的心腹将领，仍让他统领旧部。朱元璋甚至从陈埜先余部中挑选了五百人当贴身护卫。这件事非同小可，要知道朱元璋素爱猜忌多疑，一生从未信任过任何伙伴。

朱元璋以损失本集团一半兵马为代价，换取了对这支队伍的绝对掌控权。这与朱元璋日后大肆屠杀大臣，以牺牲官府运作效率为代价换取朝堂稳定的策略如出一辙。郭子兴对朱元璋有知遇之恩，如果没有郭子兴的信任和重用，朱元璋作为一个被通缉的和尚，如何在茫茫人海中出头？为成大事，只能恩将仇报。朱元璋还是落下了他一生中最肮脏也最关键的一步棋。

两年后，郭子兴最后一个儿子郭天爵也被朱元璋诛杀，没有具体的罪名，只对外宣称是与人一起阴谋作乱。不过，郭子兴的血脉仍然留存了下来。朱元璋娶了郭子兴的亲女儿郭惠妃，生下三子二女，包括皇十一子蜀王朱椿、皇十三子代王朱桂和皇十九子谷王朱橞。郭家的血脉终究与朱家的血脉融为了一体。

第三章

三英逐鹿

01
看朱元璋如何驾驭团队、建立政权

对于大多数的王朝开创者来说，他们一生的大部分时间不是在攻城略地，就是在朝堂争斗，那他们是从何处学会治国的呢？英国经济学家凯恩斯认为，政治家不过是思想家的奴隶，政治家的一切努力，不过是将其所信奉的思想家的理念在现实中进行实验。

那么朱元璋是哪些思想家的“奴隶”？又是哪个学派的文人帮助他将一个流寇组织发展成一个政权？在这个过程中，朱元璋做对了什么，而他的对手张士诚、陈友谅们又做错了什么？答案将在接下来的几章中揭晓。

一、浙东那群山里人

如同三国时期的曹魏集团背后有一个贡献了众多文士的颍川派（荀彧、钟繇、郭嘉等名士都出自这一派），朱元璋的集团中也有一个文士集团，即浙东派。浙东是“两浙东路”的简称，辖越、婺、衢（qú）、明、台、处、温七府，涵盖了今天的绍兴、台州、温州、金华、丽水、衢州、宁波等地区，这里自宋朝起就是文人辈出之地。

当时，浙东有三大学派，分别是永康学派、金华学派和永嘉学派。这三个学派的主要发展地都在浙东的婺州、丽水、台州一带，都提倡“事功”，讲求理论指导实践。但是，在南宋的大部分时间内，浙东三派并非学界主流。直到遍地烽火的元末，注重实践的浙东学派终于有了用武之地，大批读书人或是直接师承，或深受浙东学派影响，成长为经世之才。所以，对于各个集团来说，谁先取得浙东，谁就拥有了这个人才库。

至正十三年初，在除掉郭子兴的次子郭天叙和巢湖水寇之首李普胜后，朱元璋成为这支渡江红巾军唯一的领袖。三月初一，朱元璋亲率主力，带领红巾军第三次攻金陵。在陈兆先的帮助下，朱元璋顺利取得了金陵，终于有了一块落脚地。进城第二天，朱元璋将金陵定名为应天府，表示他的起兵是上应天命。此时朱元璋的地盘很小，无论是跟雄踞江浙的张士诚，还是跟横跨湖北、湖南、江西、重庆、四川的徐寿辉相比，都可谓隅隙之地，而且朱元璋还被夹在两者之间。

进入应天府后，朱元璋开始着手发展一个稳定的政权。此时军中不缺武将，缺的是文人，因此朱元璋入金陵后做的第一件事就是收纳文人。进城当天，他就召集众人，宣布若有贤人君子能和他一起建功立业，他必将厚礼相待。此处原是元朝江南诸道行御史台所在地，人才济济，很快朱元璋就招录到孙炎、夏煜、杨宪等十几个儒生。其中，孙炎与夏煜都以善辩能谈、才思敏捷远近闻名。

孙炎长得不高，面黑如铁，一足偏跛，是明朝版的“凤雏先生”（原指刘备帐下的谋士庞统）。他喜欢出游四方结交豪杰，却不喜欢只会读书的书生。他和一群儒生谈天时曾说：“我孙炎怎么沦落到跟你们这些龌龊不能成事家伙在一起？”

而夏煜是孙炎的众多豪杰朋友中的一个。他天生就适合做苏秦、张仪那样的“纵横家”，具备了长相英俊、反应灵敏和文采出众三大特点，日后帮朱元璋成功游说了方国珍。夏煜还善谋略，朱元璋和陈友谅决战时的两个贴身参谋就是夏煜和刘伯温；他后来成为一方大员，将地方治理的有声有色。孙炎和夏煜虽然都是金陵本地人，但同游于浙东台州著名诗人丁复的门下，知道浙东学派中哪些是真正的人才，为朱元璋之后拉拢人才发挥了很大作用。

杨宪日后也前途无量，未来他将总管情报工作，之后又升为副相，被朱元璋用来制约李善长和胡惟庸的淮西派。而在进金陵前就被朱元璋收纳的汪广洋则更厉害了，后来他成为明朝仅有的三个丞相之一（另外两个是李善长和胡惟庸），他以谋略见长，被朱元璋比作张良、孔明。更难能可贵的是汪广洋有骨气，日后即使朱元璋百般授意，他也不肯诬陷胡惟庸，不愿让胡惟庸案牵连过多。如此谙熟政治的人当然知道拒绝朱元璋意味着什么，很快他就被逼自杀了。

在这些儒生的帮助下，朱元璋开始着手完善组织。他仿照元朝制度，置江南行中书省，设置官员，组建了行政、军事、司法等机构，让组织体系逐渐完备起来。朱元璋也慢慢被地主豪强们接受，转变为他们的代言人。进城后，朱元璋厚葬了战死的守城元将福寿，旌表其为元朝尽节，并让他在庙里享受祭祀。这一举动表明，朱元璋将沿用此前正统王朝的儒家话语体系，逐渐脱离明教红巾军体系，寻求与地主知识分子合作组建政权。

朱元璋还在延续元朝的保甲制度基础上建立了里甲制度，即以百户设里长，十户设甲首，里长和甲首由地方上具有名望的老叟、宗族族长、读书人担任，让他们参与管理和巩固乡村社会秩序。通过该制度，朱元璋肯定了地主阶层在乡村社会中的地位和社会资源，与他们建立了合作关系。

与之对比，此时徐寿辉、陈友谅集团的政治口号还是“摧富益贫”，还在四处查抄地主豪强的家。这样一来，地主豪强们自然知道该选谁。不久后，朱元璋的军中缺粮，应天府周边的地主们不再藏着掖着，积极将粮食借给朱元璋，很快就补足了缺额。同时，应天府周边的元军也看到了朱元璋的做法，在失去了补给后加入了朱元璋麾下，大大增强了他的军力，尤其是水军的力量。

二、一封“国书”引起的血案

朱元璋做事的特点就是快。占领金陵的当月，他容不得部下享乐，立即出兵扩张地盘。前文说过，如今朱元璋集团分三大派系，分别是朱元璋的直属派系、原巢湖水寇派系、原郭子兴嫡系，三大派系分别被安排了不同目标。朱元璋直属派系由徐达、耿君用（耿炳文的父亲）带领，向东攻略，目标是江苏东部地区；巢湖水寇派系由廖永安兄弟、俞廷玉父子带领，大部顺长江东下，协助徐达、耿君用；原郭子兴嫡系由比朱元璋资历还老的邵荣和赵继祖两人带领，向西、向南两个方向进攻，向西的目标是追杀叛逃到池州的原巢湖水寇头领赵普胜，向南的目标是打通前往浙江的路线。

朱元璋很清楚，留给他的时间已经不多了。此时，张士诚稳稳占据平江路（治所位于今江苏省苏州市），兵锋向西，已经攻破了常州，很快就将与朱元璋军相接。徐寿辉、陈友谅集团兵势正盛，正全力围攻被元军占据的孤城安庆（此地是金陵的咽喉），而且，这支队伍在赵普胜投奔后士气更旺。

最初，朱元璋的东征部队进展得十分顺利，占领了宜兴、镇江、丹阳。之后，朱元璋的军队和张士诚的军队终于相遇了，但两方都不想发生冲突，毕竟还有许多效忠元朝的地区等着他们征服。张士诚主动遣使前往金陵以示友好，朱元璋也报之以礼，派杨宪回访，还带了一封表达睦邻友好之意的信。

结果，这封信坏了事。信里写道："吾与足下东西境也，睦邻守国，保境息民，古人所贵，吾甚慕焉。"朱元璋在这句话里将自己跟张士诚摆在同等地位，张士诚尚可接受。但朱元璋接着就把张士诚比作东汉初期的隗（wěi）嚣，写道："昔隗嚣据天水以称雄，今足下据姑苏以自王，吾深为足下喜。"但隗嚣的结局并不好，他最开始是光武帝的盟友，后来他割据自立，其势力被光武帝攻灭。张士诚不懂这句话的隐晦之意，但苏州也是文人辈出的地方，文人们给他一讲解，他顿时勃然大怒，扣住杨宪后，出兵攻讨朱元璋。

外交信件不是个人的率性表达，而是一个集团的集体对外发声，必须经过多次审核，为什么朱元璋会送出这封明显有问题的信？朱元璋的本意肯定不是要挑衅张士诚，毕竟后者风头正盛。笔者认为此事反映出朱元璋新招揽的文人和渡江前的淮西派旧将之间已经出现嫌隙，不然不会坐视这封信被送出。只有这封信惹出事端，才会让朱元璋更加重视文人。

02
张士诚与朱元璋的激烈交战

至正十六年（1356年），刚渡江一年的朱元璋军队在常州遭遇如日中天的张士诚军队。张士诚刚刚打赢高邮保卫战，拖垮了元朝的百万主力。之后，他麾下经过铁血考验的军队短时间就席卷了江南，占据了苏州、松江、常州等膏腴之地，兵多将广，睥睨天下。此时的朱元璋，刚刚占据金陵没多久，羽翼未丰，在天下群雄中毫不起眼。而张士诚不仅实力强，而且更狡猾，他仗着钱财丰厚，喜欢用“钞能力”！朱元璋将如何应对？

一、张士诚的“钞能力”

当张士诚与朱元璋因一封信关系恶化时，两个人的目光不约而同地看向了朱元璋新占领的镇江。镇江，即镇守长江之意。镇江古称京口，自古“京口酒可饮，兵可用”，是产美酒和精兵之地，宋武帝刘裕就是靠镇江的北府兵崛起的。镇江还是金陵的咽喉之地，与瓜洲渡隔江相望，不仅有“京口瓜洲一水间，钟山只隔数重山”的诗意，更有“楼船夜雪瓜洲渡，铁马秋风大散关”的肃杀。朱元璋此时立足未稳，镇江如果被夺，金陵将再无宁日。朱元璋赶紧派最信任的将领徐达防守镇江。

徐达刚升为大将不久，受到提拔的原因是朱元璋看中了他稳重寡言、考虑问题周到和服从性强。用朱元璋《御制中山王神道碑》的原话是，徐达“平昔言简虑精，当提兵之时，令出不二”。但徐达这一年才二十四岁，刚参军三年，突然要统率千军万马，经验不足，也没有威望协调好军队中的安徽老部队和新投诚的江南部队之间的关系。

针对这一点，张士诚对镇江出招了。张士诚财大气粗，直接就使出了“钞能力”，诱降了徐达的手下陈保二。陈保二是朱元璋过江后才投奔到军中的，不是核心班底淮西人，他听到张士诚要拉自己入伍，乐不可支地就带着本部军马投奔了。陈保二不仅自己叛投，还交了投名状，胁迫另外两个将领一起叛逃。在得到熟悉镇江防务的陈保二后，当年七月，张士诚命手下头号大将、最早随他起事的“十八条扁担”之一、盐城人吕珍率军前去围攻镇江。朱元璋见敌军来势汹汹，徐达又闹出了手下叛逃的丑剧，忐忑之下只得亲自率军驰援镇江。

朱元璋来到镇江城下，见吕珍军势浩大、营垒森严，便不敢主动挑战。奇怪的是，吕珍作为攻方，也连着几天也不出战，两军就在镇江城外对峙。又过了几天，朱元璋突然收到紧急军情，宜兴失陷了！原来，吕珍见朱元璋亲来，没有硬拼，而是在营垒里使出“空城计”，带着主力从朱元璋眼皮子底下溜走，偷袭了宜兴。该城的守将是耿炳文的父亲耿君用，在突袭之下来不及防备，力战而死。

两个集团交战的第一回合，张士诚完胜。

二、初出茅庐

朱元璋不甘心失败，至正十六年七月，他派遣徐达攻常州，艰苦卓绝的常州攻防战就此拉开帷幕。

此时的徐达还很“嫩”，远不是日后横扫漠北的军事大师。不出意外，围攻许久之后，徐达仍拿常州没有办法。但徐达不服气，向朱元璋宣称找到常州的弱点了，请速增兵！朱元璋真的相信了他的话，给他增兵三万。结果，常州仍攻不下。之前徐达的下属陈保二叛逃，现在又师久无功、军士疲惫，朱元璋勃然大怒，写了一封信对徐达破口大骂，还将徐达队伍里全部军官都降了一级。

不过，朱元璋仍旧选择相信徐达，为他四处招兵，终于又为徐达凑了两万人。当朱元璋以为这次可以顺利攻下镇江时，又有消息传来，称徐达部下郑佥院带七千人又叛逃到了张士诚那边……无奈之下，朱元璋任命侄子朱文正为同佥，去徐达军中做监军，与徐达、汤和共同率领大军围攻常州。

三、朱元璋的"狠兄弟"

徐达在常州一次又一次地要求朱元璋为他增兵，朱元璋在后方为了凑军队，什么人都收，招了大量的"狠兄弟"。这些人中不少是名声很坏、连张士诚都不收的山贼匪寇。朱元璋大量招纳了这种地方武装，与张士诚在镇江和常州鏖战。朱元璋帐下的亲兵顾成参加了镇江之战和常州之战，从顾成的传记中可以看出那个时代战争的残酷。

在攻打镇江时（这时镇江还在元廷手中，朱元璋尚未与张士诚交战），顾成所在的小队一共十二人，他们率先爬上镇江城头，但后面的援军没有跟上，导致顾成全队被生擒。那个时代没有不杀俘虏的规矩，十二个人被元军带到江边，挨个砍头。当元军已经杀了十一个，最后轮到顾成时，他挣脱了绳子，跳到江里侥幸逃脱。之后，攻打常州的张士诚军队时，顾成也上阵了，他被弩箭射伤脖子，仍侥幸活了下来。

后来，顾成还参加了朱元璋征讨许多势力的战役，一次次都侥幸不死。他在安徽铜陵攻打赵普胜时，被箭射伤右足；攻克庐州之战时，被铁弹伤到左臂；攻克武昌之战时，被枪击伤右臂，被弩射伤左膝，又没死。此战后，他终于升官了，被授予凤翔卫百户；攻克苏州之战时，又被弩射伤左右手及左足，被擢升为金吾卫副千户。

乱世中的战卒，哪个不是伤痕累累？又有几个人能像顾成的命这么硬？跟顾成一起杀入镇江城的其他十一个士兵，他们是谁的父亲，谁的兄长，谁的弟弟，谁的儿子？在封建社会，最终从战争中活下来的人，又杀过多少人？他们的心境会如何变化？战后，没死的人将成为执政者，他们会建立怎样的国家？

唐朝的李勣（jì）有几句自述，反映了他在不同时期的心态："我年十二三时为亡赖贼，逢人则杀。十四五为难当贼，有所不惬则杀人。十七八为佳贼，临阵乃杀之。二十为大将，用兵以救人死。"李勣是史书上号称爱民的名将，竟承认自己曾“逢人则杀”和“有所不惬则杀”。其他名将呢？为什么在史书中朱元璋偏偏一再告诫常遇春不要屠城呢？难道常遇春之前屠过城吗？

四、常州城破

说回常州攻防战，在属下郑佥院率部叛逃后，徐达军中的攻防虚实已被泄露，他只得改变之前四面围城的部署，撤掉三个方向的兵力，屯兵于城南，另外让常遇春屯于城东南三十里外做接应。为了确保拿下常州，朱元璋调来了所有兵力，连巢湖水寇廖永安的水军也被调上岸，和常遇春的手下合并为一军。很快，张士诚军以郑佥院为先锋，猛攻徐达的营垒。张士诚军攻势如潮，幸亏常遇春、廖永安来援，徐达军才勉强抵挡住了攻势。

在朱元璋将一支又一支的部队调到常州城下时，张士诚也在筹集援军。他占据富裕的苏杭，比朱元璋更有资本。可在战斗最胶着时，张士诚却遭到江南效忠元廷的势力围攻。原来，张士诚在高邮之战打出威名后，成为元朝的心头大恨，元朝派出方国珍和苗族武装首领杨完者全力进攻张士诚。

方国珍是台州人，早年和张士诚是同行，做着天下风险最高的职业——贩私盐。张士诚是在河上驾舟贩盐，而方国珍是在海上贩盐，生意做得更大。他抗元的时间要比张士诚早很多，在高邮之战爆发的六年前他就起事了，纠集了数千人驰骋海上。他不仅劫夺海运漕粮，还曾攻破台州城，令浙东大震，元朝只得将其招安。这次被元朝召集后，方国珍立即率舟师五万，直抵苏州旁的昆山。张士诚虽然招募了七万人，奈何都是新兵。方国珍七战七捷，兵临苏州。

另一位响应元朝的是武冈路赤水（今属湖南省邵阳市城步苗族自治县）一带的苗族首领杨完者。他的部下早年从武陵迁徙而来，前身是从汉朝起就大名鼎鼎的“武陵蛮”。杨完者的兵力强悍，很早就在湖北力压徐寿辉的红巾军。张士诚的弟弟张士德率军占领杭州后，元朝不甘心如此膏腴之地被夺走，急调杨完者来浙江。杨完者来了之后，不负众望，率军击溃了张士德，夺回了杭州。如今得到元朝的命令，杨完者也垂涎更富裕的苏州，便带兵前来。

张士诚同时陷入与朱元璋、方国珍和杨完者的战争，兵力捉襟见肘，无法救援常州。朱元璋对常州城围攻愈严，同年十一月，张士诚军的骁将吕珍潜入常州，总揽防务。于是，朱元璋军又攻了四个月，中间不知鏖战多少次，始终不得破城。张士诚服软了，写信向朱元璋求和，承诺每年送二十万石粮食给朱元璋。常州承平时期每年征收的秋粮是五十万石，朱元璋想要常州全部的粮食，张士诚拒绝了。

至正十七年三月，城中粮尽，吕珍眼看事不可为，夜遁出城，随后常州城破。之后，朱元璋军又相继攻破张士诚占据的江阴和宜兴。七月，徐达军的前锋赵德胜杀到离苏州只有六十公里的常熟城下，张士德迎战，被生擒。张士德是张士诚最有才华的弟弟和最信任的人，擅长军事，常州、湖州、松江、苏州都曾由他攻下。他还礼贤下士，招揽了许多苏州文士。得知张士德被擒获后，朱元璋大喜道："张士德是张士诚的谋主，为人智勇双全，如今被我生擒，张家的日子可以掰着指头数了！"

第二年，吕珍在太湖上擒获了廖永安。他是朱元璋集团中巢湖水寇派系的重要人物，张士诚想用廖永安和十万石粮食换回弟弟，被朱元璋拒绝，因为非自己嫡系的人被杀更符合他的利益。

得知换俘被拒后，张士德在狱中给兄长献上了最后一计，托间谍送回，之后绝食而死。此计为：抛去前嫌，向元称臣。他认为这是张家唯一的应对方法。弟弟的信点醒了张士诚，他放下面子，向元朝称臣，承诺每年北运十一万石粮食。元朝竟然答应了，封张士诚为太尉。此前，元朝每年通过大运河北运约五百万石粮食，至此就剩十一万石了。

张士诚专心对付朱元璋后，两边陷入僵持。朱元璋、张士诚谁也奈何不了对方，都开始寻求新的发展方向。

03
朱元璋率军南下浙东

至正十七年，朱元璋与张士诚的战争暂告一段落。朱元璋虽然在金陵站稳了脚跟，但在集团内部和外部仍然面临重重危机。

在内部，朱元璋集团的三个派系中，郭子兴旧部和巢湖水寇两派的首领都因他而死，许多人恨他入骨，即使自己的派系中，连汤和这样的同乡也不臣服于他。而在外部，东边是与朱元璋彼此谁也奈何不了对方的张士诚，西边是随时准备乘巨舰顺流而下的陈友谅，朱元璋被夹在了中间。面对危机，朱元璋将如何应对？

一、稳定内部靠杀

至正十七年，在常州战役告一段落后，朱元璋得以腾出手来整顿内部的事务。朱元璋首先举起了屠刀，他的目标是岳父郭子兴的最后一个儿子郭天爵，他已经丝毫不顾念郭子兴的恩情。朱元璋给郭天爵安上的罪名是“与群小阴谋”，之前他为了夺权算计郭子兴的二儿子郭天叙，尚可理解。但如今，郭天爵还是一个没有威胁的小孩，朱元璋仍然不肯放过，郭家自此绝嗣。第二个因朱元璋而死的是巢湖水寇系的廖永安，朱元璋用了借刀杀人一招。廖永安在张士诚的牢里被关了八年，最后病死在狱中。

朱元璋的派系也不臣服于他。大家都是濠州的同乡，都知道当年如果不是被郭子兴元帅赏识，朱元璋怎么可能发迹？可如今朱元璋转眼就杀光了郭子兴的儿子们，怎能令人心服？就连朱元璋的发小汤和都不服他。当年，朱元璋参加红巾军，还是因为汤和的那封信，现在汤和被朱元璋反超，心中十分不忿。汤和把这种心态赤裸裸地暴露了出来，朱元璋夺下常州后让他镇守，可汤和在一次醉后当众说：“吾镇此城，如坐屋脊，左顾则东，右顾则西。”所谓的“东”，就是指东边的张士诚，“西”指朱元璋，汤和认为自己无论投奔哪一边都会得到利益。如果朱元璋发展不利，汤和随时可能举城投降。有人把这句话告诉了朱元璋，可他有什么办法？这已经是与自己关系最近的将领了，汤和尚且如此，换上其他人又能如何？

朱元璋的出身太低微了，谋求上位的手段又卑劣，这些都被部下看在眼中，让他们感到不屑。朱元璋就像坐在火山口，片刻不能掉以轻心，只能带领团队不断开疆拓土，不断用利益收买部下。用他本人的话说，对待部下只能“兵少则益之以兵，位卑则隆之以爵，财乏则厚之以赏”，这句话在别人听来是炫耀，背后却是朱元璋的无奈。

二、差异化竞争

内部有如此多的反对声音，朱元璋不得不继续奉韩林儿为主，名义上从属明教，借此团结集团内的各派系。在一段时间内，韩林儿给朱元璋的官职是江南行枢密院同佥，而其他两个派系的首领邵荣、邵肆和廖永忠（廖永安的弟弟）也是同样的官职，几个人是平级。

在如此复杂的局面下，朱元璋如何保证自己继续占据优势？在和李善长等谋士商议后，朱元璋采用了差异化竞争的办法，发挥自己的特长，继续在集团内负责行政和后勤。一直以来，朱元璋都擅长这类工作，当他还是一个小头领时，濠州红巾军攻下和州后，朱元璋和众将被一起分派修葺城墙，最后只有他的队伍完成了任务。

进入金陵后，朱元璋继续沿用元朝的管理制度，将组织架构分成江南行中书省和行枢密院两个单位，分管行政和军事。其他将领争着抢枢密院的差事，想抓牢军队，朱元璋则掌握了行中书省，将行政和后勤牢牢抓在手里。

朱元璋早期对属下没有多少约束力，他三令五申严禁军队滥杀，但整个集团出征时还是采用了“寨粮”策略。吴晗在《朱元璋传》中称：“元璋军队驻在各处的给养，只好采取强征办法，到处张贴大榜，招安乡村百姓缴纳粮草，叫做寨粮。”朱元璋军队出发时不带足够的军粮，一路走，一路强征粮食，不仅如此，还强征金银、女人。

据明朝开国文臣之首宋濂的记载，朱元璋大军到婺州时，他的胞妹宋娶

（xiǎn）跟丈夫躲在浦阳的窦山（今浙江省金华市兰溪市内）中，被游卒捉住后，为了不受辱，宋嫛自己沉渊而死。宋嫛是大儒的家眷，她的遭遇因而能被记载下来，但普通老百姓的妻子、女儿又有过多少不幸，都无从得知了。

直到占据浙东的中心城市婺州后，朱元璋在集团内部才有了说一不二的地位。这是因为有了充裕的资源后，大家觉得有前途，才会一心一意跟随他。

三、谁启发的朱元璋

朱元璋起事前不过是一个和尚，为什么突然变得这么厉害？最关键的原因是他重视知识分子，善于通过他们获取前人的经验。

朱元璋每到一地，必先搜罗儒生，他平时也和这些儒生待在一起，谈古论今，商略兵事政事。比如，徐达攻取镇江（今属江苏省镇江市）后，朱元璋令徐达寻访儒者秦从龙，并将他礼聘至金陵。在朱元璋设置的江南行中书省中，除了李善长、陶安外，还有宋思颜、李梦庚、郭景祥、侯元善等文人，朱元璋同他们朝夕论政，了解前代君王治理国家的事迹。

有了这些文人参谋，朱元璋的政策大多参照前朝的历史。朱元璋尤其喜欢效仿刘邦的政策，刘邦建国后把儿子们分封到各地，朱元璋也分封诸子，让他们手握兵权，防止外姓叛乱；刘邦为削弱地方豪强，强制把齐楚之地的大族迁徙到长安（今陕西省西安市），朱元璋也把江南十四万户富人迁到濠州；刘邦屠戮彭越、韩信等功臣，朱元璋“青出于蓝”，利用四大案杀了十几万人。

巧合的是，朱元璋和刘邦的身后事也惊人地相似。汉惠帝的几个儿子全部被功臣们联合刘家的宗室杀掉，之后，功臣们让远离京城的代王继位，这就是汉文帝。而朱元璋死后，继承人朱允炆全家被朱棣除得干干净净，偷偷为朱棣打开金陵城门的正是功臣集团的带头人、李文忠的儿子李景隆和朱元璋第十九子——谷王朱橞。

朱元璋通过义子监视军队的制度也效法了古人。十六国时期，朱温、李克用等人多次施行这个制度，这是因为在乱世中，军人叛乱是寻常事，于是君主们便收了许多义子。对于朱元璋来说，与自己有血缘关系的亲戚只剩下侄子朱文正和外甥李文忠，因此，他只能多养异姓子，收了二十多个义子，让他们代他监视领军的将领或直接领兵。

文人们为朱元璋出了一个个主意，他们的阴狠和对人性的深刻理解也让朱元璋深深忌惮。所以，朱元璋严厉禁止将领们与文人儒士过多接触，就连外甥李文忠也不例外。李文忠任用了屠性、孙履等五个儒生被人告发，朱元璋将他召回金陵予以惩治，又逮捕了这五个儒生，杀了两人，发配三人。

在文人们的帮助下，朱元璋和地主们建立了合作，完善了组织架构，开展兵屯，稳定了地盘。之后，眼看西边的徐寿辉和东边的张士诚都是啃不下的硬骨头，朱元璋集中主力南下，剑指徽州。

朱元璋把徐达从前线抽调回来，以常遇春为副将，让徐达领军南下，第一个目标是小城宁国（属宁国府，治所在今安徽省宣城市宣城区）。徐达的部队曾与张士诚的部队连番鏖战，战斗经验丰富，朱元璋认为定能拿下宁国。结果让朱元璋大吃一惊，徐达又一次失败了，不仅没能攻克宁国，自己和常遇春还负了伤。这下，朱元璋不得不亲自去宁国。到底是谁这么厉害，一个人能击退朱军的两位名将？

04

朱元璋攻取徽州，取得人才库

至正十七年，朱元璋在东西方向的发展空间都被堵住后，决定率军南下，试图攻取徽州。徽州是朱熹的家乡，儒学氛围浓厚。这里的乡绅实力雄厚，曾让军力远胜朱元璋的徐寿辉集团吃尽苦头，徐寿辉集团不惜代价地攻取了徽州城后也无法立足。这种情况下，朱元璋该如何在徽州站稳脚跟？

一、收服猛将

至正十七年是朱元璋渡江后的第三年，前两年，他接连受挫，只占领了金陵周边的几个城市。朱元璋集团的地缘格局尤为不利，东西两边都被强敌堵住，唯一的选择只有南下。这一年四月，朱元璋派出徐达和常遇春率军南下，兵临小城宁国。此地驻防的只有地主武装长枪军，朱元璋本以为能一口气攻下，结果踢到了铁板上，碰到了日后的名将朱亮祖。

前一年，朱元璋集团就已经在宁国碰过一次壁，当时带兵的是郭子兴的嫡系大将邵四和韦德成。一般而言，攻城一方如果打不赢，大可以撤军，可那一仗输得太惨，领兵的两位主将双双死于长枪军之手。此次，朱元璋集团集中主力兵临宁国城，长枪军的首领谢国玺见朱元璋这次军势浩大，干脆弃城而逃。但猛将朱亮祖没走，他领着残兵坚守城池。几次战斗后，不仅宁国城没被朱军攻下来，就连主将徐达、常遇春都被朱亮祖打伤。二十多年后，朱元璋提及此事时，仍然记忆深刻地说："开平王（指常遇春）被伤而归，国公某（指徐达）亦被伤还。"（《永嘉侯朱亮祖圹志》）

难道红巾军又要重蹈覆辙吗？朱元璋只得亲自披挂上阵，赶到宁国。朱元璋制造了一种叫"飞车"的攻城器械。"飞车"的前端有数排竹片作屏障，上面架着云梯，士兵可以推着前进。在大军的掩护下，一辆辆"飞车"行进至城下，一把把梯子被架上城墙。这回，在绝对的实力面前，朱亮祖没能再创造奇迹，宁国城破。

朱亮祖被擒后，《明史》本传记载，朱元璋问他："尔将何如？"

朱亮祖答："事非得已，生则尽力，死则死耳。"

如此猛将，杀了可惜，可又要给徐达、常遇春出气，朱元璋拿铁简狠抽了他三下后，留他在军中效力。再说回徐达，此战后，他被派回东线继续对付张士诚，直到现在，徐达的战绩都很一般，看来名将的成长需要时间。

二、无梦到徽州

所谓安徽，"安"为安庆，"徽"为徽州。徽州的治所位于歙（shè）县（今安徽省黄山市歙县）。这里山灵人杰，儒学兴盛。斜阳草树，寻常巷陌，无数文人墨客在此成长，比如，仅一个绩溪县的胡家，明清以来就出过胡宗宪、胡雪岩、胡适等名人。

朱元璋来徽州前，徐寿辉曾不止一次占领过徽州，每次都被赶了出去。这里没有蒙古驻军，抵抗红巾军的力量都是当地的乡绅。从徐寿辉集团踏进徽州的那一刻起，在徽州路治下的歙县、黟（yī）县（今安徽省黄山市黟县）、绩溪县（今安徽省宣城市绩溪县）、休宁县（今安徽省黄山市休宁县）、祁门县（今安徽省黄山市祁门县）、婺源州（今江西省上饶市婺源县），乡绅们纷纷招募乡兵，筑寨结营，共同对抗徐寿辉。比如，婺源的地方领袖汪同，配合元朝徽州路的守将铁木儿不花同红巾军反复交战，并于至正十六年四月将徐寿辉的势力驱逐出了徽州。

不过，同是红巾军，朱元璋并没有像徐寿辉那样遭到强烈的抵抗。仅仅经过最初的冲突后，徽州地区的地主武装就都归降了，即使在抵抗红巾军最激烈的徽州婺源地区，汪同也放弃了结寨抵抗，转投朱元璋的麾下。论声势，徐寿辉集团纵横湖北、湖南、四川、广东、安徽、江西、浙江、江苏多地，威震四方；论实力，徐寿辉集团从湖北一路杀到徽州，攻无不克，战无不胜，可徐寿辉三番四次都拿不下的徽州，为何会如此轻易就被朱元璋收服？为何徽州的地主乡绅集团选择了朱元璋？闻弦歌而知雅意，观行文而知政声。笔者分别引出徐寿辉集团和朱元璋集团发布的两篇劝农文书，带大家一探究竟。

徐寿辉集团的《大义二年瑞州路劝农文》由儒士刘夏执笔，在江西发布。全文如下：

昔者天下未乱之时，人民众多，地土狭少。寸寸而耕之，日夜以望之，农夫自容于不勤也。今者天下既乱之后，人民鲜少，而土田有余，某处有未种之地，某处有未垦之田。方今之时，租入既轻，又无豪家大姓百端侵渔，莫利于种田以为业。

然勤则得之，懒则失之矣。其勤谓何？深耕广布，烧灰刈草，以为肥浓，而尤莫急于修筑陂塘，停蓄水泉，以备旱干。盖天道无常，雨旸不测，须尽人力以裨补其所不及。假如一月不雨，则有一月水利可以灌溉。若曰止仰天时，不修人力，斯其为惰农也已。至于军国事大，徭役频兴，已尝差官禀奉上司轻汝之徭役矣。自今以后，日出而作，日入而息，岂不闻曰“大富由天，小富由人”乎？其元有陂塘去处增加修筑。又行会集父老职役人等相视地方及有溪涧湖沼去处，可堰则堰之，可障则障之。

四五月间分官行田，凡上田者可赏，凡下田者可罚。故兹文谕，宜在知悉。

此文看似寻常，但和朱元璋集团同时期发布的劝农文书对比，可以看出两个集团的政治主张明显不同。

朱元璋集团的《绩溪县劝农文（已亥岁作）》由儒士舒頔（dí）所写，在徽州绩溪发布。该文兹列于下：

夫农者衣食之本，王政系焉。非农则衣食缺，非政则教化衰，二者不可偏废……方今青阳布令，万物发生，雨旸以时。华朝之日，令出郭载酒肉为尔农劝者，重农事也。邑父老为我呼诸农而告之。

近年以来，南北变乱，兵革不息，田畴荒芜，民多饥馁，非政不行，时势然也。今将祸息乱定，俟于清宁。或逃窜山林者，率皆归来；或荒废田畴者，悉皆开垦。无以乏牛而堕耕作，无以充军而起妄想。勿作祸恶，勿欺善良，勿酗酒作盗，勿纵欲不孝，有一于此，官有常刑。暇日教子弟习诗书，俾知礼义。艺桑麻，供衣服，以遂生理。岁时鸡豚，共乐田野。此皆尔农之美事，亦县令之所乐闻也。

比较两篇劝农文书，有三点不同：

第一，劝农书的着重点不同。相比徐寿辉集团的劝农书只在劝农，朱元璋集团的劝农书带有浓厚的儒家色彩，“教化”与“衣食”并提，“礼义”同“耕作”俱重。由此可见，此前进入朱元璋集团的大量儒士已经影响了这支红巾军的政治主张，改变了其政策。

第二，劝农书的语气不同。《大义二年瑞州路劝农文》语气平和，循循善诱，用的是“勤则得之，懒则失之”这种劝导的话语。后者却语气逼人，两个“无”，四个“勿”，还搬出“常刑”来吓人。可见，朱元璋集团对地方的控制更深。

第三，最关键的一点，文书中写道，徐寿辉集团治下“无豪家大姓百端侵渔”，不是豪家大族不再压榨百姓了，而是他们都已经被消灭了。徐寿辉集团起步早，首领彭莹玉早在刘福通起事的十几年前就曾攻占江西宜春，该集团的核心成员都来自社会底层，他们以前是渔民（如倪文俊、陈友谅）、宗教人士（如欧普祥）、铁匠（如邹普胜）等。一直以来，这个集团的政策是打击豪家大族，以“求得丘民之心”，但这个政策不符合当时的生产力要求，毕竟封建社会的知识和资源集中在乡绅地主群体手中。

徐寿辉集团数次遭受重创，却能一次又一次复振，这更让他们对原来的政策主张抱有信心。即使这个集团中有个别有识之士会反思，比如后来有“明朝第一才子”之称的解缙的父亲解开，他曾帮陈友谅谋划，提出过不同意见，但仍改变不了整个集团的政策。

而朱元璋集团由濠州的一支小队伍发展而来，前期处处受挫，朱元璋在集团内部的地位也受到多方面威胁，只得不断寻找新的政治盟友，因此地主阶级知识分子被朱元璋引入了该集团。渡江前后，朱元璋已经招募了李善长、汪广洋等人，进入金陵后又延揽到孙炎、夏煜、杨宪等十几个儒生。在这些文人的帮助下，朱元璋逐步巩固了在集团内部的领导权，还采取了和地主们合作的治理政策。而徽州是朱子儒学的中心之一，有“远山深谷，居民之处，莫不有学有师，有书史之藏”之风，徽州儒林对朱元璋的施政也有所知，两者之间有了合作的基础。

来到徽州后，朱元璋主动拜访当地大儒唐仲实、姚琏等人，让他们就治理之策提出建议，借他们的口说出徽州地主士人们的诉求。在和徽州地主阶层洽谈后，朱元璋巩固了原有徽州乡村的社会秩序，在此基础上建立了相应制度，确保了地主们在当地的政治地位和社会地位。此外，朱元璋还见了儒士朱升。朱升与朱熹同宗，还是其第五传弟子，他给朱元璋提出了创基立国的九字真言，即“高筑墙，广积粮，缓称王”，成为朱元璋在称帝前施行的战略方针。

在徽州，朱元璋遇到此前抵抗过徐寿辉的汪同，从他身上可以看出徽州地主们对朱元璋集团的态度转变。汪同出身于儒林世家，生逢乱世，汪同组织乡兵，在徐寿辉入侵时，在婺源、休宁、歙县、黟县、祁门等地与徐寿辉的军队反复拉锯。此次朱元璋率兵前来，汪同稍作抵抗后就归顺了，丝毫不见抵抗徐寿辉时的彪悍。随后事态的发展更出人意料，在张士诚接受元朝的招安后，汪同竟然单骑到张士诚的地盘，拜见元朝江浙行省左丞相达识帖睦迩，又往苏州见张士诚，之后又北上去见元军主帅察罕帖木儿。至正二十二年（1362年），汪同从北方察罕帖木儿处回到张士诚的地盘上，他在背地里劝说张士诚的首席谋士、淮安守将史椿投降朱元璋，不幸事泄，和史椿一起被杀。

朱元璋在徽州站稳后，即将兵发浙江婺州，在那里，他将遇到刘伯温。

05
朱元璋打出政治牌，获得地主支持

克劳塞维茨在《战争论》中提出，战争是政治的延续。因此，只有会做政治工作的人才会打仗。只有从政治着眼，才能深刻认识战争的规律，才能决定战术与计划。

在婺州之战中，表面上，朱元璋的敌人是元军，实际上是当地的地主。婺州多山，易守难攻，如果他只想用军事手段解决问题，必会被居于此地数百年的当地豪强们耗尽兵力。用兵之道，攻城为下，攻心为上，只有在政治上战胜和收服对手，朱元璋才能让婺州成为稳固的后方基地。

一、张士诚吃肉，朱元璋喝汤

朱元璋占领徽州后，在浙江的敌对势力主要有两股，一是目前占据杭州的苗军，另一是婺州等地的地主武装力量。

苗军由杨完者带领，他们被元廷从湖南请来浙江平乱，驻扎在富裕的杭州和嘉兴，这是一支是听命于元朝的力量。苗军的战斗力很强，早期就在湖北压制过徐寿辉，到浙江后又把张士诚打得丢盔弃甲。当时，张士诚的弟弟张士德攻下了杭州，正志得意满。杨完者与他在杭州城下大战，张士德军大溃，杭州落到苗军手中。张士诚的另一个弟弟张士信不甘心，率数万水兵，船队绵延四十里，沿江向嘉兴驶去。正逢南风大起，杨完者在峡谷两岸设伏，命士兵们点燃箭矢，射入船中，张士信军死伤惨重。两战过后，张士诚实在无策可施，又因为还要对付朱元璋，只得接受了元朝的招安。

杨完者为元廷立下了大功，但元廷已经没钱给苗军发兵饷，杨完者只能自己率兵去抢，因此，苗军与地方富户的关系十分恶劣。杭州地区有一句谚语叫："死不怨泰州张，生不谢宝庆杨。""泰州张"即来自泰州的张士诚，"宝庆杨"即来自邵阳（旧称宝庆府）的杨完者。这句谚语的意思是：与其被杨完者相救，宁肯被张士诚杀掉。杨完者在浙江最富裕的地区割据一方，装备精良，兵强马壮，麾下的苗兵作战悍不畏死。朱元璋对苗军有些畏惧，连防守都担心防不住，哪里敢进攻。

朱元璋占领徽州还没多久，就收到金陵的急报，称张士诚竟和杨完者联合，二人分别从苏州、杭州出发，兵分两路，尽遣主力向金陵而来。朱元璋大惊，留下胡大海、邓愈守徽州，自己赶回了金陵。朱元璋回到金陵后，等了许久也没见敌军前来，正在纳闷时，又收到了徽州的军报，称有许多苗兵向朱军投降了。一问才知，张士诚不知何时就将杨完者消灭了，占据了浙江最富庶的杭州和嘉兴！

四处打探后，朱元璋才得知事情的原委。原来，张士诚利用苗军和地方势力的关系恶劣，以朱元璋为幌子，给杨完者做了一个局。张士诚先说动了江浙行省丞相达识帖睦迩，让他劝说杨完者和自己一起进攻朱元璋。为了让杨完者放心，张士诚还亲自领兵向金陵进发，把朱元璋从徽州吸引过来。杨完者眼见张士诚如此，就将主力调去攻打朱元璋，自己坐镇杭州。他没想到此时张士诚已经在达识帖睦迩的配合下暗中在杭州城附近屯兵。趁城中空虚，张士诚军突然杀出，达识帖睦迩在城中配合，杨完者眼见逃生无望，只得自缢。

了解事情的前因后果后，朱元璋命令胡大海去攻打婺州，可胡大海花了两个月围攻婺州，仍未攻下。十一月，朱元璋顾不上天气严寒，冒着冰雪率兵南下。他心里着急，如果张士诚在杭州站稳脚跟后再引兵前来，他连婺州都攻不下了。

二、朱元璋打出三张牌

只有从政治着眼，才能深刻认识战争的规律，才能决定战术与计划。恰好，朱元璋就是那个懂政治的人。婺州之战，朱元璋的敌人表面上是元军，实际上是当地的地主。为了达到目标，朱元璋在此战中用了撒手锏——政治战！

为了顺利攻占婺州，朱元璋打出了三张“政治牌”。

第一张是“民族牌”。十一月，朱元璋率领步兵和骑兵，悬着“奉天都统中华”的金牌南下，他打出了“山河奄有中华地，日月重开大宋天”的招牌，意思是：大家都是汉人，蒙古人已经回不来了，不值得你们为他们卖命，还是和我一起恢复宋朝吧。他还对外宣称以“驱逐胡虏，恢复中华”为己任，“用夏变夷”，力主恢复华夏的礼仪和文明。

有识之士很容易看出，打“民族牌”的背后是朱元璋在承诺利益。在元朝，汉人的知识分子难以入仕，即使求得一官半职也没有实权。比如，朱元璋之前招募的李习、陶安、孙炎、夏煜等人，个个都才高八斗，但在元朝最多只能当一个书院的院长。而朱元璋多次授予儒生重要官职，让他们共享利益。

第二张牌是“尊儒牌”。除了之前任命大量儒生外，朱元璋每次路过徽州都特意拜访名儒，以示尊崇，即使被名儒含沙射影地讽刺，朱元璋也不以为意。有一次，他拜访徽州名儒唐仲实，问道：“汉高祖、唐太宗、宋太祖、元世祖这些前代君主，他们为什么能统一天下？”唐仲实答：“此数君不嗜杀人……”唐仲实还批评了朱元璋治下收税多、劳役多等情况，朱元璋只得承诺：“我收的税是多了些，但我不是为了享受，而是用来扩充军队以保护徽州。你们的辛苦，我一刻不敢忘，以后一定会报答。”随后，朱元璋还赏赐儒生布帛，夸大家批评得好。

第三张牌是“维护地主利益牌”。在徽州，朱元璋让地主向他报备实际占有的土地，他承认私有土地的合法性，并以此为依据征收田租。这意味着朱元璋承认地主们之前通过种种途径占领的土地合法，认可他们的既得利益。

三、读书多是负心人

此时，在婺州抵抗朱元璋的是当地的地主，他们组织民团，以元朝江浙行省枢密院判官石抹宜孙为名义首领，共同保卫家乡。

“石抹”这个姓出自契丹，石抹宜孙的先祖在成吉思汗刚起兵没多久就跟随在侧，在攻打金国的东京时担任先锋，后来这个家族定居浙东，高官辈出。

石抹宜孙在江南长大，深知地主乡绅们是以诗文应酬为媒介来组圈子，于是积极地参与其中。《元史》本传称他“嗜学”，曾从学于名儒王毅，又“于书务博览，而长于诗歌”。

凭借着家族地位，石抹宜孙很快就建立了围绕他的儒士圈子，他的同窗章溢、胡深、叶琛、叶子奇、宋濂、刘基、王袆等人都在其中。这个圈子的作用很大，大家平日里互相吹捧，提升名气；在学术上，一起学习理学，占据道德制高点；进入朝堂后，又可相互援助，共同攀升。

战乱后，圈子里的地主儒生们都在各自的村落组织武装力量，统一听从石抹宜孙的号令。凭借这些力量，石抹宜孙击退了方国珍等人对温州、台州、处州等地的进攻，被元朝升官嘉奖。之后，石抹宜孙屯兵驻扎在处州（今属浙江省丽水市），维护着浙东的秩序。

张士诚在高邮城下打垮元军主力后，明眼人都能看出元朝大势已去，但浙东地主们还是支持石抹宜孙，表面的理由是顾及往日情谊，更重要的是，他们担心浙东被出身底层的徐寿辉、方国珍之流占据后，他们累世积累的财富会被瓜分。如果有一个既能保障他们的利益又有力量的新统治者出现，他们将毫不留情地抛弃失去蒙古武装力量支持的石抹宜孙。

朱元璋在徽州打出的三张牌，婺州的地主们都看在眼里，觉得甚合心意。此次，朱元璋将发兵婺州，先让儒生王显宗进城游说。王显宗几乎没有费力，就和婺州的儒士们达成了合作共识，他对朱元璋说城中人心已经纷乱。朱元璋大喜，对王显宗说：“如果我能顺利得到婺州，就任命你做知府。”

朱元璋兵抵婺州，石抹宜孙派胡深等将领率领民兵数万人前往救援，自己率精锐为之殿后。这些地主们之前拼命抵抗方国珍，此时碰到了朱元璋，稍作抵抗就退散了，石抹宜孙只得退回处州，如儒生王显宗所料，婺州开城投降。十二月，朱元璋在婺州设立中书分省，这也是他设立的第一个中书分省，从此，朱元璋在应天府以外有了第二个重要城市。

仗义每多屠狗辈，读书多是负心人。在朱元璋的政治攻势下，石抹宜孙迅速被他的同窗和朋友们抛弃，先是刘伯温辞职返家，再之后胡深竟然归降，还将石抹宜孙军队部署的弱点告诉了朱元璋。有了胡深的情报，朱元璋让胡大海派军绕过险要，连拔要塞，抵达处州城下。

石抹宜孙失去了地主们的支持，只得弃城而走，不久后就在野外死去。石抹宜孙的同窗、朋友们也相继投入朱元璋麾下，章溢、胡深、叶琛、宋濂、刘基、王祎等人日后都成为大明重臣，在朝堂上形成了与淮西派相抗衡的浙东派。

06
惨败至绝境，朱元璋深信“危”后是“机”

读者们读历史，是想以史为鉴，以历史经验指导工作和生活。然而，在《明史》《明实录》等正史中，朱元璋这些君主都被美化，有些事件与当代专家考证出的真实历史出入很大。为还原真实的历史，笔者深挖史料，结合当代权威学者的最新研究，采用新闻视角解析明史，让历史人物走下神坛。在本章中，读者将看到深陷困境的朱元璋、四处碰壁的朱元璋、如无头苍蝇乱撞的朱元璋，这些都是神坛之下更真实的朱元璋。

一、浙江攻略

看着张士诚在浙江又占领了杭州和嘉兴，朱元璋再也坐不住了。至正十九年（1359 年），他离开金陵，在婺州常驻，亲自主持攻打浙江事宜。朱元璋定下三个作战目标，分别是被张士诚占据的杭州、绍兴和湖州。

这一年正月，朱元璋军攻打杭州，虽在外围击败张士诚军，却迟迟拿不下杭州城，无功而返。但在湖州城下，张士诚军出城迎战，将当时朱元璋集团的二号人物邵荣率领的军队击溃，让其不敢再染指湖州。朱元璋对绍兴发动的攻势，恰好被当地士绅详细记载在《保越录》中，并被保存下来，让我们得以了解此战详细进程，从张士诚方的角度来看这场战争。

在绍兴战场，双方尽遣主力，攻方是朱元璋前期最得力的将领胡大海，守方是张士诚手下的第一名将吕珍。战役前期，胡大海连战连捷，轻松攻克诸暨，这下绍兴门户大开。在见识了胡大海凌厉的攻势后，吕珍认为朱元璋军的骑兵太厉害，硬碰硬肯定打不过，只得退守绍兴，不再出城野战。虽然张士诚军陆战打不过朱元璋军，但领地靠海，造船技术比朱元璋军更先进。为了对抗朱元璋，在绍兴战场上，吕珍拿出了两大法宝——战舰和火枪。

吕珍将水军用到了守城上。他将绍兴的护城河加宽五丈，加深三尺，将战船拖到护城河里，让士兵操控战船在河中往来驰骋。哪一处的攻势最紧，士兵就将战船驶到哪里增援。吕珍还在此战中广泛地运用了火器。胡大海刚兵临绍兴城下时，吕珍就趁其立足未稳，以火铳（chòng）、火炮攻击其前锋部队，杀死了先锋大将。之后数月，吕珍仗着这两大法宝，击退了胡大海的数次进攻，使其损失惨重。

胡大海在一次次失败后望城兴叹，直到受朱元璋政治感召的当地儒士王冕出现。王冕是诸暨人，今人了解王冕，多是通过他写的那首《墨梅》:“吾家洗砚池头树，朵朵花开淡墨痕。不要人夸好颜色，只留清气满乾坤。”他不仅学识出众，而且身形伟岸，相貌英俊，元朝徐显《稗史集传·王冕传》称他“仪观甚伟，须髯若神”。不同于寻常书生，王冕习剑术，喜兵书，明时事，曾买舟渡江，入淮、楚之地，历览名山川，结交豪杰奇士。

在了解到朱元璋在婺州的施政，尤其是偏向地主知识分子的政策后，王冕在朱元璋攻绍兴时，主动前去献策。王冕熟知地理，在地图上给朱元璋指出了绍兴的命门——粮道。当地的粮食大多需要从外面运入，王冕指着绍兴城外的石佛寺说，此处是关键之地，只要占领了此寺，绍兴的粮道必断，必能破城。

朱元璋大喜，派人送信给胡大海，让他按王冕的计策执行。胡大海军在石佛寺结寨，果然断了绍兴的粮道，让城中的守军们断了粮。吕珍大惊，急忙调集兵力，在当地地主武装的鼎力支持下围攻胡大海军的营寨。《保越录》中称，当日“火筒炮石之声，昼夜不绝”，胡大海军立足未稳，数次出战失利，不得已之下被逼走。

此次失利后，胡大海军的士气更加低落，吕珍又趁着其攻城撤退时潜蹑其后，攻破了胡大海军的大寨。胡大海军损失惨重，甚至不少士卒慌不择路之下跳到江里被淹死。连番失利后，胡大海眼见士卒疲惫，只得发动总攻。此战胡大海军也大量使用火器，“飞矢如雨，又以火筒、火箭、铁弹丸射入城中，其锋疾不可当”，但绍兴城在吕珍的防守下仍然固若金汤，最终胡大海只得撤军。值得一提的是此战中胡大海军的军纪。《明史》称，胡大海经常告诫自己:“吾武人，不知书，惟知三事而已，不杀人，不掠妇女，不焚毁庐舍。”看起来大义凛然，但民间关于这支队伍军纪败坏的传闻却有很多。据《保越录》记载，胡大海的军队连宋朝的皇陵都掘了，更不用说奸淫掳掠诸事了。

此外，对于张士诚军中投降的五千士卒，朱元璋的部下俞本写的《纪事录》中称，朱元璋本想将他们带回金陵，但怕这些士卒在途中逃走，把他们留在婺州又不放心，最后将他们全部杀掉了。《明史》中还称，朱元璋军极力强调遵守纪律，胡大海唯一的儿子违犯了禁酒令，朱元璋要将其正法。别人求情说："胡大海正在绍兴打仗，请不要杀他的儿子。"朱元璋回答道："即使胡大海背叛了我，都不能破坏我制定的法令。"最后，朱元璋杀了胡大海的儿子。

至此，朱元璋攻略浙江的军事行动宣布失败，杭州、绍兴和湖州三城仍握在张士诚的手里。

二、最大危机来临

返回金陵后，接下来几年，朱元璋仍旧左右碰壁，处处受挫。在东线，他和张士诚拉锯，虽然日后明朝的官方史料对每战必称大捷，但这并不可信，关键要看战线，而朱元璋与张士诚对峙的这几年内，战线基本没有变化。在西线，朱元璋和投靠徐寿辉的赵普胜纠缠，池州城几经易手。面对朱元璋的一次又一次的猛攻，赵普胜不以为意，还能腾出手来从元军手里抢下军事重镇安庆。朱元璋在东线奈何不了张士诚，在西线吃不下赵普胜，而南边又是江西行省、福建行省的群山，他完全没有战略发展空间，只能像一只无头苍蝇一样乱撞。留给朱元璋的时间不多了，他即将迎来一生中最大的危机。

至正十九年下半年，徐寿辉麾下的陈友谅崛起。他先诱杀了赵普胜，把赵普胜的军队全部夺了过来，年底又在江州用伏兵杀了徐寿辉的部属，挟徐寿辉以令南方红巾军，像曹操一样实现了大权独揽。陈友谅花了半年整合内部后，在至正二十年（1360 年）五月，率十万舟师征伐朱元璋。占据长江上游的陈友谅顺流而下，绕过在朱元璋占领的池州，直扑太平府（今安徽省马鞍山一带）。朱元璋对此早有防备，提前派猛将花云驻守太平府。

花云是朱元璋的濠州老乡，也是朱元璋早期征战时常用的先锋。花云脸黑如铁，身材魁梧，在战场上骁勇绝人，被誉为“黑先锋”，朱元璋在濠州第一眼看到他时就十分称奇。在这之后，花云的战绩十分彪悍，先是攻破怀远城，俘虏了对方的统帅，又在夜袭缪家寨时一马当先，收降众多，极大地扩充了朱元璋的势力。花云还是朱元璋的救命恩人，当时他们在滁州，朱元璋单骑前行，中途突然遇到群匪，在朱元璋性命不保时，花云一人一马赶到，带朱元璋破阵而出。朱元璋攻下金陵后，立即提拔花云为总管，带兵三千。一年后，花云已经成为领军上万的大将，先后参与了攻克镇江、常熟等地的战争，功名显赫。

这一回，花云要面对的陈友谅军以水军为主。陈友谅和麾下的许多将领是渔民出身，世代打鱼，极擅水战。陈友谅很重视水军的建设，他的大本营湖北一直是元朝的水军基地，当年元军围困襄阳时就造了五千艘战舰，训练了七万水军。陈友谅占领湖北后承袭了元军的造船业，造了数百艘楼船，每艘都有数丈高，大船能容三千人，小船能容千余人。行军时，这些船往来自如，进退有序，俨然移动的堡垒群。

此次陈友谅率战船来势汹汹，其舟师数千，军容甚盛，仅巨舰就有上百艘，名曰“塞断江”“撞倒山”“混江龙”“江海鳌”等，《明史·太祖本纪》称“舟师十倍于我（朱元璋一方）”。当连绵至天际的船队出现在太平城旁的江面上时，花云大惊失色，他哪里见过这样的阵仗。但是为朱元璋守城，不管战力多悬殊，撤军回去必死，朱元璋就曾用弓弦勒死了弃守城池的将领赵仲中，也不可能投降，所有将领的家属都在金陵城内，花云的身旁还站着朱元璋派来监军的义子朱文逊。这些义子都是朱元璋收养的快饿死的小孩，像沐英等人甚至都不知道自己原来姓什么，为了朱元璋他们毫不惜命。所以，花云只剩下死战一条路。

太平府是金陵的门户，此前花云加固过太平府的城防，他以为凭此可以侥幸挡住陈友谅。没想到，陈友谅的水军根本不给他这个机会。在古代，城墙的外面一圈都会挖一条护城河，陈友谅选择出军的季节正是水涨之时，他将舰队驶到护城河上，乘着水势，巨舟与城墙一样高，士卒们沿着船尾爬上城墙，轻松地就攻陷了太平府。最终，花云在城中被擒，他不肯投降，陈友谅军把他绑在桅杆上，万箭齐发将他射死。

朱元璋集团的众人惊闻太平府失陷，敌人转眼就将抵达金陵，顿时人心大乱！如果再失去金陵，仅凭徽州、婺州，如何养兵？没有了实力，如何能指望地主儒士们依旧支持朱元璋？之后，陈友谅和张士诚结盟的消息也传来，得知两人相约从东西两侧夹攻，共同瓜分朱元璋的地盘后，金陵城内彻底乱了。有人主张投降，有人主张退出金陵，更多人急忙回家收拾细软，准备私下逃走。

人心惶惶之际，一个刚刚从浙江来的儒生站了出来，此人就是被称为五千年来唯一与张良并列的谋圣——刘伯温。金陵保卫战中，刘伯温的计策绝不是《明史》中提的诈降计，明朝正史刻意把陈友谅"脸谱化"了。根据北京大学教授李新峰的论文考证，真实的金陵保卫战是两个集团间顶尖智力和军力的较量，此战的残忍程度让人触目惊心，双方激烈的博弈更是让人叫绝。

07
谋圣刘伯温献策

历史上的谋略之士，其成长路径大抵如刘伯温一般，早年聪颖却锋芒毕露，多次劳而无功后在中年陷入困顿，有的谋士甚至消沉数十年，最后在即将坠入深渊之际抓住了机会。所谓谋略，所谋者，无非人心。刘伯温等人只有在黑暗深处舔舐伤口时，回忆自己前半生的经历，才能想明白他人所想、所求和所为。

一、人皆养子望聪明，我被聪明误一生

刘基，字伯温，处州路青田县南田人。他的先祖是跟随南宋“中兴四将”之一的刘光世。虽名列四将，刘光世却和其他三位名将不一样，他打仗逢金军便逃，是有名的“长腿将军”。《宋史》本传评价他“律身不严，驭军无法，不肯为国任事”。后来，刘家定居温州，成了地主，多在官府任职。

刘伯温是刘光世的第七代孙。从小他就特别聪明，别人读古文需要反复背诵，他读一遍就能记住了。他的另一个特点是喜欢“奇”，读书喜欢读“奇”书，他很早就读完了四书五经，于是整天钻研天文和兵法；他作文也有“奇”气，同样的题目，他的文章往往出人意表。刘伯温更是擅长考试，第一次考进士就中了，名次是全国前三十。更让人瞠目的是，元朝规定，二十五岁才能参加科举，刘伯温那一年才二十二岁，他是虚报年龄参加了考试。

然而，科举及第是神童刘伯温前半生的巅峰，之后的他一直在走下坡路。刘伯温先赋闲三年，之后被派到南昌旁边的小城高安做县丞。当时，汉人基本只能当没有实权的官，在元朝官场上当“点缀”，而县丞属于知县的副手。刘伯温这么年轻，又如此聪明，偏偏还带着些儒生的憨直。未经世事打磨的聪明人大多锋芒毕露，容易得罪人，刘伯温也一样，他对许多事情看不惯，得罪了许多人，导致当地的豪强数次想陷害他。

知县明知刘伯温是一个容易得罪人的性子，偏偏又派他去负责司法。州里的一场命案已经宣判了，刘伯温被派去复核，但他秉公执法，将案子推翻了。

为此，不仅一审的官员丢了官，以蒙古人为后台的豪门凶手还丢了性命。经此一事，许多人恨刘伯温入骨，要杀了他！

这种事接连发生了几次，之后又历经一番波折，堂堂元朝进士刘伯温做官实在做不下去了，只能回家。刘伯温三十五岁那年，终于肯放下面子，到元大都四处逢迎，想谋得一职。两年后，刘伯温终于求得江浙儒学副提举一职。古人云七品官是“芝麻官”，刘伯温的这个官连七品都不是，是从七品，而和他同科中进士的人都已经当上知府了。

不久，刘伯温碰到建昌知州钱士能。他在写给钱士能的《送钱士能至建昌知州序》中说：“九年前，咱俩都是一样的官阶，同在江西做吏员，如今我跟你已经相差五等了！我见到你的第一面，刚开始很欢喜，但意识到两人如今的差别后，又悲上心头。我只能拿自己虽然已经三十八岁，但身体无恙来勉强宽慰自己了。”结果，刚自夸完自己身体好，到杭州后没两年的刘伯温，身体又出问题了，只得因病辞官。

刘伯温又在家待了两年，正逢天下大乱。至正十六年，朱元璋占据金陵，四十五岁的刘伯温来到处州，给石抹宜孙当幕僚。至此，刘伯温已经出仕二十二年，其中，十五年都无所事事，在仅有的七年为官生涯中也只是沉迹下僚，处处受气。此时的他终于被磨去了棱角，忘记自己曾是少年天才。他学会了恭维上级，给石抹宜孙写了许多感谢诗。在传世至今的刘伯温文集中，刘伯温给石抹宜孙的诗多达八十余首！在诗中，他将石抹宜孙比作中兴唐室的李光弼、郭子仪，还一再表决心，表示要“相期各努力，共济艰难时”，一起努力重振元朝！但是，至正十九年前后，朱元璋即将来攻，刘伯温一看石抹宜孙打不过，就请辞了。

翌年，在朱元璋任命的婺州地方官孙炎的劝说下，刘伯温半推半就地加入了红巾军。这一年，刘伯温已经四十九岁，快到知天命之年，别人在这个年纪已经功成名就，而他的事业，才刚刚开始。

二、为朱元璋计

刘伯温加入朱元璋的阵营后，新“饭碗”端了还不到两个月，陈友谅的大军就快打到金陵城下了。刘伯温的新同僚们都准备谋求新路，与世浮沉了二十多年的刘伯温却找到朱元璋，直截了当地问：“首先，陈友谅的水军兵力是我军的十倍。其次，陈友谅军与元军对战最久，战力最强。最后，陈友谅雄踞湖北、湖南、江西、四川，在群雄中疆域最广，而您只占据了半个江苏和浙江。主公将如何应对？”

与刘伯温对视许久后，朱元璋认为眼前这个元朝的进士或许有点本事。“我有一计。”朱元璋说。

“何计？”刘伯温问。

“诈降。我军大将康茂才与陈友谅为故交，可让他致信陈友谅，约其来攻，我们在周边设伏将陈军歼灭。”

“您觉得陈友谅会相信吗？”刘伯温注视着朱元璋，继续说，“陈友谅背叛过两任主子，他的伯乐倪文俊在事业最巅峰时被他亲手杀死，而徐寿辉又被他挟持在身边朝不保夕，你觉得陈友谅会信任他人？”

刘伯温接着说：“陈友谅一介渔民，如今雄踞一方，经历多少欺诈、杀戮和背叛，您觉得他会将攻取金陵的希望放在一个故交康茂才的身上？您认为一个做出此番事业的人，会如此愚钝？”

听完刘伯温的质问，朱元璋眼神黯淡下来，不再说话。

“主公勿忧，陈友谅虽强，但并非不可战胜，且让老夫为主公谋划。”刘伯温终于出手了。

“陈友谅何处最强？”刘伯温像一个循循善诱的老师，引导着朱元璋。

朱元璋答：“水军。”

刘伯温问：“强在何处？”

朱元璋答:“他有上百艘巨舰,名叫混江龙、撞倒山、塞断江、江海鳌等,大船能容三千人,小船能容一千人。此次,他率十万精锐,顺江而下,赤帆千里,所向必取,攻无不克,我军如何能敌?”

刘伯温继续问:“在水战上我们一点机会都没有吗?”

朱元璋答:“没有。”

“那就简单了,我们只能打陆战。”刘伯温说,“第一个结论出来了。”他接着问:“在陆地上我们能打得过陈友谅吗?”

朱元璋想了很久,答:“不能……”

“如果正常打,打不过,那就只能设伏。”刘伯温说。

朱元璋点了点头。

刘伯温问:“主公认为在何处设伏为好?”

朱元璋又沉默了。

刘伯温接着问:“你若是陈友谅,会如何攻城?”

朱元璋答:“陈军的优势在水军,几天前陈军攻马鞍山时,他们将巨舰驶入护城河,士卒从船上攀城墙而入,轻松破城。我若是陈友谅,攻金陵也会如此。”

刘伯温问:“从长江能通往金陵的水路有几条?”

朱元璋答:“有三条,分别是阴山运道、夹江和秦淮河。阴山运道水浅道窄,船只难行,船在夹江勉强能过,但半道上有江东桥阻隔,而秦淮河则道宽水深。”

说完后,朱元璋沉思良久。

“我得之矣!”朱元璋大声道,“我有大将康茂才,令其守江东桥,以书信诱陈友谅来,让其驶入船只勉强得过的夹江,我军可将其聚而歼之!”朱元璋道,“胜负之机,就在江东桥!”

刘伯温问:“主公以为,陈友谅何许人也?”

朱元璋答:“枭雄也!”

刘伯温问："他会信吗？"

朱元璋答："不信……"

那该如何设伏？

08
陈友谅来了！金陵保卫战打响

金陵保卫战是朱元璋集团和陈友谅集团之间的胜负之战，是当时两个最顶尖政治家的博弈，也是朱元璋手下的刘伯温和陈友谅麾下的解开等智囊们的斗智斗勇。有人说金陵保卫战是一场军事博弈，但背后根本上是两个集团的政治博弈。

《明史》为了神话朱元璋，夸大了他的智谋，贬低了陈友谅。为了还原真实的金陵保卫战，笔者以当代历史专家们的研究为基础，在本章中详细还原两大枭雄间的博弈，展现顶级政治家、军事家们的风采。

一、第一步：确定对手

至正二十年（1360年）五月，陈友谅挟南派明教教主徐寿辉，顺长江而下。他的舰队远望如群山，绵亘数十里，旬日间破太平府，再破金陵的咽喉之地采石矶，兵临金陵城下。朱元璋集团内部乱成了一锅粥，此时，儒生刘伯温找到朱元璋，为他出谋划策。

刘伯温问："别人惶惶不安还说得过去，为何主公您也如此？"

朱元璋答："陈友谅已经难以应付，听说他还和张士诚联合，如果两人同时从东西两侧来攻，大局危矣！"

刘伯温答："两人必不可能联合。"

朱元璋问："为什么？"

刘伯温说："陈友谅为超世之杰，对内接连斗倒倪文俊和徐寿辉，对外只用三四个月就攻下此前挡住徐寿辉五年的江西。陈友谅一介渔夫，投身红巾军后，战无不克，攻则必取，从未受挫。他这么骄傲的一个人，会看得起我们吗？又怎么可能真的去和张士诚联合？

"退一万步说，就算陈友谅变了性子真的要与张士诚联合，张士诚也不可能配合。张士诚是私盐贩子出身，自古有奴隶当皇帝（如后赵开国皇帝石勒），有地主当皇帝（如东汉开国皇帝刘秀）的例子，但可曾见过有商人得天下的？长期谋生的手段让商人们习惯锱铢必较，张士诚必将坐观成败，因为只有这样，才能让他的利益最大化。"

最后，刘伯温总结道："张士诚是私盐贩子出身，遇事斤斤计较，顾虑多，疑心重。陈友谅是打鱼出身，习惯在风浪里过日子，野心大，欲望高。这两人一个保守持重，一个冒险进取，因此，我们需要面对的敌人只有一个陈友谅。"

二、第二步：确定时间

前文说过，陈友谅的水军是朱元璋的十倍，朱元璋只能选择陆战。但即便是陆战，陈军仍然彪悍异常，不是朱元璋能轻易应付的。唯一的机会，就是等陈军深入险地后，以伏兵取胜。

"如果陈友谅用兵持重，不入险地呢？他有江西、湖广、四川三省的给养和支持，我们等不起。"朱元璋又提出了疑问。

"主公勿忧，陈友谅集团的内部矛盾比我们的大，他必定会选择速攻。"刘伯温说，"此次出征，陈友谅挟徐寿辉以令群臣，名号不正。而且，他在集团内部的反对者太多，如果陈友谅不在短期内建立功勋堵住众人之口，陈军必将生变。"

在此，笔者解释一下陈友谅集团内部派系的繁杂和陈友谅无法集权的原因。陈友谅之前的首领徐寿辉起事极早，当时元朝还很强大，因此该集团只能采取去中心化的组织架构，组织极其分散。他们没有一个传统的、自上而下的组织结构，而是主动去中心化，各地都在各自为战，即使某个分支被剪除，也影响不了其他分支。这用现代商业术语来说，就是"合伙人模式"，只要承认徐寿辉是明王转世，就可以加入该集团。因此，陈友谅集团看似强大，但核心控制区只有武昌、岳阳和刚刚得到的安庆，占据其他地方的派系只是陈友谅的"合伙人"而已。

此外，这个集团早在二十年前由彭莹玉组建，彭莹玉云游四方收了许多徒弟，并将徒弟名字的第二个字都改为"普度众生"的"普"字，比如李普胜、邹普胜、丁普郎、杨普雄、史普清、项普略等，这些"普"字辈才是这个集团内资历最老的人。陈友谅只是倪文俊的部下，可即使是倪文俊，名字中都不带“普”字。之后，陈友谅还把倪文俊杀了，而且竟然把教主徐寿辉劫持了。这让教内的士卒怎么想，尤其是那些“普”字辈的将领？可以说，陈友谅是坐在火山口上，只能速战。因此，陈友谅等不得，他很快就会发动决战。

三、第三步：确定地点

此战，朱元璋军胜负的关键就在埋伏地点的选择。朱元璋最初的方案是派康茂才守住江东桥，让他诈降，约陈友谅军会面，等陈友谅军一到，以伏兵歼灭，但这个计划被刘伯温全盘否定。他认为陈友谅是一个才智卓绝的领导者，

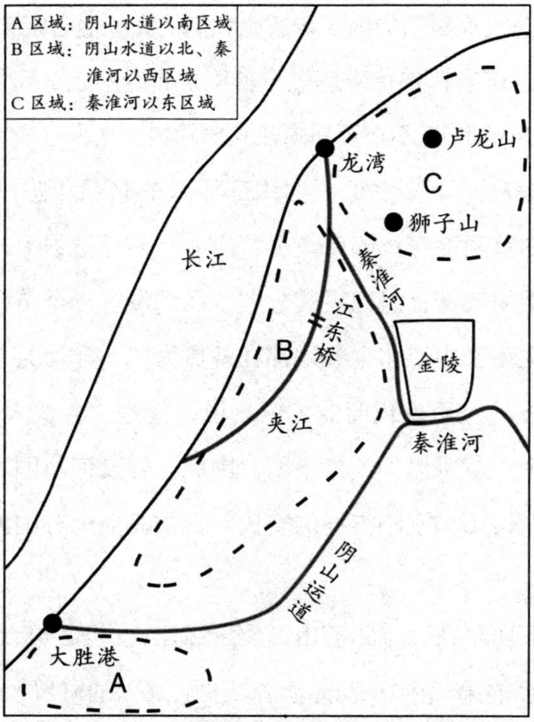

龙湾之战陈军登陆区域图

这是刘伯温做出一切推论的基础。陈友谅会推测出朱元璋集团不想打水战，将阻塞水道以逼自己上岸，这种情况下，陈军不得不登陆，而登陆地点可能是上图的 A、B、C 三个区域。

若陈军从 A 区域登陆，他们只有跨过阴山水道和秦淮河，才能接近金陵城。如果他们从 B 区域登陆，也需要跨过夹江和秦淮河。陈军追求速胜，这两处都不是最佳的选择。因此，陈军登陆的地区只能是 C 区域，而这个区域最关键的地点就是龙湾背后的狮子山，此地西扼河口，东瞰平川，必会成为陈友谅麾下水陆两军的合击目标。

刘伯温认为，陈军很可能会以偏师佯攻龙湾，主力则从下游幕府山麓处迂回登陆，分进合击，这是陈军能采取的最优策略。因此，朱元璋军设伏的最佳地点即幕府山（位于龙湾以东，卢龙山西侧）。

朱元璋认可刘伯温的推测，并据此作出部署。第一，朱元璋命人在各处航道中设桩，阻挡陈军的巨舰；第二，他令徐达驻守金陵城的南边，防备对方从 A、B 区域上岸攻击朱军；第三，他命令常遇春镇守龙湾；第四，朱元璋命继承了郭子兴直属部队的邵荣率领朱军精锐在幕府山设伏；最后，他仍旧让康茂才诈降，但命人提前将江东桥改造成了铁石桥。

四、第四步：龙湾决胜

收到康茂才的诈降信后，陈友谅佯装大喜，承诺将在五月初十全军突击江东桥。陈友谅考虑得十分缜密，他先在采石矶用铁挝砸碎徐寿辉的头，以防失败后有人拥立徐寿辉另起江山。五月三日，陈友谅自称皇帝，在五通庙即位，国号为汉，以明教前辈邹普胜为太师，心腹张必先为丞相，张定边为太师兼枢密院事。

随后，陈军舟师东下，直趋金陵。陈军先以偏师佯装主力在 A 区域的大胜港登陆，朱军不为所动。而在 B 区域，陈友谅未往江东桥派一兵一卒，如果按朱元璋最初的打算，将主力部署在此，那必会失败。之后，陈友谅派张志雄率偏师攻龙湾，与此处的常遇春交战。正如刘伯温的预判，陈军的主力由陈友谅的亲弟弟陈友仁率领，在幕府山旁登陆。

幕府山，东晋琅琊王在此处过江，丞相王导建幕府于上，便以此为名。宋朝诗人杨备在《幕府山》一诗中写道：

> 六代繁华一瞬间，平芜远树不胜闲。
> 倚楼天暝云如幕，知是琅琊幕府山。

当日晴空万里，陈军果然勇猛，即使是张志雄率领的偏师，常遇春也很难阻挡，一些将领相继战死。之后，陈友仁军登陆幕府山麓，冲破阻挡，绕向狮子山。等陈友仁军离岸较远后，提前埋伏在幕府山深处的伏兵在邵荣的带领下突然杀出。这支部队是朱元璋集团的最强精锐，朱元璋此时把全部的筹码压到他们身上。陈军在幕府山麓登陆处的留守部队被邵荣干净利落地击败，没了后路后，陈军队伍军心大乱，很快就被击溃，陈友仁仅以身免。

在本战中，朱元璋还在刘伯温的帮助下向全军将士展示了一手“神通”。当日天晴盛暑，朱元璋让人占卜，并全军通报两个预言，分别是当日有雨和敌人将大败。到了中午，果然天降大雨，将士个个大喜，认为天助朱元璋，胜利就在今日，军心大振，全军在雨中出击。陈友谅见势不妙，迅速撤退。从长江上游进攻下游容易，但回撤就难了，尤其是当时风大浪急，巨舰帮不上忙，陈军损失惨重，死者不可胜数。

战后，朱元璋的军队不仅收获了上百艘巨舰和数百艘战船，还生擒了数万人。朱元璋把俘虏关入水牢，过了一个多月，死者过半。之后，陈友谅手下的许多“普”字辈前辈和各地的“合伙人”纷纷“退股”，比如欧普胜、傅友德等人，重庆守将明玉珍甚至自己称帝了。

在徐达、冯胜等追击下，陈友谅占领的安庆、九江（今江西省九江市）等重镇相继失守，随后四川、江西也丢掉了，徐达的兵锋直抵武昌。沧海横流，陈友谅此时方显枭雄本色，明代史学家高岱《鸿猷录》卷三就评价陈友谅“勇悍雄略虽或未及项羽”，但其雄杰之处却在于“大困而气不馁，屡踬而势复振”。很快，他将重新振作，让朱元璋陷入又一次危机。双方将在鄱阳湖上打出一场中国前所未有的大规模的水上大战。而此时的张士诚也没闲着，在他的“钞能力”持续发挥下，朱元璋将几乎失去一半的领土。

09
刚刚渡过危局，朱元璋为何就杀掉军中的二号人物？

打完金陵保卫战后，朱元璋还没高兴多久，就陷入了众叛亲离的危局中，大批将领叛逃，一半的领土得而复失。幸亏地主们站在他这一边，他又一次渡过了危机。之后，朱元璋杀死了在平叛中立下大功、在集团内官职仅次于自己的二号人物——邵荣。朱元璋究竟为何要这样做？由此事也可一窥他日后大肆屠杀功臣宿将的内在逻辑和真实原因。

一、兵临汉阳

至正二十年（1360年）五月，朱元璋在金陵城下挫败陈友谅，在生死边缘侥幸存活。之后，朱元璋用一年的时间调整和消化俘获的水军和巨舰。第二年七月，朱元璋率领徐达、常遇春诸将，溯江而上远征湖北。史书上形容这次出征也是“船列百余里”，朱元璋的水军也实现了升级。

朱元璋坐的是军中最大的战船，名叫龙骧巨舰，可容纳一千三百人，船上飘扬着“奉天征讨，纳顺安民”的大旗，朱元璋心情大好，作了一首《咏竹》诗：

雪压枝头低，虽低不着泥。
一朝红日出，依旧与天齐。

在之后的一个月里，朱元璋连战连捷。陈友谅集团作为起事较早、占地最广、战力最强的抗元武装集团，为何一次失利就衰败至此？如上章所述，从广东韶关、湖南湘潭再到重庆，这个集团下的各地头领虽纷纷掀起明教大旗，但从用兵到内政都各自为政。在内政上，陈友谅知道地主知识分子的重要性，和解开等地主知识分子合作，可他制定的政策在其他首领的地盘上根本没人执行。而在军事上，集团中的各支力量也自行其是，比如，在陈友谅集中主力和朱元璋决战金陵城时，江西省的统帅胡廷瑞[①]并没有配合他行动，反而去攻打福建了。

朱元璋的大军一到，这些地方首领们、同陈友谅合作的儒士们，纷纷纳头便拜。比如，镇守长江天险小孤山的傅友德，他一箭未放，和丁普郎一起拱手让出天险。鄱阳湖旁的地主武装首领于光也以饶州投诚，还有那位去攻打福建的江西统帅胡廷瑞，他称得上是陈友谅集团最核心的成员之一，在被朱元璋允诺他保留军队后，胡廷瑞立即率部投诚。

朱元璋的水军只是在长江上驶过，整个江西省就归附他了。随后，朱元璋亲临南昌，纳胡廷瑞的长女为妃，命胡廷瑞留任原职。同时，朱元璋还任命浙东儒士叶琛为南昌知府，免除了陈友谅在当地的苛捐杂税，以换取地主的支持。

九月，朱元璋命徐达进攻武汉。徐达的军队一到武汉就焚烧了汉阳城沿江的舟楫，陈友谅站在黄鹤楼上，袖手以观。徐达攻不下城池，就把城外的房屋全部烧了。之后，徐达屯兵于汉阳东南的沌口镇，隔绝了陈友谅与其发家之地湖北仙桃的联系，想在此地消灭他。

二、张士诚出手

眼看陈友谅即将灭亡，张士诚终于出手了，在东线对朱元璋发起了一波又一波的攻势。张士诚先派大将李伯升率兵十万围困长兴（今属浙江省湖州市长兴县）。长兴在太湖口，战略位置十分重要，是太湖平原上的制高点和江浙的门户，由朱元璋军队中最擅长打防守战的耿炳文率七千人镇守。

得知长兴被围，朱元璋先派陈德、华高、费聚率三路军队救援，但他们在

① 因朱元璋字国瑞，后来胡廷瑞为避讳而改名为胡美。

夜里被劫营，三路军队全部溃散。李伯升又在长兴周边建了九个城寨，堵塞长兴所有的对外通道，至此，长兴已成孤城。长兴城中的士兵也曾主动出击，结果副帅刘成战死，耿炳文再也不敢出去。随后，长兴的护城河被填平，遭到昼夜不停的攻击，形势危急。朱元璋着急了，命徐达、常遇春和邵荣先后回援，苦战之下终于解了长兴之围。

而在南线的诸暨，张士诚的军队在城外五十里处筑坝，一场大雨后，他们挖开堤坝放水淹城，顺着水势，士卒们驶战舰攻城。最终，诸暨虽勉强守住，但一下大雨张士诚就发起战舰攻城，让诸暨守将谢再兴苦不堪言。

托张士诚的福，陈友谅得到了一丝喘息的机会。他牺牲了经济发展，大肆征兵，不管是农家还是商户，三丁中抽一为兵，很快又集结了一只兵力庞大的军队。

三、军队叛乱

至正二十二年（1362 年），朱元璋面临的形势更加恶化。二月，戍守婺州的苗军将领蒋英、刘震等人邀请朱元璋留在浙江的军事统帅胡大海到八咏楼，在胡大海赴约时用铁槌击杀了他。婺州大乱。

用今天的话来讲，婺州相当于朱元璋集团的副中心城市，金陵长期受到陈友谅和张士诚的夹攻，婺州就成了金陵的经济腹地。朱元璋为了建设婺州，曾在此地停留半年之久。至此，婺州沦陷，朱元璋集团驻守此地的将官不降即被杀。

婺州守将胡大海对朱元璋集团极其重要。朱元璋还在滁州时，胡大海是先锋大将，后来又成为朱元璋手下第一个执掌一方的大员，地位不逊于徐达。与胡大海一起赴死的还有朱元璋精心安排的文官，如王恺、章诚等人，他们能力都极强，而且忠贞不贰，宁肯被杀也不降。

继婺州沦陷后，衢州和丽水的李佑之、贺仁德也相继叛乱，枢密院判耿再成、都事孙炎、知府王道同、元帅朱文刚被杀。其中，耿再成的资历极深，他是朱元璋集团中第一个独立领兵作战的将领，早在渡江前的和州之战就独领一军；而朱文刚是朱元璋的义子，若能活到开国后，未尝不是另一个沐英；孙炎更有能耐，刘伯温就是被他招降的，朱元璋渡江后他前来投奔，受到重用，之后功绩斐然。朱元璋攻占丽水后，认为该地匪寇众多，管理难度大，除孙炎外无人能治理，于是将钱、粮、兵马等军政大权全部交给孙炎。如此军政通才，最终宁死不降，殒命于此。至此，朱元璋在浙东的地盘几乎丢失殆尽。

祸不单行，朱元璋刚取得的江西也不安稳了。三月，归附不久的陈友谅旧将祝宗叛乱，胡廷瑞的侄子康泰也参与了。叛军起事当天就攻克了南昌，守将邓愈边战边逃，换了三匹马才保住性命，知府叶琛等一众文官殉难。叶琛与刘伯温并列为“浙东四先生”，早在二十年前就做过元朝的宣抚使，有丰富的治理经验，归附后也被朱元璋信任，担当重任。

同年七月，曾为朱元璋立下赫赫战功、贵为一方大员的诸暨守将谢再兴，杀了知州栾凤，投奔了张士诚。谢再兴在朱元璋集团中的地位极高，他的长女嫁给了朱元璋当时的继承人朱文正，次女嫁给了徐达。连这样的重臣都叛逃了，朱元璋集团的内部到底发生了什么？

四、地主们的选择

在元末诸雄中，朱元璋集团、陈友谅集团和张士诚集团的管理风格迥异。陈友谅集团沿用明教南方派在抗元斗争中的去中心化管理模式，各地官员的权力极大，即使陈友谅上台后有心改变，也已经尾大不掉。而张士诚集团采取的是帮派式管理模式，大家都是好兄弟，张士诚是大哥，共同来苏州“聚义”，因此将领贪赃枉法都无人监管，甚至将领打了败仗也不会被惩罚。相比于前两者，朱元璋集团的管理特点是集权程度高和军法严苛。朱元璋广收义子，将他们安插在军中，让他们监军。别说弃守城池，将领连贩卖一点私货都会受到重罚。

在管理模式迥异的三个集团中，朱元璋手下的将领被管得最严，得到的利益最少，怨气也最大。在群雄争霸的局面没有明朗前，只见过朱元璋的手下投奔张士诚的，就没见到反过来的。朱元璋对军法有一种近乎变态的偏执，这从他后期动辄诛杀数万名官员就可见一斑，这一点在前期就已经显现。

比如，谢再兴叛逃事件的起因是谢再兴的两个属下和杭州商人做生意，朱元璋知悉后，不顾谢再兴求情，立即杀了这两个属下，将他们的头悬在兵营中示众。之后，朱元璋又派文官李梦庚去谢再兴军中，让谢再兴服从这个文官的命令，这让谢再兴勃然大怒，率兵叛逃。

不过，正因军法严苛和集权程度高，朱元璋集团部队的战斗力得到了保证。最关键的是，以"浙东四先生"为代表的地主们也站在了朱元璋这边，宁愿被杀也不肯投降。没有这些地方实力派的合作，军队的叛乱就像无薪之火，很容易被扑灭。这些地主们坚定的态度，证明了朱元璋的地方治理政策是成功的。

因此，朱元璋集团内部虽然在至正二十二年发生了多起叛乱，但最终都被朱元璋平定。在这个过程中，年仅二十五岁的李文忠迅速成长起来，填补了胡大海的空缺，担任浙东行省左丞，成为浙东地区的一号人物，和邵荣配合平定了叛乱。与此同时，南昌的叛乱也被徐达迅速平定。

五、平叛之后

平定叛乱后，朱元璋立即做了两件事。

第一件事是杀掉酷吏宋伯颜不花。杀酷吏是皇帝为了平息大臣们的怨气最喜欢做的事情，比如汉武帝杀张汤，武则天杀来俊臣。

早在元朝时，宋伯颜不花就担任过类似职务，归附后，他协助朱元璋组建了按察司，成为朱元璋的鹰犬。宋伯颜不花这个名字有些奇怪，这是因为在蒙古人统治下，许多人在任职后都给自己取了一个蒙古名字。朱元璋给宋伯颜不花定的罪名为“不与人辨曲直，拷掠污承”，说宋伯颜不花让众将受了委屈，虽然朱元璋在审判书中也不得不承认他这样做是为了迎合自己。

宋伯颜不花的死法充分暴露了朱元璋残忍的个性。宋伯颜不花足足被处刑了三天：第一天，朱元璋命卫士用木棍在宋伯颜不花的肋骨和背各打一百下，然后将他抛到金陵的雨花台下。之后，朱元璋见他还没死，又命卫士将他扛到太医处救治；第二天，朱元璋又命人揭开宋伯颜不花的伤疤再打一百巨棍，仍没死，又把人送往太医处医治；第三天，再命人将他拉出来打一百巨棍，这一次，宋伯颜不花终于死了，朱元璋就让人把他的尸身抛到市井。宋伯颜不花就这么备受羞辱地死了，连汉名都没能在史书上留下，只留下这个像笑话一样汉蒙结合的花名。

此外，朱元璋还将自己的心腹、浙东按察使陈宁也判了凌迟，但旁人一说情，朱元璋就顺坡下驴，仅仅将其免职，一年后还让他担任太仓市舶提举这个肥差。后来，陈宁主政一方，为了帮朱元璋筹钱，经常用烙铁烧人，被称为“陈烙铁”。最后，陈宁因卷入胡惟庸案而被诛杀。

朱元璋做的第二件事是杀掉集团内地位仅次于自己的二号人物邵荣。朱元璋杀死岳父郭子兴的儿子们后，由邵荣统领原郭家军势力。该势力与朱元璋的直属派系、以廖永忠为首的巢湖水寇系和以康茂才为首的新附派系并列为四大派系。依仗着郭家军彪悍的战斗力，邵荣的官位一直在朱元璋集团中排名第二。虽然明朝的官方史料中对邵荣的战绩有所隐讳，但现代学者仍推测出邵荣在决定朱元璋生死的龙湾之战中起到了决定性的作用。

在随后的浙江平叛中，邵荣又显威风，干净利索地平定了处州的叛乱。而且，在邵荣率军来浙江前，守将李文忠就以邵荣的名义虚张声势，让张士诚军闻风丧胆，可见邵荣在当时的威势。平定了处州之乱后，邵荣刚刚回到金陵，朱元璋就对旁人说最近刮了一阵风，这是上天在提醒有人谋反，给我去严查邵荣！邵荣一介武夫，自己上司郭子兴的儿子都被朱元璋坑死了，平时酒后没少说朱元璋坏话，在自己的手下给朱元璋提供的证据面前，邵荣没有辩解。毕竟一起打过仗，朱元璋请邵荣喝了一顿酒，然后在假惺惺地流了几滴眼泪后就将他诛杀了。

朱元璋为什么要做这两件事?

第一件事很好理解，朱元璋是在找替罪羊。在第二件事中，朱元璋在用人的关头杀掉集团内的二号人物，李新峰教授在论文《邵荣事迹钩沉》中是这样解释的：

> 邵荣叛乱事件是朱元璋清洗策略的典型体现，在连遭叛乱的危急关头，朱元璋仍然从容不迫地清洗内部，以损伤元气换取对军队的绝对领导。这一事件也与朱元璋日后牺牲运作效率换取稳定秩序，从而大肆屠杀功臣宿将，可谓一脉相承。

明朝建立后，朱元璋大肆屠杀功臣，大家都以为朱元璋变了。其实，他一直没有变过。

第四章

决胜江南

01
胜利者朱文正必须死（上）

乱世中，每个势力都会像编写程序一样将自己的领袖提前“备份”。比如在三国时的蜀汉，刘备的“备份”是刘封，刘禅的诞生让“备份”刘封成了病毒，刘封被毫不留情地杀掉，诸葛亮还给刘封泼上了“终难制御”的脏水；而对于魏晋时期的司马氏来说，司马师的“备份”是司马昭，司马师的死亡让司马昭成功上位。朱元璋的“备份”就是他的亲侄子、当时的军事中心大都督府的话事人——大都督朱文正。

一、长得像朱元璋的人

朱文正是朱元璋的哥哥朱重四的儿子，大约只比朱元璋小六岁。两个人从小一起长大，名为叔侄，实为兄弟。在濠州钟离乡的田间地头，处处都有朱元璋带着朱文正玩耍的身影，在《龙兴慈记》《在田录》中记载的“杀牛犊讹地主”“习行军之仪”等朱元璋小时候的趣事中，必定少不了朱文正这个小跟班。

在朱元璋十七岁那年，濠州暴发瘟疫，嫂子吓得带着朱文正跑回了娘家，朱元璋不得已去当了和尚。二十六岁时，朱元璋在红巾军中开辟了一番新事业，托人寻找尚在人世的亲属，就找到了侄子朱文正和外甥李文忠。这一年，朱文正已经十九岁了，“貌类高帝”①，和朱元璋长得很像，但朱文正没有经历过朱元璋在鬼门关前的徘徊、家人死去连墓地都没有的悲凉和在夜里穿行荒原的孤独，因此少了一分隐忍和阴狠，多了一分爽直和冲动。

在朱元璋的培养下，朱文正在军中的职位节节高升，很快成为与徐达、廖永安并列的重臣，作为朱家“千里驹”，他承担起了冲锋陷阵、建功立业的重任。朱文正先在渡长江之战中立功，之后又参与了攻太平、破陈埜先、取金陵等一系列战争，功勋卓著。到了对阵张士诚大军的常州之战时，朱文正已经从“将”升为“帅”，与徐达、汤和共同指挥大军。

至正二十一年（1361 年），朱元璋对军队进行改组，二十六岁的朱文正成

① 明代何乔远《名山藏》卷四十《靖江王懿文太子附》。

为朱元璋集团大都督府的大都督，关于他的职责，《明太祖实录》记载的原话是“节制中外诸军事”。如果此时朱元璋出意外，身处乱世，他的继承人不可能是六岁的亲儿子朱标，只能是已经成年的朱文正。

第二年，朱文正被派到最危险的地方——对抗陈友谅集团的前线重镇南昌，麾下配有当世名将邓愈、赵德胜、薛显、牛海龙等人。朱元璋担心没人给这个直性子的侄子出谋划策，还派了儒生郭子章、刘仲服作为参谋。之后的事情证明，朱文正无愧于朱元璋的悉心培养。

朱文正到了南昌第一件事就是招募豪杰，“招谕山寨来降，头目尽皆归顺”（刘辰《国初事迹》）。朱文正不看出身，无论是曾占山为王的匪寇，还是行走江湖的豪客，他一概来者不拒，统统招入麾下。这些豪杰们想着“学成文武艺，卖与帝王家”，响应号召，来到南昌城。可朱文正不带着他们上场杀敌，反而带他们加固城防。

众豪杰过得苦不堪言，每天还没天亮就要起床，有的去砌城墙，有的去挖地基，有的去疏通河道，心里满是牢骚。有的豪杰心里不服，去找朱文正去理论，可没想到朱文正见说不过他们，竟把他们送去了金陵城，让他们去和朱元璋说理。朱元璋见到这些人后，不待他们分说，就将他们全部投到水中淹死。

在豪杰们的辛苦劳动下，一年过去，南昌的城防大为改观。新城的城墙竟有六公里长，十米高。今天紫禁城的城墙也不过十米高。不仅如此，朱文正还在城墙外面挖了十公里长、三十多米宽的壕沟，让此前在中国战争史上名不见经传的南昌，成为决定一个王朝命运的坚城。

二、征兵造船，以决胜负

豪杰们的日子如此不好过，就有一两个不甘心就这么埋没本领的人，认为“此处不留爷，自有留爷处”，侥幸逃去投奔了陈友谅。没想到，他们只是从

“建筑业”转去了“造船业”。

自陈友谅上次败于金陵城下，已经过去快三年了。此前从未受挫，陡然间跌落谷底的他在三年间眼睁睁地看着手下陆续叛逃，疆域日渐狭小，他忍了，只为了保存一分元气。陈友谅只做了两件事：征兵、造船。

为了征兵，陈友谅不惜摧毁地盘内的经济，他每三丁就抽一人当兵，疯狂招兵以补充之前战争中损失的兵员。陈友谅也知道，仅凭这些才放下锄头的惶惶之众，想在军阵中打败朱元璋的久胜之师，无异于痴人说梦。怎么办？渔民世家出身的陈友谅将宝押在了水战上。他认为，凭借湖北造船业的优势，可以弥补兵员素质的劣势。

陈友谅设计出一种专门用来作战的巨舰，高十米以上，上下有三层，下层的人听不见上面的人说话。那些被他强拉入伍的农民商户们，被塞到下层划船，上面怎么厮杀都与他们无关。不仅如此，这些巨舰还设有马棚，可以想象，在水战中，当这些巨舰与敌船相接时，铁甲骑士们直接冲到敌船上冲锋的震撼场面。

三年间，陈友谅在湖北造了几百艘这种巨舰。巨舰有三个型号，大的可载三千人，最小的也能装两千人。为了赶快完工，对于木头晾晒等造船工序，陈友谅能省则省，甚至连用桐油和石灰填补船缝等关乎安全的必备工序，他也只填船底。“这些船就是用来消耗朱元璋精心制造的战舰的。在战场上的寿命只有几天，很快就会沉掉，何必造得那么结实！”陈友谅看得极为明白。

陈友谅苦等的机会终于来了。至正二十二年，即将一统北方的察罕帖木儿被刺客杀死，他的势力四分五裂后又开始互相兼并，北方乱成了一锅粥。悬在南方各势力头上的威胁被解除，张士诚、朱元璋、陈友谅又可以无所顾忌地彼此厮杀了。

翌年二月，张士诚眼见和朱元璋僵持多年，在正面战场谁也奈何不了对方，就派手下大将吕珍率军十万进攻安丰（今安徽省淮南市寿县），意图擒获朱元璋名义上的宗主小明王韩林儿。其实，这两年张士诚在江北拓地千里，连朱元璋的老家濠州都占领了。

听闻小明王危在旦夕，朱元璋不顾刘伯温的阻拦，要亲自去援救，表面上给出的理由是：攻灭江北的明教后，张士诚将实力大涨。朱元璋没有说出的关键原因是：一直以来，朱元璋集团采用“共主模式”，由朱元璋直属派、原郭子兴派、巢湖水寇派等派系组成，由于朱元璋坑害了许多其他派系的将领，并不能服众，因此，他尊崇远在江北的韩林儿，让其成为该集团共同认可的名誉领袖。如果韩林儿被张士诚俘获或杀掉，原来的“共主模式”就会崩塌，朱元璋担心其他派系的将领会叛变。比如，廖永忠这些巢湖水寇派系就不能让人放心，毕竟廖永忠的亲哥哥、原巢湖水寇派首领廖永安此时还在张士诚的监狱里，朱元璋就是不肯通过换俘让他回来。朱元璋顾不上多花些时间准备，一个月后，他率徐达、常遇春等将领，带领主力渡江去救援小明王。

趁着朱元璋的主力在外，四月，陈友谅组织了六十万大军，顺长江而下，向朱元璋发起进攻。《明太祖实录》形容陈友谅本次出征是“空国而来”，带了所有的士兵，还有文武百官和家属，就像当年完颜亮征伐南宋一样，把有实力的大臣都带上，防止他们在后方作乱。四月二十三日，陈友谅的船队抵达南昌城下。

三、天底下没有白走的路和白搬的砖

提起南昌，大多数人就会想起王勃的《滕王阁序》，这里自古就是枢纽之地，“襟三江而带五湖，控蛮荆而引瓯越”，因此成为陈友谅和朱元璋争夺的军事重镇，南昌的归属决定了两个集团的成败。

《滕王阁序》中写道，这里“物华天宝，人杰地灵”，既有取之不尽的物质财富，又有用之不竭的人才。自古以来，南昌儒风昌盛，几次儒学发展的高峰都从这一带开始，在战乱时期能为统治者提供大量的谋士。南昌还有发达的工商业，当地的青瓷、漆器、纺织、金银铜器等声名远扬，能提供源源不断的税收。更重要的是，南昌的造船业是天下翘楚。早在唐朝贞观十八年（644 年），唐太宗征高丽时就在这一带建造了四百艘浮海大船。后来，李白在《豫章行》中这样描述南昌的巨船：“楼船若鲸飞，波荡落星湾。”因此，在朱元璋救援小明王时，陈友谅并没有直趋金陵与朱元璋集团一决生死，而是剑指南昌，做长远打算。

当陈友谅的数百艘巨舰直抵南昌城下时，场面极为震撼，《明史·邓愈传》描述为“楼船高与城等，乘涨直抵城下”。陈友谅之前的绝招是将巨舰开到城墙边，士兵们从比城墙还高的船上轻松就跳入了城中。幸亏朱文正在过去的一年内加固了城防，将城墙从江边后移了三十米，导致陈友谅没有那么轻易得手，他只能将南昌包围了起来。

眼看陈友谅势大，朱文正没有主动出击，只是将兵力收缩在南昌城内。他采用分兵拒守的策略，让诸将分守各个城门。其中，邓愈守卫最容易被攻击的抚州门，赵德胜防守官步、士步和桥步三门，薛显守章江、新城二门，牛海龙、赵国旺守护琉璃、澹台二门。朱文正居中指挥，率二千精兵在各门之间往来驰援。

四月二十七日，陈友谅开始攻城，他选的目标是抚州门，很快他将后悔这个决定。明朝开国后论功行赏，封六人为公爵，即开国六公。邓愈名列其中，与徐达、李文忠、冯胜、常遇春的儿子常茂并列，代表着大明的顶尖战力。邓愈十六岁时就起兵抗元，年纪不大却战绩累累，他跟随胡大海，先后攻占了徽州、婺源、休宁、严州、建德等地，转战皖、浙、赣三省，为朱元璋打出了一个稳定的后方根据地。在南昌城中，这么厉害的将领就只防守一个抚州门，就等着陈友谅来攻。

陈友谅看着自己的六十万大军，根本不屑于用什么战术，他命人给每个士兵发一个竹簸箕当盾牌，就驱赶着他们攻城了。不得不说，只要有庞大的兵力，再难破的城池都能被凿开。这些举着簸箕的士兵像蚂蚁一样涌到城墙下凿城，以不计其数的人命为代价，凿塌了一段三十丈长的城墙。

危急时刻，邓愈使出了撒手锏——火铳队。在当时，火铳属于先进武器，之前邓愈攻打绍兴时，张士诚军突然掏出了大批的火铳，在一阵射击下，邓愈麾下的士兵们吓得丢盔弃甲，被追击得纷纷跳河。此战后，邓愈四处搜刮，终于收集了几百条火铳。此时，这些火铳派上了用场，邓愈集中所有的火铳对着城墙的缺口处齐射，打得陈军措手不及。陈军的士兵们都不知道发生了什么，只听到一阵炒豆子似的响声过后，就看见一排排士兵纷纷扑倒在地，剩下的士兵们被吓得赶紧撤退。

趁此时机，邓愈在城墙的缺口处立起一排木栅，很快陈军缓过神来，又一次发起了进攻，试图阻止邓愈修补城墙。双方围绕着这段城墙缺口杀得腥风血雨，眼看陈友谅就要仗着兵力优势攻进南昌城内，朱文正带着他的两千精锐赶到了，随后其他城门的守将也赶到，加入了战斗。

双方厮杀了整整一夜，朱文正命令众将领在厮杀的同时修补城墙，终于在第二天天亮时修补好了缺口，挡住了敌军。此战让朱文正军伤亡惨重，死亡的士兵不计其数，连赶来支援的守将牛海龙和赵国旺也被杀死。守门的将领一共有五人，第一晚就有两人被杀，若士兵的折损也是这个比例，这意味着一个晚上就有四成士兵被杀。

02

胜利者朱文正必须死（下）

至正二十三年（1363年）四月，陈友谅进攻江西，相继攻占了吉安、临江、无为州等地，封锁了鄱阳湖流入长江的湖口，至此，南昌已成孤城。

四月二十七日，史称洪都之战的南昌保卫战打响，朱文正的两万守军对阵陈友谅的六十万大军。在此危急时刻，从心底里厌恶明教的朱元璋却带着主力去“救援”小明王韩林儿，坐视侄子朱文正被包围八十五天。南昌明显已经成为弃子。

一、让常遇春心服的名将

陈友谅攻击抚州门受挫后，对南昌城的防守愈发重视。他的目光转向了章江、新城二门，这两个城门的守将薛显刚从江北投奔朱元璋没多久。他有一个绰号叫薛猱儿，猱儿就是猴子的意思，这个外号反映了他的作战特点——油滑。

很快，陈友谅军就向薛显的防区展开了攻势。交手许久后，陈友谅只有一个感觉，这只泼猴打仗太油滑了，无论自己用什么攻城手段，他都有对应的防御方法。对此，《明史·薛显传》中的记载是“随方御之”，即漫不经意间就把陈友谅的攻势化解了。

陈友谅没有仔细想过，为什么薛显一个新投靠的将领，能和邓愈一样被委以重任？虽然薛显才投奔朱元璋没多久，但他的在红巾军中的资历太老了，他加入红巾军的时间甚至比朱元璋都早。刘福通在颍州起兵抗元的那一年，薛显就跟着芝麻李和赵均用在徐州起事了。徐州紧邻着京杭大运河，元廷着急了，丞相脱脱召集天下精兵围困徐州。蒙古铁骑有各种攻城手段，徐州坚守一段时间后还是被攻破了，但薛显从重重围困中逃了出来。

之后多年的战斗经验，让薛显成为明初诸将中最会指挥骑兵作战的将领，凶猛到连常遇春都心服口服，称“遇春弗如也”。在薛显的眼中，和蒙古铁骑的攻城手段比起来，陈友谅的这些手段根本不算什么。应对陈友谅的攻势，薛显不仅防守得当，还一次次主动出击。他麾下只有一百多匹马，竟打出了骑兵团冲锋的气势，他找到陈军的弱点，斩杀了陈军大将刘进昭，擒获了副将赵祥。一次次作战下来，陈友谅得出结论，薛显这里也不行，只得另选目标。

二、赵德胜：打最猛的仗，立最大的功，受最重的伤

这一次，陈友谅选择的是赵德胜把守的士步、宫步二门。如果说薛显的作战特点“油”，赵德胜的作战特点就是“猛”。赵德胜也是濠州人，脸黑体壮，绰号为“黑赵岁”，和唐朝的尉迟敬德一样，他也善于马上使槊[①]。

一直以来，赵德胜都是打最猛的仗，立最大的功，受最重的伤。早在朱元璋在六合与高丽军打仗时，赵德胜就是帐前先锋。他执马槊冲锋，结果中了箭，差点死掉。朱元璋在攻下金陵时，赵德胜在战后被评为“功最”，即功劳最大。之后，对阵张士诚集团时，他擒获了张士诚的弟弟张士德；对阵陈友谅集团时，他率先攻进陈友谅的都城九江，吓得陈友谅带着家人逃走。后来，他攻击被叛军占据的南昌，被一炮轰中肩膀，又侥幸未死。

此次面对陈友谅，赵德胜尽显勇猛本色。他根本不在乎陈友谅的六十万大军，选择硬碰硬，和薛显一样“出城逆战”。陈友谅没想到在这里又被反攻，自己的攻势不如对方，慌乱中又有将领被对方士兵射死。陈友谅盛怒之下，亲自率兵反击，终于把赵德胜压回城内。之后，陈军昼夜攻城，打塌了南昌的城墙。

赵德胜带领将士死战，和邓愈一样，边作战边将被破坏的城墙修好。这时，一支弩射中了赵德胜的腰，起初他并不在意，毕竟受过太多次伤，但这次他的好运气已经用尽，箭镞深入身体六寸。不久，赵德胜跌坐在地，自知命不久矣，叹道：“自从我壮年从军，屡次受伤，但伤情都没这次重。我肯定活不

① 槊，一种古代重型兵器，在古代多用于马上作战，多为力大之人使用。

下来了。大丈夫死有何恨，只恨不能收复中原。”虽然赵德胜战死了，朱文正率精锐及时赶到，还是抵住了陈友谅的这次攻势。

三、弃子南昌

为了攻破南昌，一个多月来，陈友谅想尽了办法，但每次都被朱文正破解。比如，陈友谅派士兵乘小船攻击水门，朱文正就命壮士持长槊从水门栅栏的空隙处刺向敌军。守军的长槊被反夺后，朱文正就命人将铁钩烧热再攻击，让敌兵无法抢夺，导致陈军的攻势受挫。

眼见无法迅速攻下南昌，陈友谅只得采用心理战。他把在吉安、临江等地俘获的朱军守将押到城下喊话，让他们告诉城内的朱军，南昌周边的城市都已经归降了，鄱阳湖的湖口已经被封锁了，南昌已经成为孤城。陈友谅还告诉城内守军，自己的六十万大军就在城下，如果救兵人数少则不济事，若人多则金陵空虚，张士诚会乘机偷袭，南昌已经成为朱元璋的弃子。

不得不说，陈友谅的话很有道理。一个月来，南昌城被日夜攻击，五个守门大将战死了三个，连朱文正都受了伤，更何况普通士兵，而朱元璋此时却在江北救韩林儿，难道南昌真的成了弃子？多数明史作家写到此处时，都称这是因为朱文正没有来得及向朱元璋求援，朱元璋并不知情。但南昌这种军事重镇，怎么可能被围攻一个多月而朱元璋不知道呢？难道朱元璋没有情报系统吗？

其实，朱元璋一直在观望。他也不清楚南昌是否能守住，也不清楚陈友谅是否在南昌城下给他设了一个陷阱。对于行事一直很谨慎的朱元璋来说，南昌此时已经成了弃子。这一个多月来，他优哉游哉地在江北作战，先“救”出了小明王韩林儿，之后自己回了金陵，留下徐达、常遇春带领主力去围攻庐江的左君弼。看来，朱元璋已经放弃南昌了。

四、冷彻至骨的理性

苦盼援军不至，朱文正派千户张子明去金陵告急，并特意教给他一套话术，叮嘱他见到朱元璋后如此游说。张子明扮成渔夫，驾一叶小舟从南昌的水关偷偷出城，沿赣江入长江，他只在夜晚行舟，于六月二十五日到达金陵。

朱元璋见到张子明，先问陈友谅军有多少人。张子明不谈陈友谅军的强盛，也不谈南昌的危急，因为朱文正之前交代过他，这些朱元璋不会在意。张子明主要说了三条信息：第一，陈友谅军虽然兵力不少，但如今已死伤惨重；第二，陈友谅军已经在南昌城下驻扎太久，粮食几乎要耗尽了；第三，最为重要的是，夏季鄱阳湖的水流方向是从长江流入湖中，而这对陈友谅军来说是逆流，如果他们战败，就再也逃不回去了。

“主公，歼灭陈友谅，在此一举！”张子明大声喊道。

朱元璋冷静得让人寒冷彻骨。他让张子明回去给朱文正说：“坚守一月，吾自取之。”陈友谅不是已经死伤惨重吗？那你再守一个月吧。

张子明只得回去复命。他驾船经过长江入鄱阳湖的湖口处时，被陈友谅军截获。陈军让他在南昌城下诱降朱军，张子明佯装答应，到城下后，大呼：“我已见主上，令诸公坚守，救且至。”陈友谅大怒，只能把张子明杀了泄愤。

七月，朱元璋率徐达、常遇春、冯胜、廖永忠、俞通海等主力二十万人，溯长江而上，赶赴鄱阳湖。

朱元璋意识到，这将是他和陈友谅最终的决战，他对众将说：“两军相斗勇者胜，陈友谅久围洪都（今江西省南昌市），今闻我师至而退兵迎战，其势必死斗。”朱元璋接着说，“诸公当尽力，有进无退，剪灭此虏，正在今日！”

七月十九日，陈友谅从南昌撤围，东出鄱阳湖迎战朱元璋。

自此，长达八十五天的南昌保卫战结束了，朱文正以两万兵力（也有说法为不足万人），抵挡住了陈友谅的六十万大军，取得了最后的胜利。

攻打南昌的失败挫伤了陈友谅军队的锐气，消耗了他们的粮草，为朱元璋在鄱阳湖歼灭陈军主力创造了条件，这是一场对大明王朝的建立起到关键作用的战役。此战也成为朱文正一生中最大的功绩，无法被抹杀。战后，朱元璋建立了豫章功臣庙，塑文武重臣，按岁时祭祀，以追奠忠义之士。朱元璋一直以来吝惜封赏，但在南昌，他追封了一个公爵、九个侯爵和一个伯爵，其中，报信的千户张子明被追封为忠节侯。而大明开国时，他才封了六个公爵、二十八个侯爵而已。

唯一没有被封赏的只有朱文正，朱元璋给出的理由是：锡功尚可待也。他是在说："侄儿你急什么，下一步就要给你加九锡了。"但朱元璋的眼神中透出一丝阴冷。此时，朱家不再只有朱元璋和朱文正两人，这些年朱元璋娶了很多女人，她们给他生了七个儿子。这一年，朱元璋的长子朱标已经八岁。

南昌保卫战之后，朱文正身居大都督之职，又有不世战功，在朱元璋阵营内的功绩和地位已经达到了顶点，除了九锡外，没有别的可以加封了。朱文正浑然不知等待他的将是什么命运，仍旧为他的好伯父朱元璋鞍前马后、奔走效命。

关于朱文正执掌的都督府的职责，《国初事迹》中称其为"凡天下将士、兵马大数，荫授，迁除，与征讨进止机宜"，囊括了军事档案管理、军职任命、战争谋划、指挥等事务，是名副其实的军事主管部门。都督府大都督这种核心职位，朱元璋只能让至亲担任。在外部，朱元璋受到陈友谅、张士诚的威胁，在内部，有邵荣虎视眈眈，上面还有名义上的共主韩林儿，如果连自己的亲侄子朱文正都信不过，那朱元璋就没有人可以信任了。然而，当朱元璋的权力日益稳固后，他就开始觉得朱文正碍眼了。

在中国历史中，上一位有如此大权力的臣子，还是天策府时期的李世民。当时，李世民的天策府可以"都督天下诸军事"，同朱文正的都督府差不了多少。但朱文正不可能成为李世民，李世民的天策府内有房玄龄、杜如晦、唐俭、宇文士及等一班文臣，而朱元璋为了防止将领们有自己的谋士，明文禁止诸将任用儒生，就连朱文正的主要谋士郭子章、刘仲服，也是朱元璋派过去的。

五、四条荒谬的罪行

陈友谅撤离南昌后，在鄱阳湖上同朱元璋进行了一场大规模的水战。鄱阳湖之战后，朱文正一刻都没闲着，他先是快马加鞭地抢占陈友谅的土地，之后又筹划对张士诚作战。一年后，朱文正突然被免官监禁。据《明太祖实录》记载，朱元璋给出的四条理由如下：

第一，朱文正在江西骄淫暴横，抢夺民女。

第二，朱文正犯了僭越之罪，用的床榻以龙凤为装饰。

第三，由于自己没有得到封赏，朱文正怨恨在心。

第四，被朱元璋责备后，朱文正企图叛投张士诚。

这四条罪行中，只有第四条是最致命的。但朱元璋已经让朱文正担任了大都督，张士诚能给朱文正什么？这个理由，朱元璋日后还会经常用，比如他在胡惟庸案中杀掉李善长，理由就是李善长要追随胡惟庸谋反。如此荒谬，连湖北人解缙都看不过去了，上书《论韩国公冤事状》，称李善长已经是开国第一文臣，协助胡惟庸谋反又能得到什么？而此时，朱文正已经是第一武臣，跟着张士诚又能得到什么？

反观朱元璋的儿子们，个个都是罪行累累，朱元璋对他们无非就是训斥而已。比如，齐王听信指挥郝庸等人的唆使，杀死指挥、千户、百户、校尉各级官员其家眷共计四百八十二名。还有，《明史》中“英敏好学，善属文”的潭王朱梓，更是没少做“用铁骨朵打死典仗”“用皮鞭一千下打死典簿”等杀害下属的事。但朱元璋在《明祖训录》中明文规定，这些儿子们“虽有大罪，亦不加刑”，最多开一个家庭会议，轻则批评，重则贬为庶民几年。而对于朱文正，朱元璋却要施以最严厉的处罚。

朱元璋先杀了之前派往朱文正身边的谋士郭子章、刘仲服，给他们安的罪名是“不谏阻”之罪，之后他又将朱文正的得力手下五十余人挑断脚筋。这些人都曾在南昌保卫战中出生入死，为建立明朝立下了大功。很快，不用朱元璋明说，善于揣摩他心思的臣子就开始向朱文正泼脏水。朱文正被贬官没多久，就有人指控他诅咒朱元璋，说他画圈后写上朱元璋名字，并用针扎。堂堂大将军，一个刀尖上舔血的人物，怎么会玩这种把戏？这种所谓“巫蛊”的罪行，在西汉就是置政治对手于死地的好手段，明朝人用得十分娴熟。作为处罚，朱文正被押回濠州看守祖坟。

然而，就算落到如此田地，朱文正还是没有被放过，之后他又被告发要投奔张士诚。朱元璋亲自审问他，性格刚直又受尽冤屈的朱文正终于爆发了，激烈地顶撞了朱元璋，结果当场被朱元璋用鞭子抽死。至此，南昌保卫战的六个主要将领朱文正、邓愈、薛显、赵德胜、牛海龙、赵国旺中，活着的只剩邓愈和薛显两人。

之后，邓愈代替朱文正镇守此前陈友谅占据的地盘，到二十八岁时升为湖广行省平章政事。后来，他又参与了朱军对甘肃和四川的征伐，并在三十三岁时被封为卫国公，成为大明的开国六公之一。四十岁时，邓愈远征高原，拓地千里，为明朝收复了西藏。同年，邓愈在回师途中因病去世，他的儿子承袭了爵位，但因娶了李善长的外孙女，受到牵连，最后夺爵被杀。

而薛显随后在消灭陈友谅残余势力和平定张士诚的战斗中屡立战功，之后又随徐达北伐中原，被朱元璋评为：“薛显、傅友德勇略冠军，可当一面。”洪武二十年冬，薛显随冯胜北伐，行至山海卫时暴毙，时年五十八岁。

薛显性如烈火，而且喜欢滥杀，因此虽被封为永城侯，却不能世袭。洪武二十三年，他被定为胡惟庸余党，因已逝而不被追究。20世纪70年代，我国的考古专家们发现了薛显的墓葬，墓志写明薛显有七个儿子、六个女儿，但《明史》本传记载的是他没有后代，这背后似乎又是一个血淋淋的故事。

朱文正死后，朱元璋对大都督府衙门进行了改制，将大都督一职改为左、右都督，让二者互相牵制。后来，朱元璋为进一步加强集权，又将大都督府拆分成五军都督府，在五个军的都督府内都设置左右都督，并让五军都督府和兵部同时并存，互相制约。至此，朱元璋实现了对军队的绝对掌控。

此外，朱元璋还勒令二十多个被赐姓为“朱”的义子们改姓，消除了义子们对亲儿子们的威胁。例如，朱元璋的外甥朱文忠被改名为李文忠；义子沐英被收留时年纪太小，不记得本姓，因“沐陛下母后圣恩如天地”而改姓沐。

也许是消除威胁后动了善心，也许是想起哥哥对自己的养育之恩，也许是念及侄儿的南昌保卫战之功，在朱文正死后，朱元璋将他的子孙封为靖江王，封地设在远离政治中心的桂林。在桂林山水中，在淡淡茶香中，在二百多年的岁月里，朱文正一脉远离了政坛的纷争，静静地看着明朝兴起，又随之一起走向灭亡。

03

鄱阳湖上，围猎朱元璋

决战在即，朱元璋在赴鄱阳湖途中写下了一首诗《征陈至潇湘》，流露出心中的忐忑。

“马渡沙头苜蓿香，片云片雨过潇湘。

东风吹醒英雄梦，不是咸阳是洛阳。”

夺取天下是否只是一场英雄大梦？梦醒时分，朱元璋和刘邦一样，马上要面对当世“项羽”——陈友谅。

一、机遇还是陷阱?

至正二十三年（1363 年）七月，朱元璋亲自率兵救援被困两个多月的南昌。离鄱阳湖越近，朱元璋的不安感就越强，他隐隐觉得前面等待他的不是朱文正所说的机会，而是陈友谅布下的陷阱。朱元璋的心绪如此不宁，以至于半路上将领冯胜的船翻了，被他认为不吉利，呵斥冯胜返回金陵。

朱元璋并没有猜错，陈友谅确实在鄱阳湖中布下了陷阱。或许在一些人的眼中，陈友谅只是一个莽夫，他们被《明史·太祖本纪》误导，认为“友谅志骄，士诚器小，志骄则好生事，器小则无远图”，但能在历史上留下名字的枭雄怎么会如此简单？明史学家高岱认为，陈友谅是项羽一类的人物，他用兵“剽迅狡猾，出没飘忽”，更难得的是，陈友谅“大困而气不馁，屡踬而势复振”，在和朱元璋的作战中，每次受挫后都能重新振作，“旬日之间而能陷城却敌”（《鸿猷录》卷三），故能开拓封疆，坐拥荆楚。

其实，南昌城是陈友谅给朱元璋设的一个局，他攻不下南昌，固然有朱文正防守得当的因素，但客观上陈友谅也在保存实力。围攻南昌的两个月里，陈友谅在陆战中损失的只是新招的士兵，军中还有几百艘巨舰以逸待劳。陈友谅曾长期占据江西，熟悉鄱阳湖的水文和周边的地形，再加上他一直以来拥有傲视群雄的水军。此时，他们正静静地等着朱元璋到来。

听闻朱元璋率领主力来决战，陈友谅大喜，七月十九日率领大军离开南昌，东出鄱阳湖，准备围猎朱元璋。同时，后方的张士诚也听闻朱元璋的主力已去了江西，此时金陵城空虚，他也准备发起进攻。

鄱阳湖惊涛拍岸，千里烟波，正适合大规模的水战。且喜近中秋，更无一点风色，正是鏖兵好时节。

二、朱元璋的秘密武器

长江下游的朱元璋早已料到，自己和陈友谅将以水战决出最终胜负。几年来，他一直在造船，明代李默《孤树裒谈》中称朱元璋“江船、海船、风快船、多桨船、匾浅船、递运船，无年不造”，他自己坐的船被称为“龙骧巨舰”。

此外，朱元璋还准备了秘密武器——火器。之前，朱元璋一直绞尽脑汁地思索如何在水战中战胜陈友谅，直到朱军进攻绍兴时，被张士诚军的火器击得溃不成军，朱元璋不怒反喜，意识到自己找到了战胜陈友谅的法宝。他急忙征集能工巧匠设计各类火器，在水军中广泛使用。这些火器包括火炮、火铳、火箭、火蒺藜、大小火枪、将军筒、铁炮和神机箭等，还有一种被称作“没奈何”的大杀器。这种大杀器是用简单的工具制造的威力巨大的武器。它的外面用芦席包裹，里面装满火药。作战时，士兵用竹竿将它悬挂在战舰的前端，并伸到外部，等敌舰靠近时，将它抛过去，可焚毁敌舰。

然而，在真实的早期海战中，火器能起到的仅为压制作用，即使到了鄱阳湖之战两百年后的英荷海战，作战双方共有一百六十艘战舰，其中，主力战舰至少装备六十门火炮。双方鏖战四天，只损失了十四艘战舰，而且这些船只大多被俘或被焚毁，几乎没有真正被火炮直接击沉的。这并不是说火器的炮击对海战没有作用，双方都有大量的战舰被炮火重创，但丧失战斗力的战舰多数能逃出战场。

至正二十三年七月，朱元璋军到达鄱阳湖。他留下部分人马封锁湖口，切断了陈友谅的归路，想将其全部消灭。七月十九日，陈友谅军撤去了对南昌的包围，进入鄱阳湖，双方决战一触即发。

陈友谅的大军以楼船巨舰为主力，他麾下的许多将领是渔民出身，擅长水战，曾在湖北沔阳湖中击败元朝在长江部署的水军主力。朱元璋的水军则逊色许多，仅仅为徐达、常遇春以及从陈友谅方投降而来的张志雄等几位将领配备了楼船，连冯胜这种后来位至开国六公的将领都只能乘坐小船。朱元璋集团中还有一个派系原来是巢湖的水寇，他们虽然水战经验丰富，但因为不是朱元璋嫡系，所配备的船仍旧以小型战船为主。

双方的决战地点选在鄱阳湖，在夏天丰水期，湖水面积可达四千多平方公里，但到了冬天枯水期，湖面枯竭后，湖面水域仅有四百多平方公里。这意味着夏天的鄱阳湖虽然极为宽阔，但湖中尚有许多浅水处，船只不慎驶入后容易搁浅。陈友谅曾统治江西多年，对鄱阳湖的熟悉程度远超朱元璋，他在湖中早早做好了准备。

三、最长的一日

七月二十一日，鄱阳湖大战正式开始。朱元璋将舟师分为十二队，将火器、弓弩依次列阵，要求诸将接近敌船后先发射火器，再射弓弩，最后命士兵持兵刃跳船作战。

双方交战后，朱军以徐达为前锋，突入陈友谅船队中混战。作为朱元璋最信任的将领，徐达的军队配备了最好的楼船和火器，是精锐中的精锐。对于水上近战，陈友谅的巨舰有绝对的优势。他的巨舰有三层，等敌船靠近后，士兵可在高处用弓箭射击，几乎就能将对手甲板上的士兵全部射杀。陈友谅的主力舰艇中还设有走马棚，当与敌船相接时，铁甲骑士们可以直接冲到敌船上，让对手难以阻挡。

不过，《明史纪事本末》等史书都称此战中徐达战绩辉煌，细究之下让人难以相信。笔者对照了几本史书，甚至参照外国的文献，发现了正史深处隐藏的真相。

《明史纪事本末》中写道，徐达初战告捷，杀敌一千五百人，俘获一艘巨舰。陈军赶来追杀，朱军将领俞通海接应，用火器又烧了陈军二十艘船。在这个过程中，徐达的楼船曾被点燃，敌船乘势杀来，徐达一边扑火一边鏖战，坚持到救兵到来。

此时对应英荷大海战的两个结论，一是包括火炮在内的火器只能击伤敌方主力舰，二是解决问题还是要靠水兵短兵相接，直接作战。笔者审读明朝正史中对此战的相关记载后，重新还原了双方第一日的战争。

徐达驾驶着朱元璋集团最好的战舰，作为前锋，率军杀入了陈友谅的巨舰群中。虽然他的战舰在尺寸上仍比不上陈军战舰，但胜在灵活机动，可以在对手的巨舰集群中穿梭。按照朱元璋的事先安排，徐达用火器开火，但即便是二百年后的大炮也不能将巨舰击沉，何况这些初级阶段的火器。徐达的攻击最多引起了小火，很快就被扑灭。陈军的巨舰开始反击了，它们有十多米高，居高临下占尽优势，用火炮和弓箭收割着敌方士兵们的生命。

徐达是大明的第一名将，《明史》中称诸将对他敬若神明，威信极高。此时，徐达眼见这一仗打成这样，急得发了狠，命令部下包围陈军一艘楼船，不惜代价，跳到对手甲板上近距离搏杀。杀光船上的一千多人后，徐达俘虏了这条船，但军队也损失惨重，只得撤退。

陈军见徐达舰队想逃走，但己方楼船行驶缓慢，就放出了二十多艘小船。他们逐渐追上徐达，射出燃烧的箭矢。此时，徐达舰队连旗舰都已经着火，无力再战，眼见性命不保，巢湖水寇系的俞通海赶来接应，用火器将这二十多艘小船焚毁了（火器不能击毁主力舰，但可以焚毁小船）。

徐达侥幸逃回阵中，他的战舰损毁严重，当天就被朱元璋遣回了金陵。徐达的部队可是朱元璋集中最好的资源打造的刀尖，一次水战就被摧毁，可见陈友谅的水军实力强大到令人恐惧。

四、陈友谅的结拜兄弟

击退徐达后，陈友谅军中有人想动手了。此时，朱元璋乘坐的是龙骧巨舰，悬挂“奉天”大蓝旗，旗端还系着黄色的号带，上面写着“奉天征讨，纳顺安民”八个大字，十分醒目。徐达是朱元璋的刀尖，而张定边就是陈友谅的刀尖。张定边是陈友谅的结拜兄弟，绰号“莽张”。早年，张定边、陈友谅、张必先（绰号“泼张”）结义为三兄弟，一起征伐天下。

此时，张定边带着几艘船就朝着朱元璋冲过去。张定边的军队配置的都是楼船，他的水战经验丰富，此时尽显莽汉本色，根本不需要大部队配合。万船之中，张定边就这么冲过去了。张定边的三层巨舰宛若不沉的堡垒，挡在它面前的船就像玩具，被撞沉倾轧，落水的士兵们又被利矢射杀。

眼见张定边的船离朱元璋的巨舰越来越近，朱军的将领纷纷带船队赶来救援，但张定边太厉害了，来一队，他就杀退一队。他先后杀死了朱军的帐前总判程国胜、水军统军元帅宋贵和朱元璋亲军的统帅陈兆先等将领。尤其是陈兆先，他的义父是帮助朱元璋除掉郭子兴儿子的陈埜先。自从陈兆先归降后，他非常受朱元璋的信任，被多疑的朱元璋任命为亲军统帅。

朱元璋惊慌失措之下，急令船夫调头逃窜，可慌乱之际，他吃了不熟悉鄱阳湖水况的亏，威风八面的“龙骧巨舰”竟然在水浅处搁浅了，丝毫动弹不得，很快就被张定边的几条船包围了。张定边的手下纷纷跳到这艘巨舰上，持刀向船舱逼近。危急时刻，朱元璋看向自己的侍卫长韩成。此人也是朱元璋的濠州老乡，他与朱元璋有相似的经历，小时候因贫穷被送去庙里当过和尚，朱元璋起兵后他前来投奔，后来成了侍卫长。

“你去代我死吧，我必会善待你的妻子和孩子。”朱元璋说。

韩成听后，动了动嘴，想说什么，但话到嘴边，还是没有出口。他迟疑片刻，接过了朱元璋脱下的御袍和冠带，他穿好后走到船头，大喊：“陈友谅，众将士死战，皆因你我二人，今日我的命你拿去吧！”之后，在张定边的士卒上来抓住他前，韩成跳入了江中，最后淹死了。对于这件事，《明史》中写的是韩成主动请缨，但一个侍卫长怎么会知道何时该挺身而出？又怎么知道在两军阵前应该说什么呢？实在太蹊跷了。

见此，张定边众将士以为大功告成，欢声响彻云霄，在洞庭湖上空回荡。张定边稍稍减缓攻击，想劫持“龙骧巨舰”回去。就在这时，常遇春赶到，率军抵挡住了张定边，《明史》称常遇春还亲自射出一箭，射中了张定边。随后，廖永忠和俞通海也赶到了，拼死抵抗住张定边的军队。

朱军的火器虽然击不毁楼船，但也能将张定边的船击伤。张定边见越来越多的敌军赶来，自己的船又受到重创，只得调头往回。他那几艘受创的大船，行进的速度很慢，就这样晃晃悠悠地安全返回了，只剩下被杀破胆的朱军。常遇春不忿，驾着楼船上前追击，竟然也陷入水浅的地方了。陈军的船渐渐围了上来，眼见常遇春就要性命不保，正好另一条被废弃的战舰漂了过来，将常遇春的座船撞出搁浅处，他才捡回了一条命。

最终，张定边乘船安然回到己方水寨，此时太阳西下，第一天的鄱阳湖之战就此结束，这也是朱元璋有生以来过得最漫长的一天。

这一天，仅仅一战，倾注大量资源建设的徐达舰队就被击溃，旗舰被烧，只得退回金陵。

这一天，朱元璋集团辛苦打造的船只在陈友谅的巨舰面前就像纸糊的玩具，程国胜、宋贵、陈兆先等大将纷纷战死。

这一天，被保护严密的朱元璋都险些丢了性命，只得让自己的侍卫长替自己去死。

朱元璋麾下的诸将都有了退意，纷纷进言，称水战非己所长，可先退军，日后再与陈友谅在陆上一决雌雄。《常遇春神道碑》上记载着：“诸将以友谅兵尚强，请纵其去。”碑文接着写道，这么多将领中“王①独不言”。只有常遇春

① 明朝建立后，常遇春被封为开平王。

不发一言，意味着其他人都赞成撤军。

事实上，双方在鄱阳湖上都集结了全部力量，正是决战之时，岂可先退？当年，楚汉两国陈兵荥阳（今河南省郑州市荥阳市）、成皋（今河南省郑州市荥阳市汜水镇）之间，刘邦、项羽都不肯先退，为何？先退者势屈！

参战双方的将领们都是为了利益结合在一起，为的就是胜利后的分享利益。只要你露出一点败象，集团中的人就会毫不留情地抛弃你，即使宣称只是暂时退却，但谁会信呢？如果你想退，一路上又会有多少人叛变？陈友谅又怎么会让士气低落的朱军安然撤到金陵？历史上的先例比比皆是，窦建德为救王世充，与李世民战于洛阳城下，受挫后连大本营河北都回不去。就像当年鲁肃劝孙权所说的："众人皆可降曹，唯独主公不可降，鲁肃我等降曹，照样可当地方官，主公您降曹，还能保住性命吗？"

此时一旦撤退，朱元璋将一无所有。朱元璋一遍遍对诸将讲清利害关系："咱们的核心团队都是濠州的老乡，请再帮一帮我吧。我发誓，打下天下后咱们兄弟共享！如果谁不识抬举，再说撤退的话，别忘了你们家人还在金陵城内，还在我的手中。"

五、穷途末路，状若癫狂

这一夜，朱元璋的军队中无人入睡，没人知道明天是不是自己生命中的最后一天。短暂的黑夜很快过去，太阳升起了，第二日的鄱阳湖之战终于到来。

在朱元璋集团中，最好的楼船被配置给徐达和常遇春的舰队，稍次的楼船则属于张志雄、丁普郎两位降将，其余将领包括巢湖水寇派系廖永忠、俞通海等人都只有较小的战船。张志雄、丁普郎原为赵普胜的部下，赵普胜被陈友谅诱杀之后，两人在金陵之战失败后投入朱元璋的麾下，他们的战船被保留了下来。鉴于徐达的楼船已经受重创，常遇春的船昨日也曾搁浅，因此，今日只能由张志雄和丁普郎挑大梁。

这一日，陈友谅采取了新战术，他用铁链将巨舰连到一起，旌旗楼橹林立，望之如山川城池。开战后不久，张志雄的楼船被重点攻击，连风帆都被打折，很快被团团围住。陈军蜂拥而上，想要活捉张志雄。张志雄见无法脱身，为了不被生擒，只得自戕而死。随后，丁普郎也战死了。他死得更惨烈，“身被十余创，首脱，犹执兵若战状，植立舟中不仆”（《资治通鉴后编》卷一百八十一）。

朱军被打垮了，部队开始不听指令，无人敢再上前挑战陈军。朱元璋已经连杀了十几个队长，但部队仍旧退缩不前。朱元璋已穷途末路，状若癫狂。在朱元璋集团将要崩盘之际，在众多谋臣束手无策之际，一位一直战斗在第一线的将领站了出来，提出了应对办法。

此人就是淮西二十四将之一、攻金陵取得“先登”之功的勇士郭兴。他说：“主公你不能再杀了。此战，我们被打成这样，不是将士们的错，而是陈友谅太强了，他们的巨舰不是我们的小船能对付的。虽然我们的火器发挥不了很大的作用，但你看，陈友谅用铁链把船连起来，何不以小舟载上我们精炼的火药，采取火攻？”

朱元璋已经别无他法，只能尽力一试。至此，《三国演义》中赤壁之战在历史中的真实原型终于显现。然而，战事果真如此顺利吗？打了一辈子水战的陈友谅对此会没有防备？

04
《三国演义》中赤壁之战的真实原型

鄱阳湖之战到了最后的时刻，针对陈友谅的“连舟策”，朱元璋用上了“火船计”。陈友谅擅长水战，岂能对此没有防备？本章中，笔者穷极史料，细细揣摩朱元璋与陈友谅的“斗法”，考量双方行为背后的精密算计，为读者还原这一场决定天下归属的战役真相。

一、真实的赤壁

鄱阳湖之战才到第二天，朱军就被打得几乎崩溃。关键时刻，郭兴站了出来，献上了火攻之计。至此，《三国演义》中刻画的赤壁之战在历史中的原型终于显现。

《三国志》对赤壁之战的记载很简略，根本无法支撑起小说中的情节。而此时罗贯中身为张士诚的谋士，一直都很关注陈友谅与朱元璋的战况，对鄱阳湖之战的具体情节非常了解。陈友谅的事迹就被他当作“新酒”，装到《三国演义》中赤壁之战的“旧瓶子”里，呈现给了读者。

朱元璋接下来要用的纵火船战术，其实古已有之，但成功率并不高。在南宋的最后一战崖山之战中，南宋指挥官张世杰也用铁链将战舰连了起来。针对这个情况，元军统帅张弘范用上了纵火船，但张世杰提前早有防备，将船只都涂上泥巴，并且储备了灭火的水，让元军的纵火船并未能发挥作用。

纵火船能成功的条件太苛刻了，突然性和隐蔽性缺一不可，而陈友谅是渔家出身，打了一辈子的水战，既然敢用铁索连舟，岂不知防备纵火船？但阴差阳错之下，朱元璋的纵火船和传统的有所不同。之前的纵火船，装的不过是木柴和油，赤壁之战中周瑜是“实以薪草，膏油灌其中”，而朱元璋的火船计是朱军被打得快崩盘时才想出的，当时手中并没有油和柴，只有一堆火药。

朱元璋把火药和荻苇放到几条船中，让一群士兵驾着船顺着水流冲向陈友谅的楼船。为防止船上的火药被火箭射中，朱元璋让士兵把草扎为人型，给草人穿上甲胄，插到这些船上，让陈军以为这些船是想来跳到甲板上厮杀的，射出不点火的箭（这也成为《三国演义》中“草船借箭”的原型）。纵火船接近后，朱元璋的士兵们乘风纵火，须臾间火势就抵近了敌船。

之前历史上的纵火船装的只有油和柴火，效果只是点燃敌船，对手容易防范。而此时朱元璋的纵火船里装的却是火药，不仅能燃烧，还能爆炸，几乎就是鱼雷的前身。虽然陈友谅早就在战舰船身上涂满防燃烧的泥巴，但面对这些纵火船全无效果，他只能目瞪口呆地看着自己的船被炸开一个个口子，涌入湖水后慢慢沉没。这些船都被铁链相连，一燃俱燃，一艘被炸沉后，其他船只都无法脱身。很快，数百艘战船接连被焚毁，十里之间都是火焰，湖面尽是赤色。正如《明史·太祖本纪》所描述：

> 会日晡，大风起东北，乃命敢死士操七舟，实火药芦苇中，纵火焚友谅舟。风烈火炽，烟焰涨天，湖水尽赤。

火船计一出，陈友谅的两个亲弟弟陈友仁和陈友贵以及重臣陈普略都被烧死。陈友谅向来多疑，自己的精兵只肯让亲弟弟率领，现在两个弟弟接连身死，可见陈军已经元气大伤。

烟火弥漫之际，朱元璋组织全线反击，陈友谅不得不放弃被点燃的楼船，匆忙后撤，仓促间，陈军又被朱军趁势斩首两千人。

二、四天三战

两日的战斗让双方都伤亡惨重，第三天休战一天。第四天，双方精锐全部出动，在湖面上展开大战。《明史》里仍写的是朱元璋大胜，但问题是此时朱元璋军只剩下廖永忠、俞通海等原巢湖水寇派系的小船，怎么能大胜？关于第四天的战斗，史书里除了称赞朱元璋一方的英勇外，只写了两个具体的事件。

第一件事，巢湖水寇的廖永忠、俞通海、汪兴祖、赵庸等将领率六条战舰深入陈军阵中，很快就在巨舰群中没了踪影，朱元璋方面以为他们已全军覆没，谁知这六艘船不一会儿又“旋绕敌船而出”。朱军士兵们看到这六艘船没有被陈军消灭，士气大振，呼声动天地。

第二件事，朱元璋在第四日的战斗中又遇险了，他乘坐的御舟遇袭，被炮石击碎，他在刘伯温的提醒下提前进行了转移。

四天三场大战过后，朱元璋军战死了数十名中高级将领，实在打不下去了。诸将又开始讨论退师，这意味着放弃朱文正、邓愈等将士死守的南昌，只顾自己逃命。朱元璋也没有信心把仗打下去了，思量之下，终于趁夜北撤至左蠡（今江西省九江市都昌县西北，扼鄱阳湖南北分界的西山一带），不再理会南昌将士的安危。

此时，陈友谅军有两个选择：

第一个选择，继续进攻此前围攻八十五天的南昌，这可能会有两种结果，一种可能是南昌的守军在得知没有援军后投降，另一种可能是陈军的兵粮耗尽后，仍无法攻破南昌。

第二个选择，追击朱元璋。

陈友谅选择了第二个方案。

关于朱元璋北撤的行动，绝大多数的明朝史料写的是陈友谅先撤，然后朱元璋再撤，而且还能赶到陈友谅前面，这实在太不合理。首先，如果是陈友谅先撤，朱元璋尾随其后，可朱元璋怎么能绕到陈友谅的前面？其次，既然朱元璋已经封锁了湖口，朱军追到陈军的后方后，正好能和湖口的守军前后夹击陈军，如此优势更大，为何又要绕到陈军的前面？

因此，北京大学的历史系教授李新峰在《纪事录笺证》中鄱阳湖之战的注解中写道：“第四日战后，朱军乃徐徐后退，陈军尾随。从朱军的重大损失和诸将的多次请退之事看，朱军在三次大战中并未占得上风，故舍南昌不救，逐步后退。陈军亦舍南昌而逐朱元璋。”

朱元璋看陈友谅不顾南昌，全军追击自己，只得继续北撤，把守住湖口，利用地势困住陈军。

三、运来天地皆同力

此时还是夏天，长江水灌入鄱阳湖，不久就将到秋冬季枯水期，鄱阳湖水会流往长江，这有利于陈军突破湖口。陈友谅评估后，认为自己的水军还占有优势，于是以距离湖口较近的鞋山为据点，与朱军相持。之后一个月，朱元璋没有主动进攻，只是牢牢把守住湖口，与陈军对峙。三场大战让陈友谅损失惨重，也不再有其他军事行动。

到了八月二十六日，西风大作，波浪湍急，陈军选择此时突击湖口。陈军果然有实力，朱军的严密防守被陈军轻松突破，在湖口防御的同知元帅李志高、副使王咬住双双阵亡。接下来，陈军没有直接溯江西行，而是顺流往下，走泾江口，想从泾江绕行。一旦陈军冲破泾江口，就能绕出朱元璋布置重兵的防御，如鱼入大海，朱军再难阻挡陈军踏上归途。

众船之中，陈友谅的旗舰上升着显眼的金字旗，朱元璋指着那条船说：“平暴定乱，正在今日。”此时，西风顺水，双方的船无法保持原有阵型，数百艘船混杂到一起，你中有我，我中有你，士兵们相互厮杀。从早上辰时到傍晚酉时，双方足足战斗了十个小时，这时陈友谅从窗中探出头来查看战况，突然被一支不知从哪里射来的箭射中眼睛。

入夜，战斗停息了。朱元璋听到陈友谅已死的消息，都还不信，便派使者携带祭品，去窥探情况。朱元璋说：“如果使者能生还，则陈友谅还活着；如果使者被杀，则陈友谅必然已死。”之后，朱元璋派出去的使者被杀掉。不久，投降的士兵来报告，称："陈友谅中了流矢，被一箭射中眼睛，贯穿颅骨而死。"

一代枭雄陈友谅就此殒命。

四、陈家基业的最终结局

运气对成功太重要了，有时甚至是最关键的因素。

整个鄱阳湖之战期间，朱元璋两次险些丧命，侍卫长代替自己投湖，自己乘坐的战舰也被击碎，最终侥幸活了下来。反观陈友谅，却在最后关头，因为一支流矢丧命。战后，陈友谅的结拜兄弟张定边带着陈友谅的尸体和他的儿子陈理逃回武昌。

随后，朱元璋命部下围攻武昌，而武昌城内由张定边辅佐陈理防守。武昌久攻不下之际，朱元璋在至正二十四年（1364 年）二月亲自到武昌督战。南昌保卫战打了八十五天，如果陈友谅还活着，武昌保卫战未必不能坚持那么久。同月，陈友谅另一个结拜兄弟张必先从岳阳来援，常遇春率五千精兵，一举歼灭了这支援军，生擒了张必先。如果陈友谅没死，率兵的是他，结局又将如何？

朱元璋命人将俘虏以四人一组，把四人的头发系到一起，再用木桩把他们绑在鹦鹉洲头。时值寒冬，当夜寒风大作，被俘的伤者哀号了一整晚，城中的守兵闻之胆寒。

第二天，被俘者冻死过半。朱军将张必先捆绑着带到城下，城下张必先对城头的张定边喊道："我已战败，敌方势大，兄长你自己保重，如事无可为，速降为好。"张定边听后，浑身颤抖，一句话都说不出来。

两日后，武昌投降。

鄱阳湖之战中，朱元璋将首功评给了集团内巢湖水寇系的领头人廖永忠。此前，朱元璋将大量资源给亲信徐达打造精英船队，结果第一天就被击溃，只得依赖这些曾经的巢湖水寇们。廖永忠不负所望，担起责任，既能乘风纵火，又能深入敌阵搏杀，《明史·廖永忠传》中从对手的角度用“敌惊为神”四字高度评价了他的表现。回金陵后，朱元璋将“功超群将，智迈雄师”八字赐给了廖永忠，当年岳飞也不过被赵构赐予“精忠岳飞”四字。

自刘裕篡位后族诛司马家开始，中国就很少争天下者失败后能得善终的，可偏偏朱元璋就留下了陈友谅的儿子陈理的性命，与其屠戮功臣的个性十分不符。陈理长到二十岁后，竟口出怨言。陈理身边有朱元璋的耳目，朱元璋听说后，说道：“此童孺辈，言语小过，不足问。”随后，朱元璋将陈理送往高丽，让他远离是非之地，并命高丽王善待他，安排其“不做军，不做民，闲住他自过活”。陈理在高丽得了善终，或许在对待无法造成威胁的人的时候，朱元璋内心深处还是那个本性善良的小和尚吧。

陈友谅的许多部下都出自渔民世家。他们战败后，被朱元璋放逐到富春江、钱塘江等处，只许他们居住在舟船上，不许他们拥有些许土地和宅邸。他们再次成了渔夫，后代们也以打鱼为生，直到今天仍在这一带繁衍生息，成了“九姓渔户”。“九姓渔户”，也称“船上九姓人”“江山船户”等，是古代终生船居在富春江、新安江、兰江上，乃至江山港、常山港、衢江、桐江一带的特殊部众。其中，除陈、钱、林、李、袁、孙、叶、何、许这九姓家族外，还有江、唐、胡等其他姓氏的家族。

清人石韫玉曾写《钱塘棹歌》，记录了他们打鱼时的歌声：

朝游越浦暮吴关，儿女婚姻九姓间。

莫笑侬家无尺土，一生日日看溪山。

05
攻灭张士诚（上）

近年来，许多学者认为张士诚是《水浒传》中宋江的原型。历史上的张士诚确实很像宋江，是一个义薄云天的“好老板”。他信任下属，与手下的将领们共享利益，更难能可贵的是，他还擅长发展经济，让他治下的百姓安居乐业。与张士诚相比，朱元璋是典型的“坏老板”。他坑害恩人，诛杀功臣，用法严苛。因此，直到两方战争的形势明朗前，朱元璋的下属频频叛逃到张士诚一方，张士诚的属下则少有叛逃的。可为什么最终张士诚斗不过朱元璋呢？

一、决策成本是企业最大的成本

对于一家企业，最大的成本并不是人力成本和生产资料，而是决策成本。如果把张士诚集团看作一家企业，决定其成败的根本原因不是张士诚是否仁慈和讲义气，而是他的决策是否正确。张士诚曾经有两次击败朱元璋的机会，但都因为决策失误而未能成功。

第一次机会出现在陈友谅兵临金陵城下时，陈友谅提前派使者找到张士诚，请求与他结盟，双方从东、西两侧夹击朱元璋。可张士诚做出了一个最理性的选择：坐观成败，等着坐收渔翁之利。之后陈友谅被击败，朱元璋不仅没被削弱，反而因缴获了大量军械而增强了实力，张士诚最后什么好处都没有得到。

第二次机会出现在陈友谅率六十万大军围困南昌时，朱元璋聚集了二十万精锐前去救援南昌。陈友谅和朱元璋都投入了全部的兵力，在鄱阳湖上鏖战了一个多月。张士诚没有趁着金陵空虚去偷袭，仍然做出了他认为最理性的选择：趁着现在所有强敌都抽不出手，率军去江北拓地千里。

于是，张士诚连朱元璋在江北的家乡濠州都占领了，势力也达到惊人的“二千余里，带甲数十万”。在这之后，朱元璋彻底消灭了陈友谅，两次最好的机会，就这样被张士诚“理性”地错过了。为什么张士诚会如此理性？因为他是盐贩子出身，商人们太理性了，职业习惯让他们在做事情时总在权衡利益得失。错过这两个机会后，《明史》本传对于张士诚评价为：“似有器量，而实无远图。”

二、“好老板”张士诚和“坏老板”朱元璋

为什么攻打朱元璋在张士诚看来是一项亏本的买卖呢？原因很简单，因为他打不过朱元璋。张士诚多次围攻过朱元璋占领的常州、江阴、长兴等地，但始终攻打不下。几次军事失利的一个重要原因是张士诚和《水浒传》中的宋江一样义薄云天，对属下太好了。

张士诚还是盐贩子时，就“颇轻财好施，得群辈心”，很有人格魅力，让一班弟兄愿意豁出性命跟随他打天下。而占了苏杭这种富裕之地后，张士诚更是升起“义”字旗，与属下们大分金银。他开设了弘文馆，招揽四方豪杰数千人，来了就送车马、居室和钱财，《皇朝平吴录》中称他让这些人“身衣天下至美，口甘天下至味”。杭州的地主知识分子杨维桢曾给张士诚写了一封言真意切的劝诫信，信中写道：“张士诚你义薄云天，对属下太好了！你的属下丢了城池，回来后你不仅不罚，还送金银为他压惊。但建立国家不是建立帮派，这样是不行的。你大部分的属下都无法切身实地地为你考虑，现在你的将帅们耽于享乐，无心打仗。举国上下，是非不分，这样怎么能平定天下？”

反观朱元璋，属下犯错后，他杀人毫不留情。朱元璋曾让赵伯中、陈八等将领镇守安庆，但在安庆被陈友谅攻破后，这几人逃回了金陵，朱元璋用弓弦把他们全部勒死了。此后，朱元璋的下属们只得与城共存亡。婺州、衢州、处州等失陷后，耿再成、孙炎等大批将领被敌军所杀，其中固然有敌人的袭击太突然的原因，但笔者认为，朱元璋此前对弃城将领的处理让这些人心有余悸，不敢弃城逃跑。

然而，张士诚的手下们个个都喜欢自我吹嘘，而且吹嘘得越多，得到的待遇就越好，因此他手下的武人都自称是韩信、白起，文人自称是萧何、曹参。张士诚也对手下们绝对信任，自己做甩手掌柜，深居宫中，把政事委托给他们。而反观朱元璋，他防备属下比防贼还严。他收了沐英等二十多个义子，让

他们监视徐达、常遇春等将领，他甚至不允许众将领任用能帮他们出谋划策的儒生，还把将领的家眷圈于金陵城内当人质。

另一边，张士诚的属下们越来越过分，张士诚需要他们带兵打仗时，每个人都开始谈条件。他们有的要宅子，有的要官爵，不被满足就请病假，得到满足后，这些将领竟敢公然违反军法，携带妓女出征，其中就包括张士诚的亲弟弟张士信。

属下们还跟张士诚一样，处处斤斤计较，极力推托他们认为打不赢的仗。比如，张士诚的发家之地高邮被围时，张士诚派左丞徐义前去救援，徐义评估一番后认为，此仗是一场硬仗。于是，他率军出了苏州城后，竟然就不走了，在城郊扎营停留了三个月。时人评论，张士诚养兵就像地主养儿子，知施恩却不知施威。

三、别人搞军事，张士诚搞建设

张士诚的军队打不过朱元璋，还有一个重要原因是他大力发展经济，苏杭地区的老百姓日子过得很富足，大多不想打仗。

张士诚十分重视发展民生，当朱元璋忙着扩军，陈友谅忙着造船时，张士诚在忙着发展经济。对于张士诚来说，鼓励耕种、种桑养蚕、发展盐业这些都是最基本的政策，他还集结了十万民夫建设水利工程，疏通了九十里长、三十六丈宽的白茆（máo）塘河道。

顾炎武在《天下郡国利病书》大赞这个工程，称如果白茆塘河道没有疏通，太湖就要泛滥，常熟就会变成人间泽国；白茆塘疏通之后，太湖就安定了下来，常熟一带就变成了人间乐土。张士诚将白茆塘河道疏通后，大量的耕地得到利用，苏州处处焕发出生机。经过张士诚的治理，战乱之下的苏州百姓安居乐业，人口还超过了和平时期。

张士诚爱民的名声甚至传到了朱元璋的地盘上。朱元璋手下的酷吏陈宁在广德（治所在今安徽省宣城市广德市）当知府时，广德遇到了旱灾。陈宁奏请减免赋税，朱元璋不肯，陈宁竟然说，如果再收税粮，老百姓就要投奔张士诚了。朱元璋刚开始震怒，但思虑良久后，还是免去了广德当年的秋粮。

张士诚治下的工商业也发展得不错。尤其是盐业，连朱元璋的亲侄子朱文正都千里迢迢地从江西南昌到苏州买盐，惹得朱元璋勃然大怒。在商业上，张士诚治下商人的代表是沈万三，他在张士诚的支持下，与东南亚地区的国家积极开展贸易，将苏杭的丝绸卖到了海外。而且，在双方的战争中，主战场都在朱元璋的地盘，张士诚地盘上的经济基本不受影响。

在元末乱世，其他地方民不聊生，张士诚治下的老百姓日子却越过越红火。既然日子已经这么富裕，这些老百姓为什么要去穷地方打仗呢？就算打赢了，能抢到什么？可反观朱元璋麾下的将士，一听到要打张士诚，就知道能去苏杭发财了，个个馋得流口水。因此，双方的士气自然不可相比较。

消灭陈友谅两年后，朱元璋进攻苏杭地区，对张士诚展开了惨烈至极的灭国战，苏杭地区的老百姓将如何守护这片人间乐土呢？与此同时，察罕帖木儿的义子王保保成功掌握了义父手下的大部分军队，正在与朱元璋赶时间，加快兼并北方割据势力的速度。

06
攻灭张士诚（中）

关于朱元璋的精神状况，很多学者做了研究。南京中医药大学和南京大学的两名研究者在所写论文《试论朱元璋一生的两大心理障碍》中提出，朱元璋因少年时全家横死，遭受了重大心理创伤，很可能导致他患上了一定程度的神经官能综合征，他的后半生都被焦虑和恐惧围绕。

与朱元璋相比，张士诚的成长环境就幸福很多，他在家中有亲兄弟相互关照，在外面有众多江湖好汉帮衬，起兵抗元后更是一呼百应。朱元璋终于要对张士诚动手了，而在这场战争中，张士诚倾心相待的那些兄弟，有没有辜负张士诚呢？

一、蒙古人窝里斗，朱元璋摘桃子

为了更好地理解朱元璋所在时代的战略格局，我们可以以五代十国末期，宋太祖赵匡胤还没一统江山时的形势做类比。当时，南唐后祖李煜的地盘同朱元璋此时的地盘高度重合，钱家的吴越国同张士诚的核心区域也几乎一样。当北方处于后汉、后周乃至北宋交替的混乱之季，无力干涉南方诸雄的兼并时，南唐统一南方之势不可阻挡，相继灭掉闽国和南楚，又占据了今天的江西全省和安徽、江苏、福建、湖北和湖南的大部分地区。然而，当北方的纷争告一段落后，赵匡胤喊出“卧榻之侧，岂容他人鼾睡”时，南唐的命运就已经注定了。

同样，在朱元璋消灭陈友谅时，北方的元朝地方势力正分成两派，分别拥护元顺帝和他的太子，彼此混战，没有闲暇去理会南方各集团之间的兼并。而在朱元璋与陈友谅决战乃至他整合资源的这两年多里，张士诚尽显商人本色，一场硬仗都没有打，只靠收买和拉拢当地势力，就在长江以北拓地两千余里，手下聚集了数十万的士兵。尤其是在长江以北的安徽和苏北地区，各路豪杰早就听说了张士诚的名声，听闻张士诚发出招募令，立即加入了他的麾下。

见自己的名声如此之高，张士诚志得意满，思量自己虽然打不过朱元璋，但对待众将领如亲兄弟一般，在朱元璋入侵时大家定能同仇敌忾，守护好苏杭这个“人间天堂”。此时，张士诚的地盘以长江相隔，分为两部分。江北为新依附地，以高邮为核心，主要以新归顺地方豪强的军队为主力进行防守；江南以苏州为核心，以湖州和杭州为两翼，张士诚在此三地屯以重兵，彼此形成掎角之势，互相策应。

张士诚对外进攻的战绩不佳，这是因为天下最富裕的地方都被他占据，手下的将士们对其他贫穷地区不感兴趣。也正因为如此，在元末诸强中，张士诚以善守闻名，部下听到敌人侵入自己富裕的领地时，每个人都怒不可遏，生怕财源被切断。在湖州、杭州、绍兴、苏州等地，张士诚抵挡住了朱元璋、方国珍和杨完者的轮番进攻。尤其是在绍兴，张士诚麾下大将吕珍得到了地主们的支持，把战船和火器运用到守城战中，把朱元璋打得灰头土脸。

二、杀降

至正二十五年（1365 年）十月，在鄱阳湖之战结束两年后，朱元璋派徐达、常遇春、胡廷瑞和冯胜等将领率军北渡长江，攻打张士诚在江北的地盘。十月二十一日，徐达围攻江北枢纽之地泰州，江北告急。

不过，张士诚也有应对之策，他派水军携四百艘战舰攻击朱元璋占领的重镇江阴，想截断长江航道以威胁徐达的后路，诱使徐达从江北撤军。但江阴早就被朱元璋加强了防御，徐达仅派了少量兵力回防，就让张士诚的进攻无法奏效。

一个月后，泰州城陷。随后，徐达包围了张士诚在江北的防御枢纽高邮。高邮易守难攻，张士诚曾在此地力挫元朝的百万大军，高邮面对朱元璋的此次进攻，足足守了四个月。在此期间，高邮守将不仅顶住了徐达的一波波攻势，还以诈降戏耍了朱军将领冯胜。高邮守将派使者对冯胜说："我想献城给你，这样你的功劳就比徐达的还大。但城内我一个人说了不算，还需要你派兵接应，帮助我控制局势。"

收到消息后，冯胜非常高兴，没有报告徐达就私自答应了高邮守将。当夜，冯胜派麾下精锐入城，结果全部被杀。后来，朱元璋知道这件事后，大怒，召回冯胜，将他打了几十大棍，再让他狼狈不堪地步行返回高邮继续作战。

张士诚曾想直接救援高邮，奈何他的将领都太会讨价还价了，一看要去江北和朱元璋的主力对决，谁都不肯去。无奈之下，张士诚只得强迫左丞徐义出征。然而，徐义刚出苏州城就扎营不动，在太仓驻扎了三个月。于是，张士诚只能在长江以南发起了一些军事行动，他派兵攻击过宜兴、江阴等地，想减轻江北的军事压力，但都以失败告终。

坚守四个月后，高邮城被徐达攻破，六万士卒被俘。随后，朱元璋给徐达下旨，称俘虏人数太多，留下一两万精锐即可，剩下的全部除去。这样一来，至少四万人被杀。朱元璋还特意叮嘱，杀掉普通士兵即可，不能杀投降的头目。

为何朱元璋特意杀掉降兵而留下军官？笔者猜测，在张士诚的治下，老百姓日子过得更好，这些被俘虏的士兵中，有不少人是张士诚从江南抽调来高邮的普通百姓，如果他们活下来，必会想方设法地逃回江北，拿起武器保卫家园。而被俘的将领就不一样，他们在江北都有产业，如果朱元璋不剥夺他们的资产，这些人很容易转变阵营。

高邮失陷后，徐州、淮安、濠州、宿州等地的张军守将纷纷投降朱元璋，丝毫不顾忌张士诚曾经对他们多么仗义。而且，这些地方军队的战斗力不仅不差，反而剽悍异常，日后将在朱元璋的北伐中大放异彩。据《明史·陆聚传》记载，这些地方的部队“皆淮北劲卒，虽燕、赵精骑不及也”。

至此，张士诚趁着陈友谅和朱元璋在鄱阳湖中决战之际，在江北占领的大片土地、投入大量钱财笼络的众多将领，彻底丢了个干干净净。

三、攻灭张士诚的逻辑

虽然顺利地拿下了江北，但张士诚军队在高邮城的固守还是让朱元璋心有余悸。尤其在高邮城破后，朱元璋还杀了数万降兵，接下来朱军攻打江南时必会遭到张士诚军队的拼死抵抗。

因此，在朱元璋与诸将讨论是否应该进一步消灭张士诚时，大部分将领都表示反对。文官之首李善长说，张士诚的主力都在江南，而且他经营此地多年，百姓生活富裕，非常拥护他，现在还不是进攻他的好时机。

但是，对于朱元璋这样的封建统治者，都有“卧榻之侧，岂容他人鼾睡”的想法，他们习惯以己之心，度人之腹，当游戏规则变成以暴力和阴谋取胜时，任何媾和状态都不能再持续。因此，朱元璋不能容忍张士诚的存在，无论要付出多少牺牲和多大的代价。诸将之中，支持朱元璋的只有徐达。朱元璋对徐达高兴地说：“诸将都鼠目寸光，唯独你的意见最合我意。”

之后，朱元璋发布了《平周檄》，列举了张士诚的八大罪状，在舆论上为接下来讨伐张士诚造势。讽刺的是，这八大罪状中有七个都和张士诚对抗元有关，比如诈降元朝、不给元朝纳粮、抗拒元朝征伐、杀害元朝官员等。朱元璋已经完全被身边的那群儒生同化了，接受了他们的主张，以维护正统自居。

决定消灭张士诚后，朱元璋与诸将讨论具体的攻击方略。常遇春是个直性子，他建议直捣苏州，朱元璋否决了他的提议，提出先攻打湖州和杭州，剪除张士诚的羽翼，再攻打苏州。

朱元璋攻打张士诚的逻辑是：张士诚的核心班子都是盐枭出身，自古以来，贩私盐都是高风险的事，从业者都是亡命之徒。张士诚与手下们以义气相结，虽然他们去境外打仗没有积极性，但为了守住富裕的地盘，他们会团结起来一致对外。我们如果打苏州，湖州和杭州的守将必会拼死来救，到时候援兵四合，我们就会被包围。不如先攻湖州和杭州，围点打援，使张士诚军疲于奔命，等张士诚的羽翼被剪除后，我们再移兵苏州，必能取得胜利。

四、湖州决战

八月，徐达、常遇春率兵进攻湖州，在击败守方的出击后包围了湖州，做好了围点打援的准备。徐达军立足未稳之际，张士诚的弟弟张士信的水军就在湖州旁的太湖上，得知湖州被围后，张士信竟然不战而退。张士诚讲义气不讲军法，连亲弟弟都不在乎他们张家的江山。兵法中说，主将要让士兵怕自己超过怕敌人，这样军队才能上阵杀敌。真是至理名言啊！在作战中，义气的效果根本不能和恐惧相比。

湖州被围后，张士诚意识到关乎自己存亡的关键时刻到了。张士诚先派遣最早和他起事的李伯升（“十八条扁担”之一）潜入湖州主持守城，随后又派大将吕珍和自己的义子张虬（qiú）率六万士兵援救。这时，朱元璋在兵力上已占据了绝对优势，他之前对阵陈友谅时都能拿出二十万的军队，此时估计有四十万兵力。反观张士诚，如今的兵力大概只有二十万人，机动兵力还不到十万。吕珍这六万人到了湖州城东的旧馆后，见朱元璋势大，不敢再前行，连筑五座营寨自守。

徐达攻湖州的主要战略目的就是围点打援，见张士诚的救兵已经抵达，立即派兵攻占了联系湖州和旧馆的姑嫂桥，之后又修筑了十座营寨横亘在两地之间。此后，常遇春率水军绕过吕珍的营垒，切断了吕珍的退路，这六万援兵救援湖州不成反被包围。张士诚急了，但他无力再集中很多兵力，只能派出多支小部队来援，但最终都被消灭。

十月，吕珍在升山惨败，被迫出降。不久，大批降军被带到湖州城下，一批又一批被砍头，这让城中士卒胆寒。

十一月，李伯升打开湖州城门投降。日后，苏州人品尝到了朱元璋统治下的滋味后，恨极了李伯升，认为张氏之败就是因为李伯升投降，从此以“李司徒”代指叛徒（李伯升的官位正是司徒）。

在攻打湖州的同时，朱元璋令外甥李文忠率领浙江的军队围攻杭州，张士诚一方的守将潘元明竟然一仗未打就开城投降。这个潘元明早年跟张士诚一起贩盐，享受了多年的荣华富贵，最终竟然如此行事。

之后，潘元明、李伯升这类能力不出众且没有气节的武将，朱元璋都给了他们高官厚禄，而对于吕珍、刘福通以及陈友谅手下的张定边这种能力和气节兼备的对手，正史中关于他们的记载却戛然而止。

五、高兴的徐达

在攻克湖州后，十一月十八日，徐达率军包围了张士诚的大本营苏州。徐达本以为张士诚大势已去，苏州已经是孤城，攻克苏州应该毫不费力。没想到张士诚的仁政在此时发挥了作用，苏州众将士击退了徐达发起的一次次进攻，给朱军造成了很大的损失。张士诚军不仅防守得当，还时不时主动出击，并射死了徐达麾下的指挥副使茅成。不久，连朱元璋水军的二号人物、曾在鄱阳湖之战中威风八面的俞通海也中了箭伤，不治而死。俞通海在朱元璋集团中功勋卓著，他死后被追封为虢国公。

攻击屡屡受挫后，朱元璋不得已之下使用了台州儒生叶兑献上的“锁城大法”。《明史》中详细地介绍了该法：军队环绕着想攻下的城市，建筑一道长围，在长围后面让士兵建立营寨，屯田固守，断绝城内跟外界的一切联系。苏州城被围后，朱元璋就在张士诚的其他领地设置官员，让百姓正常务农种谷，还在这些地方征收税粮以维持开销，仿佛战争已经结束了。至此，苏州已经成了一座死城。

徐达这辈子都没打过这么富裕的仗，朱元璋给他拨了四十八个卫[1]，约

① 卫是朱元璋军队的军事单位，每卫有五千余人，包含五个千户。

二十五万人。徐达下令士兵在苏州四周挖建工事，用长壕将苏州彻底围了起来。徐达屯兵葑门，常遇春屯兵虎丘，郭兴屯兵娄门，华云龙屯兵胥门，汤和屯兵阊门，王弼屯兵盘门，张温屯兵西门，康茂才屯兵北门，耿炳文屯兵东北，仇成屯兵城西南，何文辉屯兵城西北。

上面列出的将领在明朝建立后，不是封王就是公，封侯的都算是级别低的，可见此时徐达麾下精英云集。朱元璋给徐达配备的攻城器械也十分精良，围城部队有四千多门火炮和七梢炮（一种大型人力抛石机），还有二十多座巨型襄阳炮，士兵们日夜不停地炮轰苏州城。徐达还命人搭起与佛塔那么高的楼台，既可俯瞰城中，又在上面设弓弩、火筒和巨炮，让城中守兵一刻不得安宁。如此猛烈的攻击下，连张士信都在守城时被击杀。但即便如此，张士诚也硬生生地守了十个月。

六、大明第一斗将

张士诚苦苦守城不放弃，只因他还希望北方的元廷会派军来救自己。虽然他与元廷多有矛盾，但他清楚，元廷不想看到南方有一个统一的政权。果然，北方的王保保在和其他势力缠斗之余，派左丞李二从山东南下救援。对此，朱元璋也早有准备，他之前已让傅友德防守徐州。

傅友德是笔者眼中的明初战斗力最强的武将。傅友德的前半生极为坎坷，他的抗元之路比朱元璋还早，刘福通在颍州起事那年，傅友德就追随芝麻李占领了徐州。当时，傅友德就以武艺在红巾军中闻名，《罪惟录》中称其“击刺骑射，冠绝一时”，而这时朱元璋还在庙里当和尚。徐州控制着京杭大运河，红巾军占领了徐州，截断了元朝的漕运，元朝丞相脱脱集结天下雄兵攻破徐州，并在之后屠城。傅友德侥幸逃出后，也许是厌倦了厮杀，他没有跟随一起逃出的赵均用等人前往濠州，而是脱离了队伍，到山东枣庄重新过上平常人的生活。

到枣庄后，傅友德一身武艺再无用武之地，他先做用人，后又入赘了当地的程家。他非常不开心，整日长吁短叹，连邻家的大婶都看出了他心不在此，就劝他去做自己想做的事情，别耽误了自己和程家姑娘。傅友德认清了自己一辈子就是“做贼”的命，又投奔了刘福通，成为李喜喜的部下。后来，刘福通组织三路大军北伐，傅友德随李喜喜从安徽一路杀进关中，并把陕西闹了个底朝天。之后，李喜喜被王保保的义父察罕帖木儿击败，退入四川。后来，李喜喜在四川又被明玉珍击败，傅友德就干脆投靠了明玉珍。

在明玉珍手下时，傅友德也不得志，毕竟他是一个外人。于是，傅友德又去武昌投奔了陈友谅。陈友谅围攻金陵被击败后，傅友德又同丁普郎一起投奔了朱元璋。至此，傅友德已经追随过芝麻李、刘福通、李喜喜、明玉珍、陈友谅、朱元璋六人，足迹横跨半个中国，已经四十多岁，仍旧一事无成。

最初，傅友德在朱元璋的手下也不受重视，毕竟一个“六姓家奴”，还是个老头子，谁会在乎这种人？他被派到常遇春的手下成为裨将，在军中毫不显眼。此时，傅友德的心性已经被磨平，也渐渐开始时来运转。他不甘心一辈子默默无闻，拼了命地在每次战斗中证明自己。在鄱阳湖之战中，他身受数伤，立下了赫赫战功，《明史》本传中说他“手杀数百人”。明朝有许多将领，但在一次战斗中能杀数百人的却少之又少，傅友德终究不愧于年轻时“击刺骑射，冠绝一时”的美誉，引起了朱元璋的重视。

在之后的武昌战役中，陈友谅之子集结重兵防守城边的高冠山，屡次打败了朱元璋的进攻。朱元璋扭头看向傅友德，傅友德心想终于看我了，从万人之中一马当先，率麾下将士杀上山顶。在冲锋中，傅友德的脸上中了一箭，被射穿了脸颊，他不以为意，一鼓作气，终于攻下此山。战后，他被朱元璋提拔为雄武卫指挥使，终于被朱元璋重用。

至正二十七年（1367 年），傅友德被调往徐州，防范元军南下。

07
攻灭张士诚（下）

朱元璋灭张士诚后，改平江路为苏州府，朱元璋深恨苏州人，具体表现就是在苏州横征暴敛。明朝初年，天下税粮总计两千九百多万石，从苏州一个府就要征收二百八十万石，而浙江一个省才征收二百七十五万石。

朱元璋为何会如此恨苏州人？谈迁在《国榷》中回答得很清楚："上（朱元璋）恶吴民殉守张士诚，故重其科。"苏州人感念张士诚的仁政，在苏州保卫战中为他竭尽全力，这惹恼了朱元璋。这场让朱元璋如此仇恨苏州人的守城战，究竟有多惨烈？

一、两个希望

至正二十六年（1366 年）十月，朱元璋派大将徐达围困苏州。朱元璋还派人去劝降张士诚，承诺只要张士诚放弃抵抗，朱元璋不仅能保全他的性命，还将厚待他的家族。但张士诚就是坚持不投降，支撑张士诚的是他心中的两个希望。

他把第一个希望寄托在了北方的元廷身上。虽然张士诚与元朝之间谈不上信任，但他知道元廷不希望看到一个统一南方的敌人出现，他们必定会来干涉。果然，此时北方最大的元廷势力王保保派遣左丞李二从山东南下，进攻朱元璋的地盘。很快，李二兵临徐州，碰上了朱军将领傅友德。

此时，傅友德的手中只有几千步兵，要面对的是兵力远超过自己并且身经百战的蒙古骑兵。于是，他只得守城不战。元军见此，认为这些南方的士兵还是他们祖先记忆中的懦弱模样，对他们十分不屑。李二听到守城的将领并不是名将时，更加不以为意，竟然解散队伍，允许士兵四处劫掠。傅友德等的就是这个时机，趁李二松懈，他率兵乘船绕到徐州城下李二留守的攻城部队身后，主动发起了进攻。傅友德又一次一马当先，斩杀敌军大将韩乙于马下，敌军大败。

傅友德猜想，敌军哪里咽得下这口气，肯定会回来报仇。他打开了徐州城门，让主力在野外埋伏起来。很快，敌军就杀回来了，他们见到大开的城门反而迟疑了，这时傅友德一声令下，提前埋伏好的士兵纷纷从草丛中跳出，与城内杀出的士兵前后夹击，大破元军，还生擒了敌军主帅李二。

此战在《明史》中的记载极为简略，但细细分析这场战斗，会发现在此战中取得胜利对傅友德的难度极高。要知道，步兵击败骑兵是极难之事。想象一下，假如你是步兵，对面成群的骑兵浩浩荡荡地向你冲来，你会不会害怕得逃跑？这种情况下，前排的士兵一定非死即伤，一旦前排的士兵逃跑，接下来就是大崩溃，军队不战自溃。

作为主将，傅友德要将一群农民出身的步兵训练到见到骑兵不怕，而且能保持阵型实现反杀的程度，这何其难也。傅友德带出了如此强悍的一支队伍，不仅是以步兵克骑兵，还是以寡击众，更难的是他以步兵为主力连续两次擒杀敌方主将。宝剑小试，锋芒耀眼，此战之后朱元璋更加认可傅友德，称他"勇略冠诸军，可独领一军，使独当一面"，将他升为江淮行省参知政事，把江淮地区的军政大权都交给了傅友德。

二、试图海外立国

没有了外援后，张士诚只剩下第二个希望——从苏州突围出海。

在张士诚的谋士施耐庵所写的《水浒传》中，混江龙李俊最后从苏州太仓港出海，成了暹罗国的国主。这并不只是小说家的想象，而是张士诚最后的计划。

张士诚集团对海外了解之深入超过了许多人的想象。张士诚同富豪沈万三的关系非常好，此时沈万三就在被包围的苏州城中，和张士诚风雨同舟。吴晗考证后在《元代的民间海外贸易》中说："苏州沈万三一家之所以发财，是由于做海外贸易。"沈万三对东南亚各地非常了解，而且凭借他的财力加上张士诚的兵力，只要张士诚能突围出海，天海空阔任翱翔，何处不可再立新国。

因此，在被围困后，张士诚就开始造大船，准备事急下海，前往琉球或日本。以张士诚的实力，何处不可占地为王？随后，张士诚集聚退守城中的主力，一次次发起了突围。

三、名将常遇春

司马迁在《史记・李将军列传》中总结过两种不同风格的将领，分别是飞将军李广和名将程不识。

两人都曾出塞攻打匈奴。李广在塞外行军时不追求严整的阵型，休息时也不要求军队一定要驻扎在险要之处，到了晚上也不安排打更。但李广在营寨周围派许多斥候去侦察敌情，又以恩义对待士卒，因此人人拼命为他效力，这支军队在出塞时不曾遇到危险。而程不识则是另一种风格，他对队伍的编制、行军队列、扎营的位置等方面都严格要求，即使士兵叫苦连天，他也会严格地执行条例，因此他的军队在塞外也不曾遇到危险。

而在元末这两种风格的将领中，徐达对应的就是程不识，常遇春则是李广。而且，常遇春在打仗时比飞将军李广更能"飞"，他每次必会带头冲锋，他的手下怕他战死连累自己受罚，只得拼命跟上。常遇春这么勇猛，连朱元璋都看不下去了，告诫他："你都是一军之帅了，还以为自己是先锋。冲锋陷阵是你该做的事吗？"常遇春听后，表面上称是，实际上是外甥打灯笼——照旧（照舅）。在攻打张士诚占领湖州时，常遇春身先士卒，被射了一箭差点死掉，所以此时他攻打苏州是带伤出征。

苏州城中，张士诚想突围出海，开辟新世界，决定亲自带兵突围。他先派人窥测徐达的防区，见军阵严整，不敢以徐达这里为突破口。张士诚回头一瞧，常遇春这边防备松懈，听说常遇春还被箭射伤了，命垂一线，就选择从常遇春的防区突破。

两边刚一交锋，张士诚就知道选错了。常遇春麾下的士兵看着实力不佳，没想到这么能打，张士诚集聚了一城精锐，都冲不破常遇春的防区。战线僵持之际，常遇春因重伤未愈不能带队冲锋，就找到绰号“双刀王”的部将王弼，拍着他手臂说：“军中士卒都说你是健将，你能为我击败张士诚吗？”王弼听后，立即一骑当先，挥双刀奋击。常遇春麾下的士兵看到有如此猛将，士气大振，击退了张士诚的攻势。常遇春趁机掩杀，张士诚军大败，连张士诚都差点溺死。

随后，张士诚又多次尝试突围，但都未成功，他的海外立国之策终究无法实现了。

四、城破

苏州保卫战足足进行了十个月，在此期间，苏州人感念张士诚的仁义，尽心尽力地帮助张士诚守城，未曾叛变。但最后一刻还是来了，九月，徐达攻破葑门，常遇春攻破阊门新寨。

即使到最后时刻，张士诚还能重整两万残兵，在苏州城内展开战斗，可见他深得军心。最终，张士诚的反抗也被击败。见事已至此，张士诚的家眷登上齐云楼，纵火焚烧了这座百年名楼。

张士诚回到宫中处理身后诸事，没来得及自尽就被擒获。在前往金陵的路上，无论是面对徐达还是李善长，张士诚都闭目不言。来到朱元璋面前时，张士诚睁开了眼，盯着朱元璋，终于说了一句话：“天日照尔不照我。”也就是说，张士诚到死都认为自己没有失误，认为只是运气不好才输给了朱元璋。听完后，朱元璋大怒，用弓弦勒死了他（也有说法称张士诚是自缢而死）。

苏州城破后，明朝的官方史料《太祖实录》中记载着朱军号令严肃，对百姓秋毫无犯，但苏州本地人的记载中出现了不一样的声音。明朝苏州人黄暐（wěi）在《蓬窗类记》中记载道：“城破日，开平常忠武王（常遇春）入齐门，所过屠戮殆尽。中山徐武宁王（徐达）入阊门，不杀一人。至卧佛寺前，两王相遇，武宁始戒忠武勿杀。”清初文人张符骧也在《依归草》卷一《吴王张士诚传》中曾记载：“至今三百余年，城南隅一带烟火稀少，长老为予言，此常平章（常遇春）血刃处也。”

五、逆淘汰

张士诚在被擒获前，处理的后事之一是将他征收赋税的鱼鳞图册（籍）全部烧毁。

他为何要这样做？原来，元朝每年在苏州征粮三十六万石，张士诚占据苏州后，为了对外作战，将征粮的总量提高到一百万石。他大约是对苏州百姓心存歉意，认为征粮一百万石太多了，想烧毁这些资料，让朱元璋不了解情况，对苏州百姓恢复元朝的赋税。

然而，张士诚太小看朱元璋了。不久，朱元璋调来富豪沈万三家的田租簿，以上面的土地定额为依据，开始征收赋粮，而且为了惩戒苏州百姓帮助张士诚，还对苏州加倍征收赋税。于是，明朝每年在苏州征收二百八十多万石赋粮，这意味着平均每个苏州百姓每年要给皇帝缴纳一百多斤粮食，而且世世代代都要如此。

资深传媒人程万军曾写过一本书，书名为《逆淘汰》，提到在中国封建历史中，逆淘汰才是常态，没有底线的君王淘汰掉了有底线的君王，不考虑老百姓生死、竭泽而渔的君王淘汰掉了爱惜民力的君王。于是，有底线的张士诚就被描述为“似有器量，而实无远图”，他爱惜民力、兴修水利的举措就被讽刺为“知施恩而不知施威”，他也成了百姓眼中的笑话。但即使张士诚的对手意图抹黑他的施政，也找不到污点，所以，明朝的皇帝不得不在史料中称张士诚“俭于自奉”。

对于苏州百姓来说，他们尝过明朝皇帝统治的滋味后，就将关于张士诚的记忆融入整个城市中。朱元璋在京城微服私访后曾非常气愤地对手下说：“张士诚小窃江东，吴民至今呼为张王。我为天子，此邦（金陵）呼为老头儿。”（明徐祯卿《剪胜野闻》）

即使到三百多年后的今天，苏州人仍将闲聊称为“讲张”，颇有“白头宫女在，闲坐说玄宗”的意味。如今在苏州，张士诚的雕像矗立在街头，甚至还有一条路以他命名，提醒着每个人，他曾经统治过这座城市。每年的农历七月三十晚，苏州古城的大街小巷都有人焚香膜拜，他们把星星点点的香烛插在地上，称为“烧久思香”，而“久思”正是穷人家的孩子张九四名字的谐音。

有些人为朱元璋辩解，称苏州被征收高赋税并非出自对该地的报复，并给出了沿袭旧例、官田比例高等理由，但南开大学历史研究所教授郑克晟在论文《明代重赋出于政治原因说》中，全面驳斥了上述理由。

郑克晟提出，苏州并不是高赋税的特例，朱元璋对老对手陈友谅、李思齐、王保保等的核心占领地都征收重赋，其中包括宁州（今甘肃省庆阳市宁县）、怀庆府（今河南省沁阳市）、袁州府（今江西省宜春市）、瑞州府（今江西省高安市）和洞庭湖周边的一些县。这些地方都是到了明朝才承担重赋，不存在因袭旧例的原因，当地的文献也都记载着抵抗朱元璋是引起重赋的原因。而且，除了苏州，上述地区都不富裕，这就是赤裸裸的报复。

朱元璋收了这么多赋税，当然有力量去做更多事情。朱元璋一直以同样是布衣皇帝且故乡邻近的刘邦为榜样。当年，刘邦在天下未定时，认为自己实现了“大丈夫当如是”的人生理想，就给自己盖了一座豪华的大宫殿——未央宫。刘邦的想法是：不壮丽显示不出自己的气派，而且一步到位将宫殿建得豪华奢侈，他的子孙后代就不用再接着建了。

在这件事上，朱元璋也想学刘邦，不仅如此，朱家宫殿的选址还借鉴了刘邦的竞争对手项羽的名言：“富贵不归故乡，如衣绣夜行，谁知之者！”所以，朱元璋要把宫殿建在自己的故乡凤阳。在消灭张士诚两年后，朱元璋就开始在凤阳建新城。

与凤阳宫殿的奢华比起来，后来的金陵宫殿曾被朱元璋评价为“但求安固，不事华丽”。朱元璋调集了近九万名工匠、几十万名军士和民夫，花了六年，仿效北宋东京和元大都，在凤阳建了一座周长五十里的明中都。但在宫殿即将建成时，朱元璋又因为政治原因将其废弃。其中浪费的资源，包含着多少苏州人的血泪！

第五章

建立明朝

01
破解南方政权北伐必败之局

在中国古代，许多南方政权都曾进行北伐，如桓温、刘裕等人曾取得阶段性的胜利，但最终北伐成功，统一天下的，只有朱元璋一人。为什么朱元璋能在北方广袤的平原上以步兵打败骑兵，这中间的历史逻辑是什么？

一、察罕帖木儿之死

至正二十七年（1360 年）九月，朱元璋攻破苏州，消灭了张士诚势力。他没有给军队多少休整的时间，仅一个月后就发布《谕中原檄》，派徐达领军北伐。当时已是十月，即将入冬，众所周知，北方的严寒将大幅度地削减军队的战斗力，还会影响后勤运输，之前的南方军队通常会避免在这个时间北伐。朱元璋选择此时出兵，只因他面临着千载难逢的机遇：即将统一北方的元将察罕帖木儿被刺死，他的继承人王保保不能服众，北方现在正陷于群雄混战的局面，如今正是北方战斗力最弱的时候。

我们可以用晚清的政局来做类比。明教的刘福通和太平天国的洪秀全一样，都以宗教的名义起兵，势力迅速如烈火般蔓延开来。面对挑战，元朝军事世家的表现就和清朝的八旗子弟的表现一样，在战场上不堪一击，虚弱的本质暴露无遗。不过，明教和太平天国为了保证在恶劣的环境下生存，都提倡“教中所获资财，悉以均分”“有患相救，有难相死，不持一钱可周行天下”，但他们的教义都与儒家传统相悖，所以就引发了地主中的文人的敌视。

在晚清，志在维护儒家教义的曾国藩、左宗棠、李鸿章等人站了出来，替八旗权贵挑起了清朝的大梁，组建了湘军、淮军等地主武装；而在元朝，同样有一批深受儒家教义影响的地主们，他们也组织起团练，接替了被打垮的官军，其中的翘楚就是察罕帖木儿。

察罕帖木儿虽然是蒙古人，但其家族已经在河南定居了几代，汉化程度颇深，到他这一代，他已经能熟读四书五经，还考中了举人。明教在颍州起事的同年，察罕帖木儿就集聚了同样出身地主阶层的同窗和朋友，带领各自的佃户们成立了军队。在之后十几年与明教的厮杀中，察罕帖木儿幸运地生存了下来，势力逐渐壮大，并最终击败了刘福通。

在北方地区，抗元队伍已经被察罕帖木儿肃清，之前明教占领的城池被收入了他的势力范围。按照历史惯例，下一步他将带着经过战火淬炼的大军南下，征伐朱元璋、张士诚、陈友谅等人。再之后，察罕帖木儿很可能会被拥护者簇拥着先加九锡之礼，再在某次出征途中，在他自称毫不知情的情况下被披上黄袍。但诡异的是，在这个关键的历史时刻，察罕帖木儿竟然只带上几个随从就去接受了最后一支山东明教军队的投降，然后被刺死。不过，察罕帖木儿的死符合所有人的利益：元朝的皇帝不用担忧有人来“清君侧”；朱元璋、陈友谅不用再担惊受怕，可以放开手脚彼此兼并；甚至察罕帖木儿手下的大多数将领也很开心，他们纷纷自立山头，割据一方。

察罕帖木儿在死前指定的继承人是他的养子王保保，但请读者设想一下，如果曾国藩遭遇刺杀，那么左宗棠、李鸿章是否会承认曾国藩的弟弟曾国荃为新的领袖？即便是曾国藩的直接下属如罗泽南、李续宾等人，也可能不会真心服从以贪财著称的曾国荃。王保保面临的处境也一样，此前整个北方都是他的义父说了算，但在他继承义父的位置后，整个势力转眼间分崩离析。元顺帝趁机拉拢王保保的属下，并挑唆他们进攻王保保。很快，北方又乱成了一锅粥，彼此开始新一轮的兼并，王保保只得退守山西。

北方的纷乱对于朱元璋来说是千载难逢的机会，他不让刚刚打完苏州之战的部队完成休整，匆忙集结了二十万人，在秋风萧瑟中令徐达率兵北伐。

二、庙算

如果单从兵力上来看，此时的元军远远谈不上衰弱。《明太祖实录》中称，王保保“拥骑兵十万，步卒倍之”，总兵力达到三十万。李思齐、张良弼等其他北方割据势力的军队规模也相当大。他们的战斗力不容小觑，不仅历经多年战争的洗礼，还拥有骑兵的优势，日后他们的骑兵将在漠北杀伤十万人以上的明朝军队。

此外，北方地区的百姓对朱元璋的军队也有着明显的敌意。之前，红巾军北伐时曾在北方地区造成了极大的混乱，他们军纪松散、名声不佳，许多人提起红巾军都又怕又恨。比如，时人陶宗仪所著的《南村辍耕录》里记载：“天下兵甲方殷，而淮右之军嗜食人。”此书称红巾军竟然喜好吃人。众所周知，朱元璋集团出自红巾军，最初只是明教龙凤政权在金陵的一个分支。指望北方的地主们对朱元璋表现出“箪食壶浆以迎王师”的热情，显然是不切实际的。以此来看，天时、地利、人和三者中，朱元璋此次北伐只占据了天时。

面对当时复杂的局势，朱元璋向部下们征集北伐的具体方略。其中，常遇春提出了直捣敌巢的战术，即利用北方四分五裂的现状，以破竹之势直捣元朝的都城。常遇春的战略在军事上无疑是正确的，一旦元朝的中央政权被摧毁，其他地方势力就会陷入群龙无首的境地，有利于朱元璋的军队各个击破。而在政治上，北方的地主阶级也会认识到形势的变化，意识到朱元璋集团的崛起是不可阻挡的，只得改变态度。

不过，朱元璋行事一向追求稳健，不喜欢冒险。他认为，如果采用常遇春的提议，一旦孤军深入后不能尽快攻下元大都，就会被从四面八方赶来的元朝援军包围，加上当地的地主豪强们又站在元朝那一方，到时形势将变得极为被动，因此朱元璋否决了常遇春的提议。《明太祖实录》中如是记载：

若如卿言，悬师深入，不能即破，顿于坚城之下，馈饷不继，援兵四集，进不得战，退无所据，非我利也。

从事后来看，对于此次北伐，朱元璋一开始或许没有期望自己能攻陷元大都，他就像现在的企业家经营企业一样，设置了分期目标，采用见步行步的方法。朱元璋的终极目标是一统江山，但设置的初级目标只是哪里的守军弱就去占领哪里，这个目标与后来清朝刚入关时多尔衮提出的“得地一寸则一寸，得地一尺则一尺”有些相似。这也解释了为何一向谨慎的朱元璋，在派兵北伐的同时竟然分兵南下，攻取了福建、广东和广西三地。

三、北伐前的政治攻势

和以往对付张士诚、陈友谅时一样，朱元璋在北伐前先展开了政治攻势。他让以宋濂为首的的文人班子写了一篇檄文——《谕中原檄》。这篇檄文气势磅礴，与陈琳的《讨曹操檄》、骆宾王的《为徐敬业讨武曌檄》、曾国藩的《讨粤匪檄》并列为四大檄文，被历史学家和政治学家萧公权先生认为是“为二千年中创见之民族革命宣言，而亦中国最先表现之民族国家观念”（《中国政治思想史》）。笔者用十二个字来概括这篇檄文，即“倡主义、提目标、讲政策、给出路”。

首先是“倡主义”。这篇檄文明确提出“驱除胡虏，恢复中华”，掀起民族主义的大旗。这八个字影响深远，后来还被孙中山先生在反清斗争中使用。尤其是檄文还总结出“胡虏无百年之运”，暗示已经九十多年的元朝即将灭亡。

其次，这篇檄文提出了目标。檄文中，朱元璋提出北伐的目标是“立纲陈纪，救济斯民”，也就是“拯生民于涂炭，复汉官之威仪”。

这篇檄文还明确了朱元璋集团将实行尊崇儒教的政策，提出“礼义者，御世之大防”，意味着儒家的“父子、君臣、夫妇、长幼之伦”和“朝廷者，天下之根本”将成为纲纪。儒家思想是几千年来地主们维持地位的根本，此文一出，朱元璋明确地向北方的地主豪强们表示自己并不会采取明教的那些“均贫富”的政策，将保证封建地主们的利益。

为了最大限度地减少抵抗北伐的力量，对于元朝的坚定支持者蒙古人和色目人，檄文明确地给出了他们的“出路”。檄文指出：“如蒙古、色目，虽非华夏族类，然同生天地之间，有能知礼义，愿为臣民者，与中夏之人抚养无异。”这句话表明，朱元璋并不排斥汉人以外的族群，只要他们愿意接受儒家的教化，并成为臣民，他将一视同仁地对待他们。

最值得注意的是，檄文中还突兀地提到了明教教主韩林儿，称他为“妖人”，明明白白地告诉北方人“妖人已灭”。吴晗认为朱元璋的用意是跟明教撇清关系，告诉北方民众我在骂“妖人”，可见我自己决不是“妖人”，从而抹掉了过去十七年来他是红巾军头目这一事实。

这篇檄文一出，在政治上达成了非凡的效果。北方的地主们看到檄文后，明白朱元璋集团不是要来“均贫富”的明教，提起来的心放了下来；城市里的百姓和乡野中的农民们也明白了，朱元璋集团不是此前烧杀抢掠一番就走的流寇，而是想恢复秩序并建立统治的军队；官吏们也不害怕了，因为朱元璋告诉他们只要投降就可保全性命；甚至蒙古人、色目人也都有了“出路”，没必要像往日面对红巾军时那般拼死抵抗。

四、迷踪步

朱元璋集团的政治方针确定后，随之而来的是制订具体的军事计划。《明太祖实录》等官方史料都宣称，朱元璋制定了详细的策略，这些策略与后续战争形势的演进高度吻合。读了这些史料后，普通读者又一次仰视朱元璋，认为他是当之无愧的军事天才。

然而，这些“神化”朱元璋的叙事遭到了当代学者的质疑。北京大学历史系教授李新峰提出，朱元璋北伐时的局面扑朔迷离，各种突发事件绝非能及时得知并预先制定策略，因此，官方史料中关于朱元璋料事如神的叙事令人难以置信。李新峰还认为，北伐的具体进程应该从形势的即时演变与临战决策的角度去理解和评判。

一言以蔽之，朱元璋的北伐是在“见步行步”，所实施的策略是其集团结合战争形势的发展而不断变化的，绝非一开始就由朱元璋提前制定好的。至正二十七年十月二十一日，朱元璋集中了二十五万人，由徐达领兵，常遇春为副将，开始了北伐。因为是“见步行步”，而非以直接捣毁元大都为目标，所以朱元璋军队的北伐就像走起了“迷踪步”，让元廷摸不着头脑。

首先，朱军利用水军优势，由长江而入淮河，再从京杭大运河溯游而上。此时，元朝的强兵大多部署在山西、陕西、河南，按常理，朱军应该直接顺着大运河兵临元大都。然而，朱军开始走起“迷踪步”，徐达到了下邳（今属江苏省徐州市睢宁县），后弃船登陆，不再北上，却率主力向东穿越了沂蒙山，打算进攻山东地区。

山东曾是红巾军根基最深的地区，刘福通曾据守此地三年，此时虽然被元朝统治，但元朝的统治根基并不扎实。朱军在山东几乎没有遇到多大的抵抗，少数地方如东昌（今属山东省聊城市东昌府区）闭门自守，结果遇上了凶狠暴戾的常遇春。时人记载的《纪事录》称，仅数日，东昌就被攻破，之后被屠城。其他地方见此，纷纷开城投降，仅仅三个月，朱元璋集团就基本占领了山东，俘获了三万多名士卒、一万余匹马。从俘获的情况来看，元廷完全没有料到号称要北伐的朱元璋却来进攻山东，所以就没有在此驻扎重兵。

接下来就到了“迷踪步”的第二步。朱军占据山东后，离元大都只有咫尺之隔，可徐达进军到济南后突然调头南下，继续往南，渡过黄河，最后去攻打河南了。河南、山西都是王保保的地盘，此时王保保正带着主力在山西和李思齐等人对峙，其弟脱因帖木儿、察罕帖木儿的父亲阿鲁温和旧将李克彝等人留守河南。留守诸将见朱军占了山东，以为他们下一步将攻打元大都，正美滋滋地准备看朝廷军和朱军拼个你死我活，没想到朱军突然折返回来，顿时大惊失色。

朱军在三月十六日从济宁（今山东省济宁市）南下，仅仅过了十三天，就打到北宋旧都汴梁城下的陈桥（陈桥兵变所在地，宋太祖赵匡胤在此地黄袍加身）。开封守将李克彝、左君弼仓皇失措，相互推诿，谁也不敢出战。最后，李克彝西逃，左君弼投降，汴梁这座如此有象征意义的城市，竟然一仗未打就被朱元璋占领了。

又过了七天，在洛阳牡丹开放的时节，徐达突破虎牢关，屯兵洛阳城旁的塔儿湾。守将脱因帖木儿有五万精锐，他仍旧坚信蒙古骑兵是普天之下最具战斗力的军队，于是他率军离开城池攻击徐达。然而，他对面的军队是曾在与张士诚、陈友谅的战火中久经淬炼，被称为淮上劲卒的军队。此战中，常遇春又一次将朱元璋的叮嘱抛到脑后，以副帅之尊单骑突阵。元军二十余骑挟着长枪迎了上来，常遇春一箭射中了元军的前锋，让其余敌将惊呆了。常遇春的勇猛超出了元军所有士兵的想象，也超出朱军部将们的想象，常遇春的部下们缓过神后，想到如果常遇春阵亡，他们都会被治罪，只得硬着头皮跟随常遇春向前冲杀。

常遇春在前面左突右冲，部下们生怕他有闪失，步步紧跟。元军哪里见过这么强悍的对手，顿时溃败。脱因帖木儿连洛阳城都不敢再入，匆忙逃往陕西。留守的阿鲁温再无战意，献洛阳城而降。之后，朱元璋集团乘胜接连攻下嵩州（治所位于今河南省洛阳市嵩县）、陈州（治所位于今河南省商丘市睢阳区）、汝州（治所位于今河南省平顶山市汝州市）等地，邓愈也率军从湖北赶来与徐达会合。四月二十六日，朱元璋集团进占潼关（位于陕西省渭南市潼关县北），军阀李思齐等人逃入关内。

至此，河南被朱元璋占领，战斗用时不足两个月。

五、元嘉草草

前期，朱元璋的北伐进行得异常顺利，但从历史上历次南方政权发动的北伐来看，此时，朱元璋的北伐才真正进行到最危险的阶段，这也是决定他能否一统天下的最关键的时刻。

南方政权的历次北伐（包括朱元璋的这次北伐）大多采取从淮河流域发起进攻，与北方政权在河南决战，最终收复中原的策略。因为南方政权大多比北方富裕，拥有更丰富的资源和做了更充分的战争准备，使得在战争初期，南方军队看似容易取得优势。

然而，当战事推进至河南地区时，情况则有所不同。河南地势开阔平坦，无险可守，为北方的骑兵提供了广阔的作战空间，让他们能够充分发挥快速机动和冲锋陷阵的战术优势，此时南方军队才开始面临真正的威胁。即使南方军队能短暂地占领河南，很快也会在北方军队的反攻中易手。

比如，宋文帝刘义隆先后于元嘉七年（430 年）和元嘉二十七年（450 年）两次大举北伐，每次都能迅速占领河南，兵临黄河。当时的战争态势与如今朱元璋面临的局势颇为相似，刘义隆的对手北魏就如同朱元璋面对的王保保一样，以山西为根基，左拥河北，右据关中，虎视中原。

刘义隆需要防守上千公里的河南、山东防线，只得沿着黄河列戍置守，分散了大量的兵力。更不利的是，黄河虽险，却并非不可渡涉，尤其到了寒冬，黄河水结冰后可以无船而渡。北魏第一谋臣崔浩因此断言：“设使国家与之河南，彼亦不能守也。”

局势发展如崔浩所料，即使刘义隆的两次北伐都占据了河南，但到第二年北魏的铁骑南下时，刘义隆的防线便会崩溃。尤其是第二次北伐时，北魏反攻后大举南进，兵临瓜步山（今江苏省南京市六合区的瓜埠山），饮马长江。得知拓跋焘率领的大军已经直抵长江北岸，刘义隆连忙登上石头城，向北眺望，他面露忧色，说道："假如檀道济之前没被自己降旨杀掉，事情何至于会到这个地步！"于是，就有了名句"元嘉草草，封狼居胥，赢得仓皇北顾"和"自毁长城"的典故。

六、推演

当河南被朱元璋占据后，元廷各方势力终于停止了内斗，元顺帝也停止挑唆各方势力攻击王保保，恢复了王保保河南王、太傅的官爵。于是，名义上遵从元廷的北方势力联合起来，率领几十万铁骑对朱元璋的北伐军虎视眈眈。朱元璋将如何应对元朝接下来发起的反击？笔者将参考之前的历史，对朱元璋可能采取的行动和将面临的结局进行推演。

第一种情况是朱元璋像刘义隆一样只沿黄河防守。这样元军必会在黄河结冰后率骑兵肆虐河南，即使朱元璋能守住元军第一年的进攻，但之后每一年元军都会进攻，朱元璋不一定每次都守得住。第二种情况是朱元璋继续北伐，从汴梁出发进攻元大都。但元大都被元朝经营百年，城防坚固，北伐军有很大概率会在城下陷入持久战。若此时王保保在山西的兵马翻越太行山，截断北伐军的后路，他们将再也无法回到南方。第三种情况是朱元璋从潼关攻入关内，夺取汉唐旧都长安。这种情况也有先例，东晋时桓温的北伐走的就是这条路线。

之前，这三种情况的结局都是失败的，所以历次南方政权北伐都是功败垂成。面对如此局面，朱元璋该如何出招？

02
北伐成功，问鼎天下

朱元璋发动的北伐是中国古代历史上唯一一次彻底成功的北伐。从事后来看，他似乎赢得轻而易举，但从当时的视角来看，元廷仍有强大的实力。朱军一着不慎，就会陷入万劫不复的境地。

然而，正如北京大学历史系教授李新峰所指出的，朱元璋集团巧妙地利用了元廷的内部矛盾，制定了极具针对性的策略，直接促成了北伐奇迹般的成功。李新峰教授在一篇学术论文中这样表述："不是元军太无能，而是明军太狡猾。"

一、最危险的时刻到来

至正二十七年（1367年）十月二十一日，朱元璋集中了二十五万人，由徐达领兵开始北伐。仅用四个月，朱军就攻占了汴梁。然而，此时也到了北伐最危险的时刻。

中国历史上的北伐，多次都曾推进到黄河一线。比如，宋文帝刘义隆的两次北伐，每次都能迅速占领河南，兵临黄河。然而，北方游牧民族有机动优势，在第二年秋高马肥时必然南下。对此，大臣刘兴祖建议北伐不能止步于黄河一线，更不应当去关中与北方政权进行无谓的纠缠。他提议，既然要北伐，就应该一鼓作气将大军推进到河北，控制太行山的诸个要隘，将北魏势力遏制在山西以内，如此才能成功。

这个策略也是北魏最忌惮的。北魏的首席谋主崔浩曾指出，宋军若在到达黄河之后继续进攻河北，北魏将面临极大的危险，情况紧迫到皇帝必须领军抵抗。不过，这个策略只有拥有雄才大略的君主才能做到，而自从宋武帝刘裕死后，南方再无皇帝有如此魄力。

但是，时隔九百年的朱元璋就具有此番魄力。五月，朱元璋驾临汴梁，与北伐诸将商讨下一步的战略，之后迅速返回金陵。七月，北伐进入了关键的第二阶段。朱军打破了北伐需要攻取关中的传统思维，避免了在西北与元军消耗实力。

在徐达的率领下，朱元璋集团的主力自陈桥渡过黄河。随后，徐达率军沿太行山麓稳步向北推进。这样的行军路线向外界清晰地表露了朱军的战略意图，即先封锁古称“太行八陉”的八条小路，堵住王保保穿越太行山进军河北的路线，之后再进攻元大都。

然而，当徐达行至磁州（今属河北邯郸市磁县）时，徐达突然改变了行军路线，向东急转，进至临清，与驻守山东的军队会合后登船，沿运河快速北上。七天后，徐达抵达毗邻元大都的通州城下（今属北京市通州区）。至此，徐达凭借出人意料的行军，避开了山西侧翼王保保的威胁和元廷之前的布防，用刀尖抵住了元廷的心脏。

不过，尽管徐达用最快的速度行军至元大都，但太行山的隘口还在元军的手中，这意味着王保保会很快杀到。同时，东北地区的元朝辽阳行省平章正事纳哈出麾下二十万大军也在枕戈待旦。只要元顺帝守住元大都十天，救兵就将在元大都城下云集，蒙古铁骑与徐达从淮河流域带来的精兵将展开一场规模空前的会战。

徐达提前预计到这场决定天下归属的会战将会异常艰难，也不指望能在十天内攻破元大都，所以并不急于攻城，而是先花了三天修筑防御工事，防守接下来王保保和纳哈出的进攻。三天后，徐达抬头看向城内，元大都内部没有半点动静。徐达不禁感慨，不愧曾经叱咤风云的蒙古军队，敌军攻到城下都能保持安静，真是达到了令行禁止的境界。徐达对元大都发起试探性的进攻，然后就攻破了……后来徐达才知道，当朱军抵达城下时，元顺帝就带着后宫佳丽和大臣们一道跑了。

朱元璋集团北伐的“迷踪步”太成功了，在战略上彻底欺骗了元朝朝廷和北方割据势力。元朝朝廷直接掌握的兵力本就不多，徐达的行军又出人意料，绕过了他们所有的布防。当元顺帝在发现北伐军已经兵临城下时，一个早在后宫中磨灭了所有志气的君主很难有背水一战、与城共存亡的勇气，只能匆忙地逃回了草原。

不过，让元顺帝逃走成了徐达后半生的心结。如果他当时不过于谨慎，在抵达元大都时就一鼓作气直接攻城，很可能就会擒获元顺帝。而没有了元顺帝这个“金字招牌”，逃回草原的元朝残余势力就会陷入分崩离析、相互残杀的境地，之后就无需朱元璋耗尽全国的民脂民膏，一次次征讨元朝的残余势力了，也将不会有那么多健儿枉死塞外了。

二、北伐胜利

当王保保还在努力弄清楚朱军主力的位置时，突然传来元大都被攻破、元顺帝逃亡的消息。后来，王保保愤怒地斥责元顺帝：“你多少也坚守几天吧！就这样轻易让朱元璋改朝换代了吗？难道你想留下蜀汉刘禅在成都不战而降那样的名声吗？”

王保保实在不甘心。他集结主力从太原出发，北上经过大同，直奔已被改名为“北平”的大都，希望能够重新夺回旧都。在王保保出征北平时，恰好徐达也在进攻王保保的大本营太原的路上，但徐达走的是经过保定，从井陉穿越太行山进山西的这条路，和王保保的行军路线是一南一北岔开的。

当徐达获悉王保保正向北平进发时，并未因此改变军事行动，反而采取了战略性的“换家”战术，即对北平不管不顾，直扑王保保在山西的老巢。就算徐达丢掉北平也没有多少损失，但王保保敢丢掉苦心经营多年的太原吗？《明史》冠冕堂皇地将徐达此举称为料事如神，认为他提前在北平留下了充足的兵力防守，而王保保的太原必定空虚。事实上，此时的北平仅有六卫约三万人防守，而且以新兵为主，根本抵挡不住王保保的全力攻击。

但是，与收复旧都的功勋相比，王保保选择了退守太原。他昼夜行军，终于在徐达攻城前赶了回来。在太原城下，两军展开了对峙。当时，朱军仅有少量的骑兵到达战场，主力步兵部队仍在行进途中。与此同时，王保保则在太原周边集结了兵力超过十万的军队。

然后，随着元顺帝逃亡塞外，许多元朝官员也对元廷丧失了信心。元将豁鼻马主动找到徐达，表示愿意投奔明军，并提出里应外合的谋略。徐达半信半疑之下还是决定采纳了。当夜，徐达派遣郭英带领十几名精兵，在豁鼻马的配合下潜入王保保大军的营帐中。他们以火炮为信号，四处放火制造混乱。常遇春趁机发动了攻击，王保保的军队顿时陷入了一片混乱。当时，王保保正在秉烛夜读，一见形势不妙，连鞋都来不及穿，就带领十八名骑兵匆忙逃往大同，朱军追赶不及。

至此，朱元璋集团通过这一系列军事行动，以极小的代价，成功击败了元军在中原的主力，南方政权在中国古代历史上第一次也是唯一一次实现了北伐的胜利。

三、称帝

在北伐军刚刚占领山东时，朱元璋就迫不及待地在金陵称帝了。当然，在这过程中少不了群臣劝进、朱元璋“谦辞”、群臣呼天抢地再劝进的这套把戏。

朱元璋集团将国号定为“大明”。关于这个国号，许多人称它和元朝的国号一样源自《周易》，即“大哉乾元，万物资始，乃统天。云行雨施，品物流形。大明终始，六位时成，时乘六龙以御天”。其中，“大明终始”在“大哉乾元”之后，象征着明朝继元朝之后是天命所归。

然而，选择“大明”作为国号还是引起了人们的联想，特别是考虑到朱元璋集团在抗元初期与明教的紧密关联。例如，吴晗在 1941 年发表的《明教与大明帝国》一文中就认为明朝的国号源自明教。朱元璋难道没有想到以“大明”为国号，很容易引起人们的误解吗？取“大明”为国号也就罢了，可他在登基的前一年就将自己名义上的共主、小明王韩林儿沉江，他为何一定要如此行事毒辣，把韩林儿圈养起来不行吗？

朱元璋的北伐赢得这样轻松，一场恶战都没有经历，仅十个月就实现了《谕中原檄》中定下的“驱除胡虏”的目标。在北伐过程中，明军的兵力不仅没有减少，反而越打越多，从最初的二十五万人增加到四十万人。明军进入元大都后，打开了元朝的仓库，还缴获了元顺帝没来得及转移的二十五万两金子、五十万两银子，《纪事录》中称还收获了“宝玩珠翠象牙、奇珍异兽、锦绣衣袄缎匹不可胜记”。

五十万两银子是什么概念？戚继光募集的精兵，一人一年的基本军饷就只有十两银子，元顺帝遗留的金银能他让募集数以万计的士兵，可这些财物就被这样轻易地留给了朱元璋。王爷们享受了百年的富贵，天天沉醉于酒池肉林和温柔乡中，他们在最后时刻的无能和丑态让人不禁嗤笑。

但是，让我们把时间线拉长，将明朝灭亡时的场景与此时的元朝对比。朱元璋北伐用了十个月，而李自成东征并灭亡明朝才用了三个月；明军来时，元顺帝尚能逃往塞外，北元也延续至两百多年后的林丹汗。而李自成北伐时，崇祯帝还坐在金銮殿上就被群臣暗地出卖，之后崇祯帝连逃出京城都办不到。没过多久，南明也被灭亡。元大都被攻破后，还遗留了几十万两金银。而明朝灭亡时，崇祯帝穷到需要皇后变卖首饰来筹备军费，李自成进京后却能从大臣的家中搜出七千多万两白银。元朝灭亡时，天下还有王保保为元朝枕戈待旦。而明朝灭亡时，崇祯帝召集天下义兵勤王，可只来了一个将领唐通，而且唐通在守居庸关时就向李自成投降了。

历史给了朱家人两百多年的时间来治理天下，但到明朝灭亡时，百姓相较于元朝灭亡时更加贫苦不堪，可朱氏家族却从朱元璋和朱文正两人发展到了超过十万人。

03
常遇春派系的悲惨命运

在对元朝的战争中，常遇春大放异彩。他在每次战斗中都身先士卒，带领北伐军摧锋陷阵，所向披靡。在塞外时，常遇春更是将骑兵战术运用到出神入化，让从小在马背上长大的北元人感慨骑兵还能如此用。常遇春率军奔袭两千多公里，攻陷了元上都，让朱元璋集团扬眉吐气。但是，尽管为朱元璋集团立下了这般功勋，常遇春派系仍旧难逃被诛杀殆尽的命运。

一、一定要反攻!

当元朝的都城元大都被徐达和常遇春率领的明军攻克后，元顺帝和随从被迫撤退至草原。然而，他们在故土所面临的，却是同族鄙夷的眼光。

在乱世之初，窝阔台的后裔阿鲁辉帖木儿曾致信元顺帝，他在信中称:“你身为忽必烈的子孙，元朝的天下在你的手里已经丢了一半，不如把皇位让给窝阔台的子孙吧。”当时，元顺帝还不服气，事到如今，元朝的天下已经丢完了……

威望丧尽后，元顺帝只剩一条路，即效仿刘备家族在蜀地的政策，通过不断强调自己是皇室血脉来树立自身的合法性，再不断对中原发起战争，从而集中资源，让内部的反对势力没有力量反抗。这样的政治态势决定了元顺帝在草原建立的北元政权与明朝势不两立。北元不一定能打赢对明朝的战争，但必须要打。即使对明朝的战争失败了，元顺帝也不在乎，因为如果他安排得足够巧妙，把集团内部的反对派当作“炮灰”在战争中牺牲掉，岂不是更好?

很快，明朝和北元之间新一轮的战争就爆发了，这次先动手的还是明朝。

洪武二年（1369 年）年初，在攻克太原两个月后，徐达率领明军从潼关进军关中。当时，关中的实力派人物是李思齐和张良弼，他们和王保保厮杀多年，手下的军队久历战阵。徐达进入关中时恰逢饥荒，而此前朱元璋集团在消灭张士诚时获得了他积累多年的钱粮，徐达就下令对陕西地区每户百姓赈济三石大米（约三百多斤）。这个举措让当地的百姓极为高兴，沿途的城镇纷纷投降，于是，徐达不战而胜，轻松地占领了西安。

尽管如此，李思齐和张良弼仍保留了不少部队，分别盘踞在临洮（今甘肃省定西市临洮县）和庆阳（今甘肃省庆阳市）。自古关东出相，关西出将，临洮和庆阳是函谷关以西的多民族聚居地，民风尚武，名将辈出，比如汉末董卓集团的核心成员基本出自这两个地区。

四月，明军逼近了李思齐的大本营临洮。李思齐和王保保的义父察罕帖木儿是同乡，差不多同时起兵，资历颇深。多年来，他一直在中原地区征战，积累了大量的财富。李思齐正在惶惶不安时，他的部下、当地部落首领赵琦向他承诺，只要给足钱财，就能招募本地的勇士为兵。李思齐听信了赵琦的话，将自己一辈子刀口上舔血攒下的积蓄全部交给了他。赵琦得到李思齐的钱财后，却翻脸无情，挟持着李思齐投降了明朝。至此，关中的实力派只剩下庆阳的张良弼。庆阳古称陇东，“得陇”不仅可“望蜀”，更可“制秦”，具有极高的军事价值。庆阳城建于高冈之上，高十余丈，城下还环绕着两条河，这形成了天然的屏障，使庆阳城易守难攻。

徐达正准备发兵时，张良弼的弟弟、庆阳守将张良臣遣使来降，称其兄亲自前往兰州寻求王保保的援助，却被扣留，城中的将士无心恋战，请愿举军归降。使者透露的信息与徐达此前打探到的一样，但他仍然不敢松懈，立即安排两位重要的将领薛显和张焕带领五千骑兵和六千步兵前往庆阳接受投降。其中，薛显是明军中擅长骑兵作战的将领，在南昌保卫战中立下了大功，后被朱元璋评为勇武可与傅友德并列。张焕出身帐前亲军，是朱元璋最信任的将领。目前，张焕担任羽林卫指挥使，指挥着护卫朱元璋的大明最精锐的部队。

最初，受降过程进展得顺利。张良臣初见二人时，匍匐在路边，全身瘫软，抖得像筛子一样。薛显和张焕看到张良臣被惊吓成这样，心下十分不屑，觉得大事已定，就放松了戒备。然而，当夜张良臣率庆阳兵突然发难，明军未做戒备，当即溃败，张焕被俘，薛显受重伤后侥幸逃脱。连主将都被擒或被伤，他们手下的那一万多精锐的下场也可想而知。就此，明朝在西北地区的第一次战役正式爆发。

二、庆阳战役

徐达听闻败讯，大怒。他召集了西北地区的明军精锐，包括冯胜、汤和、傅友德、俞通源、顾时等声名显赫的大将，将庆阳城围得水泄不通。张良臣凭借地形之利，并且预计王保保会派兵援救，因此并不慌乱。他在坚守城池之余，还时不时主动出击，在战场上丝毫不落下风。

正如张良臣所料，王保保派出两路大军前来救援。第一路由大将韩扎儿率领，从宁夏直扑庆阳。这路军队进展神速，很快就攻破原州（今甘肃省庆阳市镇原县），杀死明军守将陈寿，继续向庆阳进发；另一路由经验丰富的老将贺宗哲率领，围攻陕西重镇凤翔（今属陕西省宝鸡市），意图分散明军的注意力，减轻庆阳的军事压力。同时，元顺帝也趁机展开军事行动。此前，他利用明军主力集中在西北的机会，已经派遣丞相也速带领万余骑兵南下，攻击北平。得知庆阳的战事后，他又急令驻扎在陕北的老将孔兴和脱列伯攻打大同。

为应对北元的这四支军队，徐达急忙调度军队展开防御。他之前调派常遇春回援北平，此时手中的兵力并不充足。面对这种情况，他继续集中力量围攻庆阳，并让傅友德率领有限的兵力去阻击韩扎儿的军队，而对于凤翔和大同则无法派出援兵。

围绕着庆阳，数十万士卒在四条战线上展开了厮杀。庆阳作为风暴的中心，地势极为险要，张良臣又是打了二十年仗的老将，战斗经验丰富，击退了明军的一次次进攻，甚至还发动了数次出击，斩获颇多，让明军一刻不得松懈。一个庆阳小城，硬生生地抵抗住明朝众多名将三个月的围攻。明军连挖地道攻山城这种策略都用过了，仍对庆阳无可奈何。

但同时，明军也顽强地阻击了王保保派出的两路北元军。韩扎儿都看到庆阳城里宝塔的塔尖了，还是突破不了猛将傅友德的防守，只能眼睁睁地看着庆阳被围攻，不能再前进一步。贺宗哲率领的军队也屯兵于凤翔城下，迟迟打不开局面。三个月后，庆阳城内粮食耗尽，情况变得极为严峻，甚至出现了“用黄泥细者，用人油炸而食之”的场景。最终，张良臣父子被部下背叛，连同城池被一起献给徐达。庆阳之战以徐达一方的胜利而告终。

庆阳之战在史料中记载很简略，但根据战后的处理措施，可以想象战争的惨烈程度。《纪事录》中提到，城破之后明军“羁其守将，屠其男子，纵掠妇女”，仅十二个字，就清晰描述了城中百姓悲惨的结局。也许是明军的损失过大，朱元璋对庆阳地区怀有深深的恨意，据学者郑克晟的论文《明代重赋出于政治原因说》考证，由于庆阳之战，在明朝两百多年间，庆阳下辖的宁县赋税较前朝增加一倍。

三、常遇春出塞

常遇春是明朝初与徐达并列的名将，此次他被派遣救援北平，之后的一系列战斗将是他一生辉煌的顶点。洪武二年三月，常遇春带精锐骑兵从陕西凤翔出发，仅用一个月就抵达了北平，全程一千四百多公里。

常遇春的速度把北元丞相也速吓到了，闻讯后立即带着北元的主力撤围而走。如果常遇春是普通人，他此时就会在北平止步，然后回去复命。但常遇春不是一般人，他是强盗出身，性烈如火，敢想敢做。你让他从一千多公里外的陕西急行军到北平，连敌人的一面都见不到，这怎么能行？在请示朱元璋后，常遇春率领麾下一万骑兵和朱元璋外甥李文忠的八万步兵出塞，追击也速！

一到塞外，常遇春就嫌弃李文忠的步兵速度慢，甩开了他们，带着骑兵绝尘而去，留下目瞪口呆的李文忠。他先追了二百一十公里到达会州（今属河北省承德市），听说也速已遁，又率军再追二百三十公里到锦州（今属辽宁省锦州市），迅速破城。依然未见也速军，于是他又追二百六十公里到会宁（今属内蒙古自治区赤峰市），终于追上了也速。

看到常遇春挥舞的大明日月旗，也速丞相目瞪口呆。他没想到明朝还有这么彪悍的将领和军队。他们从关中到北平已经赶了一千多公里，出塞后又疾行一千公里，还能如此生龙活虎，这还是中原的汉人吗？没人能阻止此时的常遇春了，对于此战，《明史》上就记载了六个字：败也速于会宁。

常遇春在塞外疾行上千公里，他怎么解决军队的后勤补给问题？尽管史料中对此没有详细记载，但可以推测，他可能和西汉名将霍去病一样，让军队在敌国境内获取补给，也就是走到哪里抢到哪里。

击败也速后，常遇春完成了之前的战略任务，准备班师北平。途中，他又在七天内行军二百五十公里，走到兴州（今属河北省承德市滦平县），攻下了该城。在这里，常遇春俘获了北元高官、中书右丞脱火赤，从他口中得知元顺帝正在两百公里外的元上都。虽然常遇春在行前被朱元璋一再叮嘱要谨慎小心，但出塞后，他把这些叮嘱抛之脑后，直奔元上都而去。三天后，他击杀了北元亲王晃火帖木儿。五天后，常遇春率军攻陷了元上都。

元顺帝被吓破胆子，在破城前逃入茫茫大草原中。常遇春追击数百里，俘虏了北元宗室庆生、平章鼎住等显贵，并将他们斩杀。此战中，常遇春俘敌上万人、车上万辆、马三千匹、牛五万头。元顺帝虽然侥幸逃脱，但受到惊吓后频繁生病，不到一年就死去了。

攻陷元上都后，常遇春停止了进攻，班师回朝。二十天后，行至柳河川，常遇春暴毙，年仅四十岁。这个强盗出身的奇男子，最终殒于茫茫草原之上。消息传回朝廷后，朱元璋深感悲痛，下令将常遇春葬在金陵钟山之下。

四、金杯同汝饮，白刃不相饶

历史上，政治家们流过太多“鳄鱼的眼泪”，在众多封建时代的皇帝中，朱元璋又是以屠杀功臣而出名，所以有人会怀疑他在得知常遇春之死时流露出的悲痛是在表演。但笔者认为，朱元璋对常遇春是怀有真感情的，朱元璋惊闻常遇春的死讯后，写下一首平仄不合的诗，之后也没有让文人们润色，可见他当时激荡的心情：

朕有千行生铁汁，平生不为儿女泣。
忽闻昨日常公薨，泪洒乾坤草木湿。

常遇春，在朱元璋横渡长江的历史节点，第一个跳上岸，冒着乱箭挥戈勇进，冲散敌阵；

常遇春，在鄱阳湖之战中陈友谅的船队包围朱元璋的旗舰时，杀透重围，救了朱元璋的命；

常遇春，在北伐时勇当先锋，单骑冲阵，激奋全军，直下洛阳；

常遇春，率军直抵幽燕，让北平在五百年后重回中原王朝手中；

常遇春，带兵出塞，横扫草原，攻陷元上都，让元顺帝不敢南顾。

在军中，常遇春喜欢自我夸耀，称自己能以十万军横行天下，故有"常十万"之称。他每战必当先，勇冠全军。《国榷》中记载了朱元璋对常遇春的评价，称他"当百万之众勇敢先登，摧锋陷阵，所向披靡，莫如副将军遇春信矣哉""计其开拓之功，以十分言之，遇春居其七八"。

在政治上，常遇春对朱元璋也很重要。和他并肩的徐达很早就跟随了朱元璋，是淮西帮的核心人员，常遇春虽然也是凤阳府人，但最初在当地做强盗，直到朱元璋渡江的前一年才加入了队伍，严格意义上并不算淮西帮成员。因此，对朱元璋来说，常遇春的存在，在军中起到了制衡淮西帮的重要作用。朱元璋还让太子朱标娶了常遇春的女儿为正妃，后来她生下两个儿子。

常遇春死后，他的妻弟蓝玉成了常遇春派系的继承人，并在朱元璋扶持下成了明军的擎天之柱。随后，常遇春派系逐渐壮大，他的外孙朱允熥（tōng）是大明当之无愧的继承人，他的儿子常茂、妻弟蓝玉、亲家冯胜都被封为国公，他在军中更是拥有无数门生故吏。然而，在太子朱标死后，朱元璋抛弃了军方拥护的朱允熥，转而选择朱标与文官吕本的女儿所生的儿子——文官集团拥护的朱允炆，朱元璋将他立为明朝新的继承人。

随后，蓝玉在捕鱼儿海之战中立下旷世大功，回来后就被处死。他的案子还株连了上万人惨遭杀戮，他的下属也被屠杀殆尽。冯胜之后也被赐死，他的儿子们都不能继承他的爵位。而常遇春的三个儿子中，长子常茂在洪武二十年被削爵流放，最后竟不知所终；次子常升卷入蓝玉案，被杀；三子常森的命运更加奇怪，他的结局没有出现在官方史书中。最后，明朝朝廷从云南找来一个据说是常遇春后代的人，继承了他的爵位。真是金杯同汝饮，白刃不相饶。然而，朱元璋钟爱的孙子朱允炆又有什么好下场？

04
实现自我蜕变的王保保

朱元璋一生中称赞过三位人物为“奇男子”，其中一位便是他的对手王保保。尽管王保保曾三次败于徐达之手，朱元璋仍认为他的能力超越了常遇春。

王保保这位屡败屡战的年轻人，在失去所有底牌后，经历了痛苦到极致的蜕变。他逃到大草原后，率领残兵败将，战胜了当时如日中天的大明军队，以一场酣畅淋漓的胜利将徐达从神坛上拉下，迫使徐达不敢再出塞。

一、出生在河南的蒙古人

王保保，蒙古名叫扩廓帖木儿，是元末时期几乎统一北方的大将。作为朱元璋中后期的主要对手，明朝史料对王保保讳莫如深，甚至有意将他错误地描述为汉人，朱元璋也在广为流传的《谕中原檄》中指责王保保“忘中国祖宗之姓”。本章将结合当代学者的研究成果、蒙古史料以及以往未被充分注意到的明朝资料，还原这位屡败屡战的年轻人的真实形象。

1990 年，洛阳的考古工作者对王保保的父亲赛因赤答忽的墓葬进行了发掘，揭开了王保保家族的谜团。王保保家族原属蒙古伯也台部，作为征服者来到光州固始县（今属河南省信阳市固始县）定居，并逐渐汉化，采用了汉姓“王”。

王保保家族在当地的社会地位并不显赫，据史料记载，王保保的父亲赛因赤答忽“喜读书，习吏事”，但史料中并没有记载赛因赤答忽的官职，所谓“习吏事”可能意味着他在当地担任小吏。在古代普遍早婚的背景下，赛因赤答忽直到三十岁才有了长子王保保，这表明他的家庭状况很可能并不比一般家庭优越。王保保自幼体弱，被送给舅舅察罕帖木儿作为养子。不久，天下大乱，赛因赤答忽跟随察罕帖木儿组织团练，他们以蒙古人为骨干，对抗明教。

一般来说，当封建王朝存续到一百年左右，统治阶级都会逐渐腐朽，需要引入新势力来匡扶政权。在明朝，文官阶级代替了勋贵；在清朝，湘军、淮军在国防上代替了八旗军队。元朝也不例外，此时，元朝的官军在明教的冲击下分崩离析，而察罕帖木儿、李思齐、张良弼等地主的私人武装成了元朝军队的主力。

在这一过程中，赛因赤答忽成为察罕帖木儿手下的得力大将，立下了显赫战功。在攻破被明教占据的汴梁后，他被元朝皇帝封为太尉，这个官职在当时十分显耀。王保保也参与了多次战斗，十几岁时就已经骑马作战了。当时，整个北方的元朝武装力量都集结在察罕帖木儿麾下，他被时人视为曹操一般的人物。在他势力最盛的时期，南方的朱元璋、张士诚、陈友谅之间竟实现了短暂的和平，无人敢轻举妄动。

然而，在平定北方最后一座被明教占据的城池青州时，察罕帖木儿遇刺身亡。当时，王保保年仅弱冠，就继承了养父的权位，成为派系的领袖。在亲生父亲的帮助下，王保保消灭了北方最后的红巾军，平定了中原，走上了人生的顶峰。

然而，一个二十岁的年轻人，是很难有驾驭如此庞大势力的能力和威望的。不久，联军中的孛罗帖木儿、李思齐等人开始不再服从王保保的指挥，甚至为了争夺地盘与王保保相互攻击。同时，南方的汉人势力在悄然壮大，却无人关注。不久，王保保的父亲也去世了，没有人再指点他如何在北方势力中处理复杂的派系关系，他不得不独自面对这混乱的局面。

此时，在元廷的政治舞台上，元顺帝与太子爱猷识理答腊之间的斗争异常激烈。太子认为皇帝忽视政务，沉溺于宫廷舞蹈《十六天魔舞》中，导致国家领土丧失过半，便建议皇帝退位。元顺帝自然不会轻易地让位，而且他并非只有这一个儿子。为了巩固自己的权力，元顺帝引入贵族孛罗帖木儿进京“勤王”，而太子则逃到了王保保控制的太原，并试图拉拢王保保和他一起“清君侧”。

王保保此时才二十岁，太子却有着娴熟的政治手腕。在太子的劝说下，王保保成为太子的支持者，出兵击败了孛罗帖木儿，帮助太子返回京城。随后，太子企图效仿唐太宗李世民，将父亲软禁，然后自己登基，但这个计划遭到了王保保的阻止。没有确切的史料记载王保保的动机，他可能是出于对内战的厌恶，或是希望在内部纷争中采取一个中立的立场。

然而，太子不可能就此停止篡夺权力，他转而将王保保视为死敌。尽管太子手中没有军队，但他长期沉浸在元朝的宫廷斗争之中，深谙权谋之术。太子提升了王保保的两位得力助手貊高和关保的官职，成功地挑起了他们的野心，最后二人自立了门户。北方的局势因此变得更加混乱，王保保、貊高、关保、李思齐、张良弼以及孛罗帖木儿的旧部纷纷卷入混战，最终只有最狡猾、最残忍的人才能生存下来。眼见北方陷入乱局，南方的朱元璋、陈友谅和张士诚等势力也开始彼此攻伐，相互吞并。

经过一番惨烈的斗争，在北方，继承了养父强大势力的王保保击败了貊高、关保，压制了其他势力，几乎要统一了北方。但此时，南方的朱元璋已经率先崛起。四分五裂的元朝无法抵挡明朝的强盛军力，明军迅速攻入元大都，元顺帝和太子出居庸关逃往草原。王保保也接连失去山东、河南，并在太原城下的决战中被徐达击败，失去了大本营山西以及伴随父亲和自己两代人征战的八万铁骑。

王保保从巅峰跌落，失去了一切，他带着残余部队流落到宁夏一带的草原。经历了人生的大起大落后，王保保尚不足三十岁。面对这样的挫折，这位年轻人能否重新站起来？

二、退守宁夏

征蓬出汉塞，归雁入胡天。

大漠孤烟直，长河落日圆。

唐朝诗人王维在这首诗中描写的宁夏，就是王保保退守之地。尽管这里景色迷人，但人口稀少，难以养兵。

即使在元朝的鼎盛时期，宁夏府（今银川平原一带）的人口也仅有三四万户，可如今王保保麾下兵士就已有十万人，如何在西北苦寒之地维持如此庞大的军队，成为困扰王保保的难题。而且，当地人的生活风俗与中原地区迥异，而王保保的部下大多是中原人，他们如何适应这种环境，更成了一个难题。这种情况持续下去，如果王保保的部下不想在宁夏忍饥挨饿，只有投降明朝一条路。因此，王保保即使知道此行凶多吉少，也不得不冒险南下。

然而，朱元璋集团内部对这一情况缺乏足够的认识。朱元璋集团的核心成员大多是来自濠州附近的农民，放下锄头的时间不过十年，要求他们具备世界性的视野是不现实的。此时，他们认为将元廷赶出中原，甚至占领了原属于西夏的甘肃地区，就已经大功告成了。

洪武三年（1370 年）下半年，在西北会战结束后，朱元璋命令徐达班师，准备为部下们举行庆功宴并封赏爵位。不久，被时人所写的《纪事录》描述为“急功贪财之徒，又不识大义”的冯胜，也擅自带领部队从西北地区返回金陵。听闻这个消息后，快断粮的王保保率领全军倾巢而来，兵围西北重镇兰州（今属甘肃省兰州市）。

兰州，这座西北的军事重镇，由西汉名将霍去病所建，是他出征匈奴的重要军事基地。兰州毗邻黄河，又三面临山，地势险要，易守难攻，因此古代称为“金城”，取“固若金汤”之意。兰州的守将张温的资历很老，是曾与朱元璋一同渡过长江的红巾军。

兰州被围困后，张温并未惊慌。一来，他认为王保保是明军的手下败将，不足为患；二来，朱元璋在甘肃地区留有后手，周边的巩昌（今属甘肃省定西市陇西县）驻扎着大明的王牌军队——鹰扬卫。

鹰扬卫是朱元璋最精锐的禁卫军内八卫之一。鹰扬卫的资历极深，其前身甚至可以追溯到朱元璋加入红巾军之前。这支部队历经多次血战，曾在苏州、汴梁、洛阳、潼关及山东等地和鄱阳湖之战中立下赫赫战功。鹰扬卫指挥使于光颇有儒将风范，擅鼓琴，通医学，平日里风度翩翩，宛若贵公子。然而一旦上阵杀敌，他便展现出截然不同的一面，正如宋濂在其墓志铭中所说的“及持戟上马，辄鹰扬虎视，所向不敢当，逢者莫不改容”。

接到兰州的求援后，于光立即率军前往救援。但在行至兰州附近的马兰滩时，遭遇了王保保的军队，最后全军覆没，于光本人也被生擒。鹰扬卫这支曾经屡建战功的精锐部队，竟然一战就被击败，连主帅也未能幸免。

为了打击兰州守军的士气，王保保将于光捆绑至兰州城下，想让城内守军知道援军已被消灭，并且以性命威胁于光，迫使他劝降守军。然而，于光来到城下后，高呼：“我被抓了不要紧，徐达大将军已经回来了。”随后，他惨遭杀害，王保保以此来震慑城中的守军。事实上，于光提到的徐达大将军当时正在金陵庆功。

三、又败兰州

此时，朱元璋在金陵正志得意满，以为一统中原后就可以坐稳江山，安享太平。但兰州的败讯突然传来时，朱元璋大惊，连庆功宴也顾不上了，急忙命令徐达再次领军返回西北。

从南京到兰州，即使在今天，驾车也需要行驶一千七百公里，而在古代则需要数月才能到达兰州。徐达回到金陵不久，就不得不重新集结兵力，再次向西北进发。幸运的是，兰州是一座城防坚固的军事重镇，朱元璋的军队在与张士诚和陈友谅的对抗中掌握了用火炮守城的技术，此时这个方法也被运用到兰州的防守中，让王保保的部队日夜攻打却始终无法攻克兰州。

很快，王保保军中的粮食即将耗尽，眼见兰州城难以攻克，撤回宁夏也解决不了缺粮问题，王保保只能留下少量兵力继续围困兰州，同时继续率军深入朱元璋统治的地区。并非所有城镇都像兰州一样难以攻克，一个月后，王保保攻占了重镇安定（今属甘肃省定西市安定区），并以安定为据点四处掠夺粮草。

在这个区域内，只有胡大海的养子胡德济带领的浙江兵在苦苦抵抗王保保的军队。

徐达的军队在兰州被围困三个多月后终于到了。三月二十九日，王保保退守安定沈儿峪，徐达挥师逼近。双方隔着深沟筑垒对峙，每日对阵厮杀，甚至一日数战。双方连战数日，仍旧难分胜负。为了打破僵局，王保保派一千余名精兵从小路绕到徐达的军阵后展开突袭。当时，驻守后营的是胡德济，之前他带领浙江兵与王保保已经激战了三个月，于是被调往后营休整。这次浙江兵遭到突袭，被打得措手不及，瞬间溃散。

徐达闻讯后，亲自率领护卫及时赶到，击退了敌军。事后，从指挥到千户、百户，这支浙江部队的军官全部被徐达处决，胡德济因为是胡大海的养子而得以活命，但被押回金陵听凭朱元璋发落。史书中说部下敬畏徐达若神明，徐达执行军法如此严苛，难怪麾下诸将畏惧他。

尽管取得了小胜，但王保保军队在西北已经徘徊了近半年，粮饷匮乏，兵士疲惫。徐达还派出部队日夜骚扰，让对方无法保证休息。几天后，趁着敌军士气低落，徐达派出几十名士卒夜间劫营，竟然成功了。在太原之战中，王保保也是遭到夜袭而失败，这次又是如此。王保保再次失去了所有兵力，只能带着几个随从侥幸逃脱，到达黄河岸边。面对波涛汹涌的黄河，王保保横下心，抱着一根木头跳入河中。

幸运的是，王保保没有被淹死，而是逃回了宁夏。明军在这场战斗中俘获了八万四千多名士卒和一万五千多匹马，活捉了元朝的两位王爷和跟随王保保父子多年的宿将阎思孝、韩扎儿、虎林赤等人。

这八万多名北元兵一直是明朝的头号劲敌，被俘后，两千多名军官很快被处决。对于普通士兵，明朝留下了他们的性命，准备在攻打蜀地时作为“消耗品”使用。但之后几年，明朝并未按计划攻击蜀地，仍让这些降兵驻守在甘肃地区。不过，这里道路崎岖，驻守在此地的明军也缺粮，考虑到朱元璋此前在婺州处决过投降的军队，笔者猜测这次侥幸没被处决的八万降兵，最终的结局并不会太好。

王保保逃回了宁夏。这是他第三次与徐达交战，他在太原会战中失去了八万精锐，在庆阳会战中失去了所有盟友，在这次战争中，他连家底都丢光了。可能不久后，人们为了赏金就会将他的头颅送到朱元璋面前。

四、两个同样境遇的年轻人

此时，同样失魂落魄还有前元顺帝的太子，如今的元昭宗爱猷识理答腊。元顺帝逃至草原后，不断被朱元璋的军队追杀，不久便去世了。爱猷识理答腊终于得到了皇位，却几乎丧失了江山。爱猷识理答腊驻扎在应昌（今属内蒙古自治区赤峰市克什克腾旗），现在他的麾下只有少量的士兵，他所倚仗的只剩元朝皇室这个残留的虚名，他和将领们都需要依靠牧民的供给。

由于元昭宗手下的将领大多是从中原逃到草原的，为了保持集团内部的凝聚力，并给支持者许诺美好的未来，元昭宗不得不以“恢复中原”为口号。为此，元昭宗以“宣光”为年号，取杜甫《北征》诗中“周汉获再兴，宣光果明哲”之意，寓意自己将成为周宣王、汉光武帝那样中兴国家的君主。

洪武三年，当王保保在兰州遭遇大败时，朱元璋派李文忠出塞，意图捉住北元的皇帝。元昭宗麾下都是元朝的勋贵子弟，败退回草原后也不忘享乐，不仅战斗力很弱，就连基本的预警都不能做到。结果元昭宗没有任何反应的时间，只能带领十多名骑兵仓皇逃走，连他的继承人都被李文忠生擒。

元昭宗从应昌逃到大草原深处，最后到达和林（今属蒙古国哈拉和林，位于距离乌兰巴托三百多公里的燕然山脚下）。他痛定思痛，意识到身边缺乏能指挥作战的人才，便想到了王保保。两个身在歧路的人，虽有旧怨，但在几乎失去一切之后，终于重新走到了一起。王保保被任命为北元的最高官职——中书右丞相，他前往和林，为元昭宗组建新军。

然而，朱元璋不会给这两位年轻人太多时间来重整旗鼓。

在兰州会战取得大捷后，朱元璋大喜，在年底重重地赏赐了群臣。他封赏了“六公二十八侯”，让这些功臣站在了明朝权力和财富的顶峰。其中，六位公爵分别是：韩国公李善长、魏国公徐达、郑国公常茂（常遇春之子）、曹国公李文忠、宋国公冯胜、卫国公邓愈。

在封赏公侯的过程中，朱元璋有意识地做了人事布局。最早跟随他的二十四名部下（即淮西二十四将）中，有十五人被封为公侯。最初跟随朱元璋的人，只要能在征战中幸存，最终都能获得封侯的荣誉（淮西二十四将中，有些将领虽然这次没能获封公侯，但日后基本被封侯了）。

这六位公爵都是朱元璋在濠州红巾军中的旧部。在侯爵中，朱元璋也确保自己的嫡系占据压倒性的地位。二十八位侯爵中，前十四位都是在朱元璋渡江前加入红巾军的将领，是朱元璋的嫡系。其他派系受到了一定程度的打压，例如巢湖水寇派系的首领廖永忠，尽管他立下了赫赫战功，却未被封为公爵，在侯爵中仅排在第十六位。朱元璋给出的理由是：廖永忠曾私自杀害了小明王韩林儿。但廖永忠与韩林儿无冤无仇，他有什么动机这么做？这无疑是朱元璋在过河拆桥。

在明朝初期的六公二十八侯中，除了李善长，其余的公侯均为武将，这明确体现出朱元璋对军功的极度重视，彰显了这是一个极度崇尚武力的统治集团。值得注意的是，这些被封赏的公侯大多都来自凤阳及周边几个县。这便产生了一个有趣的问题：为何如此多的治国人才会集中在一两个县？这个问题值得深入探讨，之后笔者将进一步解读。

有一点值得关注，在六公二十八侯中，只有徐达的爵位得以世袭，未曾中断，其他公侯的爵位大部分都在洪武年间被罢黜。朱元璋为何要在封赏之后又罢黜这些公侯，他又是如何巧妙地避免引发叛乱，又能削弱权贵的势力的？在之后的章节中，笔者将详细解析这些问题背后复杂的政治策略和权谋，揭示朱元璋父子如何巧妙地巩固自己的统治。

五、找到破敌之法

在接下来的两年里，明军在各地的攻势势不可当，甚至轻松铲除了长期盘踞在四川的明夏政权。王保保在和林听闻这些消息后，心中充满了忧虑，他清楚地意识到最终的决战即将到来。

为了准备这场决战，王保保在东北和蒙古部落之间四处奔波，打着元昭宗的名义，联络各部族的长老。他还招募了从中原逃至草原的各族族人，将他们组织成军队，严格训练，力图打造一支能与明军抗衡的军队。然而，王保保并不认为自己能够战胜明军，他曾多次被明军击败，深知明军的强大。

王保保的内心承受着巨大的痛苦。在无数个深夜，他都会回想起自己接二连三的惨败，想起那些被俘后惨遭杀害的部下。他还会想起被俘获的妹妹，如今被强迫嫁给了朱元璋的儿子。他不禁自问，今生是否还有机会能再次见到妹妹。

明军如此强大，不仅装备了火器等先进武器，而且重点守护的城池坚固无比，即使蒙古铁骑以十倍的兵力来攻也难以攻克，甚至蒙古精锐骑兵也败给了明军的骑兵。尽管形势如此，王保保也不愿意放弃。虽然朱元璋曾经至少七次写信招揽他，但熟悉汉文化的王保保明白，一旦投降，无论被封为多么高的爵位，最终都只会像唐朝时期被俘的突厥王族那样，沦为在节日庆典上为皇帝跳胡旋舞的玩物。

王保保冥思苦想，寻找战胜明军的方法。他与部下们商议，但每个人都摇头表示无奈，这些从中原败退的蒙古贵族早已失去了信心。但王保保不想放弃，不想每次在明军到来时都只能屈辱地逃走，将牲畜和妇女留给敌人。

“你难道忘记你是蒙古人了吗？”一位老年牧民在得知王保保的烦恼后问他。王保保听后勃然大怒，他知道许多蒙古人在私下里质疑他，认为他在汉地长大，早已忘记蒙古人的传统，他们认为这才是他屡战屡败的原因。更有甚者，许多人认为他是一个只会读儒家经典的无能将领，只会给草原引来灾祸。

“何出此言？”一次次的失败让王保保学会了克制自己。

“你为什么总喜欢像汉人那样硬碰硬，而不用我们蒙古人千百年来一直采用的战术呢？”老人问道。

王保保愣住了，他站在原地久久不动，丝毫不理会随从的询问。此时风吹草低，牛羊低鸣，天似穹庐。

05
王保保战胜明军精锐

自古英雄出炼狱，从来富贵入凡尘。王保保曾连续三次被徐达击败，丧失父子两代人辛苦积累的二十万铁骑以及所有领地。他几次险些丧命，在兰州会战失利后，他靠着浮木渡过黄河才逃过一劫。

如今，王保保已经失去了所有的底牌。朱元璋不会给这个年轻人太多时间喘息，很快，王保保便不得不率领残兵败将，抵挡朱元璋麾下战力强悍的十五万精锐。

一、三大遗憾

洪武四年（1371年）的朱元璋可谓志得意满。他实现了中国历史上首次自南向北的统一大业，不仅成功恢复了北宋的疆域，还夺回了燕云十六州，甚至将西夏旧地也纳入了版图。若能进一步立下封狼居胥之功，彻底消灭北元的王庭，朱元璋的历史地位将与汉武帝、唐太宗并肩，步入千古一帝的行列！朱元璋整日谈起自己的三大遗憾，分别是：传国玉玺还在蒙古人手里、没能擒获王保保和北元皇帝还没有臣服。

此时，北元在蒙古故地的力量非常薄弱，直接控制的军队和民众数量加到一起也不足十万人，难以抵挡新兴的大明王朝的雷霆一击。朱元璋并没有被胜利冲昏头脑，在他的谨慎调度下，大明这台战争机器启动了，为即将到来的大战做着周密的准备。翻看按照日期编写的《明实录》，能清晰听到明朝的战车在隆隆作响，海量的战备物资被送往边境。

> 壬辰，命工部制皮鞋给征北军士凡十四万八千余人。
>
> 壬戌，命造骑兵文绮战衣五万领，步兵战衣三十万领，先制成式，颁布郡县，均造之。
>
> 壬申，赐北征将士衣袄、靴帽，仍给月粮赡其家。
>
> 给北平、山西、陕西诸卫戍卒战袄十六万有奇。
>
> 壬戌，命工部运文绮及绵战袄诣大同，以俟给赐大将军徐达征北

军士……

同时，大明对北元的政治攻势也在展开。洪武四年，北元辽东守将刘益携带辽东州郡地图和兵马、钱粮数量的机密归降明朝。北元在东北地区的统治开始动摇，到处人心惶惶。朱元璋甚至亲自写信给元昭宗，劝其投降。信中提到，朱元璋将元昭宗已经死去的父亲册封为“元顺帝”，“顺”字意在表明他顺从地让出了北平城，并鼓励元昭宗像其父一样，成为“顺从”的男子。信中还暗示，如果元昭宗不顺从，朱元璋将帮助他“顺从”。

很快，大明在战火中磨砺出的精锐大军将迈着不可阻挡的步伐，踏上草原，踏破贺兰山缺。

洪武三年，王保保失魂落魄地抵达和林，投靠元昭宗。他的军队已经损失殆尽，即使是投降明朝的部下也难逃一死。朱元璋在兰州会战后曾明确地指示徐达，对于王保保麾下战败来降的头目，一律格杀勿论。朱元璋的冷酷程度在他于安徽一座寺庙中亲笔题的《不惹庵示僧》中展现得淋漓尽致。

杀尽江南百万兵，腰间宝剑血犹腥。
老僧不识英雄汉，只恁哓哓问姓名。

王保保从北逃的士兵和难民中勉强组建了一支新军，但这些新败之众如何能抵挡大明的军队？在这种时刻，队伍迫切需要一位领导者挺身而出，为众人提供一个信服的答案。然而，这个答案寻找得异常艰难。明朝的淮西劲卒实力强大，即使是燕赵的精骑也难以匹敌。大明步兵普遍装备长枪，擅长以步制骑。史料中多次记载明步兵与元朝或北元的骑兵相向冲锋，明朝的步兵竟然能冲垮骑兵！

例如，至正二十六年（1366 年）在徐州城下，傅友德仅率领两千名长枪兵，就敢冲击兵力占优势的蒙古骑兵，最终明军不仅战胜了敌人，还生擒了敌方主帅。又如洪武十三年（1380 年）的迁民镇之战中，以步兵为主的明军在主将战死后，依然死战不退，士兵们自发分兵截断了北元军的后路，最终前后夹击大获全胜，又一次生擒了北元军的主帅。

明朝初期，明军的士卒个个悍不畏死。他们着重甲，举长枪，扛盾牌，冲锋陷阵，一往无前。他们背后是强大的明朝，拥有新王朝的锐意士气和无穷的资源。王保保曾三次被徐达击败，心中留下了心理阴影。他手下残存的将领，听闻明军之名便胆战心惊。而元昭宗身边的那些在荣华富贵中长大的贵族子弟，更是只知道逃跑，毫无用处。

王保保日日忧心如焚，深知最后的决战终将到来。他忍受着精神上的极度痛苦。白天，他忙于训练士卒或联络各部族的长老；深夜，他强迫自己一次次扒开心中的伤口，反复回忆着失败的细节，试图从中找出明军的破绽。一年后，王保保从深渊走出时，气质大变，他的用兵风格和以往变得截然不同。他曾经刚烈如火，大开大阖，动辄与对手展开战线长达几十里的决战。经过蛰伏之后，王保保尝试把用兵迅捷如流星的草原战术和令行禁止的汉家兵法结合，他变得狡诈如狐，坚忍如狼。也许，此时的他能给出如何战胜大明精兵的答案。

二、三路出塞

洪武四年七月，明朝平定川渝，俘获了大量降卒，朱元璋威望日盛。十二月，朱元璋召集徐达、李文忠、冯胜进京，赐给他们越南弓，取“西北望，射天狼”的寓意，要求麾下诸将平灭四方。诸将意气昂扬，丝毫不把如丧家之犬般的王保保放在眼里。

明朝才子王世贞曾在所写的史学著作《弇州史料》中还原了当时徐达与朱元璋的对话：

徐达说："请发兵坑杀了王保保！"

朱元璋问："需要多少兵？"

徐达回答："十万兵就够了。"

朱元璋说："我给你十五万骑兵，你必须把王保保消灭！"

洪武五年（1372年）二月，明朝兴兵十五万，兵锋直指位于漠北的北元都城和林。明军出兵前，认为他们取得胜利的最大障碍是茫茫草原和瀚海戈壁。因此，朱元璋的情报工作十分到位，他详细了解了元朝时期从岭北行省通往中原的三条主要驿道：纳怜道、帖里干道和木怜道。于是，明军分兵三路，沿这三条驿道进军，计划在和林会合。

徐达率领五万中路军，从山西出发，副帅分别为朱元璋的好兄弟、濠州人汤和与继承了常遇春势力的蓝玉。

李文忠率领五万东路军，从北平出发，副帅分别为朱元璋的心腹、濠州人顾时与曾作为独立势力在安丰（今属安徽省淮南市寿县）鏖战多年的曹良臣。

冯胜率领五万西路军，从甘肃出发，副帅分别为朱元璋的濠州老乡、曾为救他而身中九箭的陈德，以及武力强于常遇春的傅友德。

从人员配置来看，三路军队的主帅均是朱元璋极为信任的国公，副帅则包括一名凤阳出身的心腹和一名实力彪悍的战将。兵力分布上，三路军队各率兵五万，显示出朱元璋对北元的轻视，即使王保保集中力量攻击任何一路，明军都有信心将其击败。这种兵分多路不分主次的战术，后来在明朝历史上也多次出现，如两百多年后明军在萨尔浒之战中兵分四路。

三、"诱""遛"和"骗"

明军出塞后，北元迅速探知了这个消息。看着明军名将集聚的阵容和庞大的军力，北元众将都倒吸了一口冷气。以往明军来袭，北元打不过尚且可以逃跑，但此次明军分三路进攻，显然打算全面包围北元军队后一网打尽。

此时，三十余岁的王保保当仁不让地成为作战总指挥。他深知，自己即将面临人生中实力最悬殊的一场战斗，尽管此前的战斗有过失败，但每次对垒前，双方的实力差距并不大，甚至王保保有时还赢得小胜。但这次面对实力雄厚的明军，即使连普通牧民也算在内，王保保手中的兵力总计不过十万，同时还要分出一部分兵力来保卫元昭宗和文武官员。王保保明白，这场战斗若能取胜，北元尚有存续的可能；一旦失败，他和元昭宗就要沦为明朝的俘虏了。

在草原的这一年多里，王保保每天都在为对抗明军做准备。他重新审视并学习了蒙古人的传统作战方式，他认为自己还有机会，即使手里只剩下这些残兵败将。面对明军的三路进攻，王保保根据各位主将的性格特点，分别制定了“诱”“遛”和“骗”的战略。对于以谨慎著称的徐达，他采取了“诱敌深入”的策略；对于曾追随常遇春多年，继承了突击战术精髓的李文忠，他选择了“遛敌疲困”的方案；而对于多疑狡诈的冯胜，他采用了“欺骗迷惑”的手段。

“任你几路来，我只一路去。”王保保默念着。虽然明军分三路进攻，但他只需集中力量应对一路。在三路北伐军中，主帅徐达所在的中路是关键，一旦中路战败，其他两路的军心必然动摇。因此，王保保决定首先集中力量挑战自己曾经的梦魇——实力最强的徐达。

明朝初期，时人公认最杰出的两位将领是徐达和常遇春。徐达以稳重著称，而常遇春则以勇猛闻名；徐达被誉为“持重有谋，功高不伐”，常遇春则有“摧锋陷阵，所向必克”之美誉。他们的作战风格与西汉的卫青和霍去病十分相似，前者用兵谨慎，无懈可击；后者锐不可当，率万人即可横行天下。常遇春早逝，他的嫡系部队由他的妻弟、明军后起之秀蓝玉继承。此时，徐达、蓝玉同在中路军，此军几乎代表了明朝两百余年的最强战力。

这支军队以明朝最精锐的淮西劲卒为核心，以北伐后扩充的骑兵力量为辅助，如何才能战胜如此强军？王保保和徐达多次交手，清楚地知道只靠手下这些残兵不可能与淮西劲卒正面抗衡。王保保明确地知道哪里没机会，才能集中力量到有机会的地方，既然明军的步兵难以撼动，王保保便打算攻击明军的骑兵。他打算采取诱敌深入的计策，让这些骑兵与步兵脱节，自己再率军予以歼灭。若此计成功，失去骑兵支援的明军步兵在广阔的草原上将难有作为。

然而，这个策略说着容易，实施起来却极为困难。首先，明军的骑兵很强大，徐达曾在太原会战中仅凭骑兵便击败了王保保；其次，中原军队注重步骑协同作战，骑兵不会轻易远离步兵。更何况，徐达一向用兵持重，不可能轻易冒险。最重要的是，朱元璋临行前还特意给徐达交代过此次的战略，中路军行军要“迟重，致其来，击之必可破也”，意思是：中路军要行军缓慢，以吸引北元军主力，为东路军和西路军创造战机。

尽管成功实施这个策略看似不可能，但王保保知道，徐达一直以来有一个心魔。在明朝的第一次北伐中，徐达攻到元大都旁的通州时，为了防备元朝可能发动决战，他竟然让士兵花了三天挖壕沟，这给了元顺帝逃脱的时间。若非徐达过于谨慎，元朝朝廷很可能早就被一网打尽了，徐达事后必会受到常遇春、蓝玉等人的嘲讽和埋怨。在这种情况下，如果要引诱徐达，该如何行动？故意打败仗是必要的环节，关键在于如何败。一般人的计划可能是先多次战败，一路退至和林，让对手麻痹大意，然后在和林展开决战。但在真实的历史中，王保保仅进行了两次战斗。

第一次战斗发生在二月份的漠南之野马川，即今内蒙古自治区乌兰察布市的黄旗海的北边。这里水草丰美，是牧民的放牧和狩猎之地。在这场战斗中，王保保仅派出了少量骑兵。之后的一个多月，双方并未发生战事，徐达军顺利行进。直到三月二十日，明军行进到漠北腹地的土剌河畔，距离和林仅二三百里，双方爆发了第二次战斗。在这场战斗中，王保保亲自出马，再次战败。王保保的军队可能损失惨重，让蓝玉和徐达都误以为北元主力已经彻底崩溃。于是，徐达不再保守，决定全军出击。

据《蒙古黄金史纲》记载，当时天降大雪，为了防止士兵行军时冻伤，徐达多次在军中发放酒水，不顾士兵可能因此醉酒。蓝玉一马当先，率领骑兵冲锋在前，誓要擒获北元皇帝。笔者推测此时王保保可能已放弃圣地和林，这让蓝玉更加焦躁，带领骑兵急切地前进，导致骑兵与步兵彻底脱节。

最终，在杭爱山麓，蓝玉遭遇了在此等候的王保保。

四、决战杭爱山

明军的骑兵不容小觑，尤其此次担任前锋主将的还是蓝玉。然而，关于这场战役的具体细节，各部史书均无详细记载。而后人在朱元璋两年后给李文忠的诏书中发现了一些线索。朱元璋提到："王保保若见我马军，好歹退一退，佯走一走，等我军离了步军时，他却来战，再说王家这小的只是用'拐子马'熟，更别说还有伏马。"

从朱元璋的话语中可以明显看出，他很忌惮王保保在和林之战中运用的诱敌战术，提醒前线将领保持警觉，避免重蹈覆辙。诏书中特别提到的"拐子马"，原是金国的一种类似铁浮屠的重骑兵部队。对此，《宋史·岳飞传》中描述道："皆重铠，贯以韦索，三人为联，号'拐子马'。"这里可以理解为北元的重骑兵。

根据这些信息和实际情况，我们可以推断王保保在这场战役中完全回归了自成吉思汗时代以来一直擅长的传统战术。他首先采用了"曼古歹"战术，也就是被人们戏称为"放风筝"的战术。他指挥轻骑兵冲向敌人，然后掉头逃跑，逃跑时还不断回头射箭，挑衅对方，诱使敌人追击。

虽然这并不足以击败装备精良、士气高昂的明军骑兵，但面对即将擒获北元皇帝的巨大诱惑，明军又怎能轻易放弃。这时，王保保终于使出了他的撒手锏——在决定胜负的关键时刻才会使用的"凿穿战术"，即寻找敌方阵型在追击轻骑兵时产生的脱节之处，用全军装备最精良的重骑兵直接击穿阵型。王保保对埋伏已久的北元重骑兵（也就是朱元璋说的“拐子马”）下令：“着甲胄！上马！全军出击！”

十年来，元军屡遭惨败，装备损失殆尽。这些骑兵穿的铠甲很可能是成吉思汗、窝阔台、忽必烈时代留下来的装备，这些骑兵也是曾经无比辉煌的元朝最后的精华。蒙古骑兵曾几乎征服了全世界，如今却经历了如此多的失败，退缩到草原一隅。自徐达踏上草原开始，这些骑兵一直听从王保保的约束，他们默默忍受着，眼看着一片片草场被焚烧，眼看着自己的部族被摧毁。

现在，明军骑兵终于踏入和林，终于进入了包围圈！

拐子马出击了！

他们穿着祖先遗留下的甲胄，背后的旗帜迎着疾风猎猎作响。

他们的矛尖指向前方，地面随着战马奔驰而轰隆作响。

他们的目标，只有前方。

前方或是胜利；

或是长生天所在的彼岸，他们将与死于中原的沟壑中的亲友相聚……

黯黯草原外，日没更烟尘。
胡骑虽凭陵，汉兵不顾身。
古树满空塞，黄云愁杀人。①

据《明实录》记载，此役明军“骤与之战，不利，死者万余人”。

幸运的是，领军主帅徐达是当世名将，他麾下这支军队的主力又是淮西劲卒。徐达急忙命人修筑营垒，收拢溃散的骑兵，避免了全军覆灭的命运。然而，由于损失了大部分骑兵，中路军基本丧失了进攻能力，徐达甚至不敢等待

①《蓟门行五首》其一，唐代诗人高适著。

与东路军、西路军会合，便匆忙向南撤退。王保保自然不会放过这个机会，他像草原上的狼一样紧追不舍，沿途杀死那些体力不支的士兵。

徐达不敢原路返回，而是沿汪吉河（今蒙古国的翁金河）南行，带着残余部队穿越大戈壁，最终返回了大同。为了掩护主力部队撤退，汤和在戈壁北部的断头山设伏，但又被王保保击败，平阳左卫指挥同知章存道战死（另一种说法是这场战斗发生在三路军全部失败之后）。章存道是明朝浙东派的重要人物章溢之子，他曾率领平阳卫（平阳是温州的一个县）的温州兵转战大半个中国。在这场战斗中，连指挥使都战死，这个卫可能全军覆没了。可怜无定河边骨，犹是春闺梦里人。

尽管幸存的明军在徐达的带领下返回了中原，但一代名将在岭北遭遇了如此惨败，明朝人对此战讳莫如深，连战损情况都众口不一。据王世贞在《弇州史料》中的记载，此战“死者万余人”，而《明史·徐达传》则称：“（徐）达战不利，死者数万人”。

五、“遛”李文忠

如果王保保对于徐达战术可以用“诱”字来总结，那么他对李文忠的战术则可以称为“遛”。根据朱元璋的原定战略，徐达军的主要任务是吸引北元的主力部队，以便李文忠这把锋利的“刀”能直插北元腹心——和林。这个计划的前半部分实现了，王保保的注意力被徐达吸引，李文忠则顺利地向和林进军。这让李文忠产生了北元军队怯弱的错觉。在漠南地区，北元军队一再主动撤退，多次在夜间放弃营地逃走，李文忠一场仗都没打就缴获了大量牛马和辎重。他的军队一直行进到今天蒙古国的克鲁伦河处，仍未遭遇强敌。李文忠急不可耐，他效仿霍去病，抛弃辎重，亲自率领骑兵快速前进。

不久，他抵达了距离和林不远的阿鲁浑河畔，在这里他终于遇到了有实力的北元军队，这支军队由将领蛮子和哈剌章带领。双方爆发的战斗异常激烈，李文忠的战马被射杀，他不得不下马，持短兵器继续战斗。幸运的是，他武艺高强，并带头勇猛冲锋，激励士兵们奋勇作战，最终成功击退了北元军队。

朱元璋的“黑虎掏心”战略似乎即将成功，和林已经近在咫尺。但是，元昭宗竟然干净利索地弃城而逃了。李文忠怒不可遏，此时他还不知道徐达率领的中路军被击败，便朝草原深处追去。元昭宗在前面“遛”，李文忠在后面追。两个人一前一后，竟然横穿了蒙古大草原，李文忠一直追到新疆北部的阿尔泰山麓了。在这里，他终于遇到了等待许久的王保保。

关于之后战事的记载，明朝的史书就有些不可靠了。《明实录》称，李文忠与王保保的军队相遇后，双方并未发生战斗。据书中所述，李文忠拥有朱元璋家族的优秀血统，表现出了非凡的智慧，他命令士兵宰牛以备餐食，并将俘获的马匹放归草场，书中称这样是为了“示以闲暇”，让王保保感受到自己的从容不迫。《明实录》记载：李文忠就这样放牧了三天，王保保便率领军队逃跑了。随后，李文忠也撤退了。在撤退途中，明军士兵口渴难耐，李文忠向上天祷告，很快就有泉水涌出，士兵们得以解渴。

事实上，在这次出征中，李文忠率领的东路军遭受了重大损失，宣宁侯曹良臣、骁骑左卫指挥使周显、振武卫指挥同知常荣、神策卫指挥使张耀均战死。《明实录》并未明确记载他们战死的具体地点，有人推测他们可能在和林附近的战斗中阵亡。但笔者更倾向于他们是在与王保保军的交战中阵亡。徐达的中路军战斗得如此激烈，也仅仅战死了一个指挥使，东路军却战死了三个指挥使和一名副帅，可见战况之激烈。

徐达损失的平阳卫只是地方野战军，而李文忠这边，被重创的骁骑左卫、振武卫和神策卫都是禁卫军，是朱元璋嫡系中最精锐的部队。振武卫中战死的指挥使常荣是常遇春的弟弟，周显、张耀也都是资历深的红巾军，如果他们没有战死，凭借他们的资历，日后必定能封侯。

副帅曹良臣的战死尤其令人惋惜。在其他两路军中，与他地位相当的蓝玉和傅友德后来分别被封为凉国公和颍国公。曹良臣长期在元军和刘福通战斗激烈的安丰独立作战，能在这样的环境中生存下来，足以证明他的实力强大。虽然曹良臣加入朱元璋麾下较晚，但此时已经成为第一批被封侯的将领，说明他的战斗力不容小觑。

至此，明朝的三路大军中，两路都对北元失去了威胁。

六、“骗”冯胜

三路大军中，如今只剩下冯胜的西路军。王保保把所有兵力都调去对付中路军和东路军，实在无暇再应对西路军，但也不能置之不理，笔者推测王保保对冯胜使用了“骗”字诀。

根据西路军中的武官俞本写的《纪事录》记载，在行军途中，冯胜一直在“惧回鹘（hú）之兵”，害怕被回鹘兵截断后路。经专家考证，所谓的“回鹘”，即东察合台汗国。该国由成吉思汗的次子察合台建立，领土曾横跨中亚、阿富汗以及中国新疆的部分地区。尽管东察合台汗国也是蒙古人建立的，但冯胜不知道的是，这个国家与北元的关系并不和睦，实际上不太可能介入战争。在冯胜西征时，察合台汗国已经分裂，东察合台汗国正遭受枭雄帖木儿的攻击，无暇顾及北元的事务。

如今，北元的西北地区兵力空虚，冯胜沿途基本没有遇到有效的抵抗。西路军先轻松地夺取了凉州（今甘肃省武威市），随后在永昌（今甘肃省金昌市永昌县）再次获胜，之后连续七战七捷，攻占多座城池。但西路军俘获的战果并不多，在官方的记载中，只俘获了二十七名北元官员和八百三十户投降的百姓。尽管如此，西路军还是缴获了丰富的物资，获得了包括马、驼、牛、羊在内的十余万头牲畜。

很快，西路军进军至北元西部的亦集乃（今内蒙古自治区额济纳旗）。然而，在未遭受重大损失的情况下，西路军选择了撤退。史学家们对此有两种看法：一种认为冯胜得知徐达战败后，出于恐惧而撤退；另一种则认为冯胜是担心东察合台汗国的军队介入才撤军的，即《纪事录》中所写的“惧回鹘之兵”。

不仅如此，冯胜还放弃了所有已经占领的城池，其中包括敦煌、武威、张掖等丝绸之路上的重要城市，这里自古以来就是汉人的土地，就这样被轻易放弃。最后，冯胜带军撤回了起点。笔者认为，冯胜撤退的根本原因可能是“惧回鹘兵”，而散布这些消息的最大嫌疑人就是王保保。

至此，朱元璋集结全国精兵强将、以全天下的资源发起的三路北伐全部失败。王保保以此前屡次失败的残兵，成功拯救了北元。

七、只此一胜，便成名将

对于洪武五年北征的损失，明朝一直讳莫如深，没有明确的官方数字。一些史料称损失“万余”人，其他记载则含糊地提到“数万”。不过，《高丽史》中收录了朱元璋与高丽使者的谈话。朱元璋提到此次战役时，称“两三处折了四五万军马”。这一数据是他对外宣传的数字，实际的损失可能更严重。北京大学历史系教授李新峰在《明前期军事制度研究》中写道，明军在漠北之战中遭到毁灭性打击，许多亲军卫难以为继，进行了两次大规模的拆并。

> 洪武五年……以兴化卫并为钟山卫，天长卫并定远卫，振武卫并兴武卫，和阳卫并神策卫，通州、吴兴二卫并龙骧卫，寻复设和阳、神策二卫……并骁骑前卫于左卫，中卫于右卫。
>
> 洪武八年……罢钟山卫，并其兵于兴武、神策、广武、骁骑左四卫。罢雄武卫，并其兵于骁骑右及定远、神策三卫。罢龙骧卫，并入定远卫。

诸卫所余军，调北平诸处守御。寻复改定远卫为龙骧卫。

此次战役对明朝产生了深远的影响，它让一个雄心勃勃、正在扩张的新兴国家，转而去专注修筑长城。今天的金山岭长城与慕田峪长城都是当时徐达率众所修的。之后长达十五年，朱元璋不敢再提“肃清沙漠”，而是将“守边”定为军事战略的核心，形成了以保塞守边为主的防御政策。

王保保只此一胜，便成为一代名将。

王保保早年因养父去世获得了军队和地位，但当时年仅二十岁的他不懂如何掌握这些力量，失去了一切。如今，他终于靠自己的努力，从深渊中站了起来，成为北元的中流砥柱。

元昭宗高兴得合不拢嘴，称自己用王保保为相，是极为明智的决定。他得意扬扬地称：“之前因为兵乱，朝廷迁居于此。如今因为我以王保保为相，北元马上就要中兴了。”所有蒙古人都认为从此北元将重新振兴，至少也会有很大的发展，甚至朝鲜半岛上的高丽国也改变了立场，重新成为北元的藩属国。

与此同时，朱元璋一次次对王保保提出优厚的条件，试图说服他归附明朝，但都被王保保拒绝了。三年后，朱元璋派出王保保父亲的同僚李思齐出塞招降。王保保见到故人，心情激荡，与他共话平生。不久，李思齐向王保保辞行，王保保派骑兵护送他回了明朝。

但是，在即将抵达明朝边境时，骑兵对李思齐说：“主帅有命，请公留一物为别。”

李思齐回答：“我此行并未携带礼物。”

骑士说：“愿得公一臂。”

李思齐只得自断一臂，回到金陵后很快就逝世了。

同年，王保保也因病而死，这一年他还不到四十岁。无数个殚精竭虑的长夜早就耗尽了他的心力，一路的颠沛流离和死里逃生也早已摧毁了他的健康。

元昭宗也在三年后去世。

之后，塞北再无名将，十年后，王保保的手下败将蓝玉长驱而来。

王保保死后，北元内部的政治局势更加动荡不安，政治人物不断更迭。诸多将领见重振北元无望，纷纷出走，其中就有日后成为朱棣麾下最杰出将领的张玉。

第六章

乾纲独断

01
明朝的顶层政治设计

在完成国内统一后，朱元璋将主要精力转向了内政，“家天下”成为朱元璋在设计政治框架时首要考虑的目标。明史专家陈梧桐先生在《朱元璋大传》中如此评价：“朱元璋的一切政策，都是以巩固封建统治特别是朱家王朝的专制统治为出发点和归宿的。”

明朝的顶层设计达到了两千年来专制制度发展的巅峰，在大明王朝存续两百余年中，朱家人一直牢牢掌控着这个国家。

一、朱元璋的文化构建和人才选拔

建立明朝后，朱元璋的首要之事就是构建符合明朝统治集团利益的文化。他是一位构建文化的高手，构建了符合“家天下”目标的新一代儒家文化。

先谈谈传统儒家。当年汉武帝为何罢黜百家而独尊儒术？因为儒家理论中有相当一部分是极为符合封建统治者利益的统治术。所谓百家思想，实际上都是关于如何组建国家的参考答案，以供先秦诸国选择，并在各国争霸的过程中相互竞争。而儒家的核心是将家庭中的规则放大到整个社会，君主如同父亲，臣民则是儿子，君王统治臣民用的是父对子的仁爱，臣民对君主则需尽到子对父的忠孝。

运用这套话术，君主天然就占据了道德的制高点。在古代封建社会中，君主的地位就如同所有人的父亲，即便做错了，父亲依旧是父亲，更何况，儿子哪里敢指责父亲的错误？朱元璋登基后，认为儒学的这套理论适合维持封建统治，便在全国各地兴建学校，延揽教师，令各地官员为崇儒尊孔拨给专门的经费。

其实，儒家学说中也有许多反对专制的内容。比如，孟子就提出“君之视臣如草芥，则臣视君如寇仇”和“闻诛一夫纣矣，未闻弑君也”。但随着儒学的发展，儒学中的理学一派一直高喊“为天地立心，为生民立命”。这背后其实是地主们在争夺“评价权”，否则地主知识分子凭什么能为天地立心呢？当拥有评价权的士大夫们依据“为生民立命”的标准，评价某一君主为昏君时，

“诛一夫”便具有了合法性。

为了消除这些对专制统治构成威胁的观点，朱元璋登基后开始对儒学进行改造。例如，他曾试图将孟子排除在文庙之外，但因反对声过大而作罢。他转而对《孟子》进行删节，删去了三分之一不符合专制要求的内容，编成了《孟子节文》一书，并让全国的学校舍弃《孟子》原书而学习《孟子节文》。

朱元璋开设大量的学校，在全国推广他改造过的程朱理学，让学子们学习。他还以科举做官为诱饵，让广大学子成为其封建专制的工具。虽然中国很早就施行了科举制度，但初期的科举还重视选拔人才的功能，不至于过度禁锢思想。比如，在唐朝，写诗也能成为科举考试的内容，名句“终南阴岭秀，积雪浮云端。林表明霁色，城中增暮寒”就是唐代诗人祖咏在科举考试中写出来的。而朱元璋要求学生只能学习他改造后的那套学说，禁止学习其他学说，明令“非《五经》、孔孟之书不读，非濂洛关闽之学（朱子理学）不讲”。

此外，朱元璋在各地的学校里都立了一块碑，写明“国家明经取士，说经者以宋儒传注为宗”，而考试也一概从《四书》《五经》中出题，以程朱注疏为答题范围。从此，“百无一用是书生”成为很多读书人能力的真实写照。

二、废除宰相，大权独揽

通过在封建文化建设上进行铺垫，朱元璋将自己抬升到了极高的地位，从而为后续的机构调整和清洗功臣做好了充分的准备。

在明朝之前，君权一直受到相权的制约。宰相会带领文官群体，限制皇帝，让皇帝不能随心所欲地行事。例如，在唐朝，即便皇帝想让关系亲近的人担任一个小官，也需要经过中书省、门下省等部门的审议。否则，即便此人被勉强任用，也只会是一个被人看不起的“斜封官”①，在官场上寸步难行。宋朝实行的封驳制度更是要求皇帝的诏令必须经过大臣们的审查，否则无效。这些制度的设立，部分是出于皇帝的无奈，更多是出于开国皇帝主动退让的政治智慧，以防后世有不肖子孙登基，文官群体能对其有所制约。

然而，到了朱元璋时期，可能由于小时候太多次被元朝官府坑害，朱元璋不仅不信任官僚，还十分反感以宰相为首的群臣集体制约自己。于是，在夺得天下后的第十三年，朱元璋以胡惟庸案为契机，对明朝的组织架构进行了重大调整。他首先就废掉了在中国历史上运转了上千年的宰相制度，还废除了实行宰相制度的重要机构中书省。

随后，朱元璋将原本隶属于宰相的六部——吏部、户部、礼部、兵部、刑部、工部的主官提升一级，从正三品升至正二品，使其在级别上跟原来的宰相平级，让他们直接向自己汇报。如此一来，朱元璋的权力更难受到掣肘了。偌大一个朝廷却没有人或部门居中协调，每个部门都各自为政，直接向皇帝汇报，朱元璋美其名曰各部门“分理天下庶务，彼此颉颃，不敢相压，事皆朝廷总之，所以稳当”（《皇明祖训》）。记住“彼此颉颃”这四个字，就是让各个机构之间地位平等，互相制约，不敢相互压制，最终权力都集中在皇帝手中。在明朝，从地方到朝堂，从官府到军队，遵循的都是这个原则。大家相互防范和争斗，皇帝则在一旁看热闹。

这种制度安排以牺牲行政效率为直接代价，削弱了文官集团与皇帝抗衡的力量。不仅如此，随之而来的是朱元璋本人的政务负担急剧加重。以洪武十七年（1384 年）九月十四日到二十一日这八天为例，朱元璋一共收到了一千一百多份奏章，涉及约三千三百项事务。即使他每天只睡四小时，他每小时也需要处理十份奏折，四十项事务。

终于，朱元璋吃不消了，但他又不放心让大臣参与最终的决策，竟然从民

① 斜封官，相对于中书省黄纸朱笔正封的敕命而言，其任命方式是从侧门交付中书省且墨书斜封，故名。

间找了四个有德行的儒士来辅佐，美其名曰“四辅官”。但这四人并不擅长处理政务，不久他们或退休或被朱元璋杀掉。之后，朱元璋只得选出几个年轻的儒生，任命他们为学士，让他们作为自己的助手随侍左右，这才勉强撑起中枢的框架。朱元璋的这种做法在他统治的时期可行，但他的后代们没有这样的体力和精力，于是，后面的明朝皇帝就把目光转向了太监，魏忠贤、王振这些权宦就这样登上了历史舞台。

三、治军：让军队自己养活自己

在军队构建上，朱元璋推行了两个原则。第一个原则就是“彼此颉颃”；第二个原则是节俭，朱元璋充分发挥了自己出身农家养成的节俭意识，他只让军队干活，不给军队拨粮，自称“吾养兵百万，要不费百姓一粒米”（《续文献通考》卷一百二十二）。

在第一个原则“彼此颉颃”下，朱元璋设了兵部和大都督府两个部门来管理军队，并在职责的设置上让两部门彼此牵制。都督府负责日常的军队建设，兵部则承担颁发军令和选拔军官的责任，如此便将军队的管理与调度分开了，实现了兵将分离。更关键的是，两个部门都没有指挥军队的权力。当战事爆发时，只能由朱元璋决定战与不战，并由他任命军事统帅。即便如此，朱元璋仍不放心，认为大都督府的权力过大，之后又将拆分为前、后、左、右、中五个都督府，各自分管一部分军队。

具体到军队建设，朱元璋创立了明朝的“军户制度”，也就是将多用于乱世的养兵方式制度化，朱元璋期望部队能自己养活自己。具体的做法是在全国各地设置了两百多个卫所，每个卫所有五千到一万人，官府给他们分配土地，让他们自耕自食，打仗时就从中征调士兵。在朱元璋统治时期，只要当了兵，就会被纳入军户。平时，士兵在卫所种地，收获的粮食要至少上交一半给官府，这个比例要比民户高得多。而且，到战时军户还要出征，若士兵战死，他的家族还要接着出人顶上。卫所的职位都是世袭的，只要你是普通军户，你的子子孙孙也是普通军户，而军官的儿子生来就是军官。卫所中的武官群体才是朱元璋稳固的支持力量，即大明王朝的“八旗子弟”。比如，明朝中期的戚继光、俞大猷等人，他们的祖辈都是跟随朱元璋征伐天下的凤阳同乡，他们家族的子弟世世代代都是军官。

不过，建立军户制度的初衷是好的，这个制度在明朝初期发挥了明显的优势，体现在军队所需的给养少，军队能快速实现对征服区域的占领，能有效地管理边远地区。但在卫所这种人为隔绝的环境里，一切都是军官说了算。当国家进入和平时期，士兵们对军官的价值就只剩下种地了。之后，卫所的士兵更是沦为达官显贵的“农奴”，田地被侵吞，自己被奴役。按照《明实录》记载，明朝建国还不到百年，卫所里就出现了“军士妻子，衣食不给，皆剜蕨根度日”的现象。后来，军户的惨状连大太监刘瑾都看不下去，他试图进行改革。但利益阶层的蛋糕岂是那么容易动的，刘瑾的改革直接引发了九边兵变，最终让他命丧黄泉。

这样的军队怎么可能有战斗力？在朱元璋时期，卫所的士兵就开始大量逃亡。到了明朝中后期，卫所制度已经名存实亡。在嘉靖朝，尽管明朝国力看似强盛，但几十个倭寇就能在大明的钱粮重地南京附近肆意横行。到了崇祯朝，北京号称有十几万兵力，但当李自成的军队逼近北京时，明朝朝廷不得不雇用乞丐来守城，最终让李自成兵不血刃地进了北京。

四、治民：防范再出另一个朱元璋

很多人认为朱元璋出身贫民，了解民间疾苦，所以在他的统治下平民的生活应该会更舒适。然而，正因为朱元璋曾是贫民，所以他更在意如何防范贫民中再出现下一个“朱元璋”。在元朝，朱元璋遭遇灾荒后还能去外地乞讨求生，可在明朝，路引制度导致受灾的百姓只能痛苦地等待饿死。

明朝实行的路引制度把人们的活动范围限制在百里之内。民众若无特殊许可的路引，随意迁徙将被视为违法，会被判处私渡关津罪。此外，朱元璋还推行了里甲制度，以十户为一甲，百户为一里。居民间相互监督，不仅百姓自己有违法犯罪行为会受到惩处，甚至连邻居无所事事，都可能牵连整个里甲的居民被发配到边疆。

下面这个例子能更形象地说明朱元璋构建的社会。有一种动物叫裸鼹鼠，在自然界，它们以大约三百只为一个族群，形成一个类似社会单位的团体来生存，每只裸鼹鼠都各司其职，维持着这个小社会的正常运转。其中，每个族群都只有一只鼠后，负责繁殖下一代。鼠后的周边长期有三只雄鼠，只负责与鼠后交配，其他裸鼹鼠没有繁殖的权利。族群中还有负责挖洞和寻找食物的工鼠、负责打仗的兵鼠、负责警卫的警卫鼠、负责清扫其他鼹鼠排泄物的清洁鼠等。在裸鼹鼠的社会中，个体一出生就被确定了身份和职业，一生不变。

这大概就是朱元璋心中的理想社会。他将民众大体划分为民户、军户和匠户三大类别。民户中除了有每年要定期服役的普通民户，还包括儒户、医户、阴阳户等；而匠户则涵盖了厨子、裁缝等各类工匠。每个人一出生就被决定了未来，不许改变。对于渴望改变自身社会地位的人来说，科举考试是唯一的途径，但科举三年才举行一次，每次全国只有几百个名额。

有人可能会想，如果实在生活不下去，可以选择像朱元璋早年一样出家为僧。然而，如果朱元璋在他自己建立的明朝当一个普通人，他一定没有资格成为和尚。因为在明朝初期，民众生活艰难，许多人都争着想出家。根据《剑桥中国明代史》，明朝建立后不久，有一年竟有五万七千人出家，第二年竟增至近十万人出家。面对这种情况，朱元璋采取了一系列限制措施来控制僧侣的数量，以确保国家的税收。他规定，想出家的人必须通过考试，同时对各地的僧侣数量进行严格控制：每个县二十人，每个州三十人，每个府四十人。

朱元璋所做的这一切，就是防止下一个朱元璋出现。他为稳固“家天下”统治而采取的种种措施，严重阻碍了生产力的发展。每个人都像鼹鼠一样活着，何谈发展呢?

五、以刘邦为榜样

刘邦，汉朝的开国皇帝，与朱元璋一样都是出身平民，而且他们的故乡相距不远。刘邦的成功和治国策略对朱元璋产生了深远的影响，他是朱元璋一直以来的榜样。

朱元璋对刘邦实行的分封制颇为欣赏，认为这是一种巩固家族权力的有效手段。在朱元璋看来，外人不可信赖，要么有夺权的野心，要么只为领取俸禄而不尽职尽责。因此，朱元璋决定效仿刘邦，将朱家的子弟分封为各地的藩王，以此确保朱家的天下能长久传承。他先后分封了二十多个儿子，尤其在北方的长城沿线，他分封了宁王、燕王、晋王、代王、秦王等掌握着强大军事力量的藩王，其中，仅宁王就拥有八万精兵。

这些藩王在日后成为朱元璋清洗十几万功臣的底气。在利用淮西帮的力量夺取政权后，朱元璋就开始分批处决这些功臣，并将军事指挥权转移到儿子们的手中。不过，朱元璋对自己的儿子们有很清晰的认识，知道他们的军事能力有限，所以主要将难啃的敌人交给外姓将领解决。于是，明朝的军事布局呈现出一个特点：在进攻时，明朝依赖有才能的将领，而在防守时，明朝主要依靠地方的藩王们。

除了在军事上发挥作用，朱元璋的儿子们在政治清洗中充当了帮手。例如，在处理曾在兰州防守战中立下赫赫战功的会宁侯张温时，朱元璋便指派他的儿子晋王协助执行。他在传给晋王的书信中说：“将会宁侯及其子嗣处以凌迟之刑，其成年家属废为庶民，妇女则分配给晋王府的军队。”

不仅如此，藩王们还主动鼓动朱元璋发动清洗，以便浑水摸鱼，谋取私利。例如，太子朱标死后，四皇子燕王朱棣来到京城，对朱元璋煽风点火。《明通鉴》记载："（燕王）颇言诸公侯纵恣不法，将有尾大不掉之忧，上由是益疑忌功臣。不数月，而（蓝）玉祸作。"于是，在朱棣的推动下，朱元璋掀起蓝玉案，导致一公、十三侯、二伯被族诛，牵连一万五千多人被杀，"元功宿将，相继尽矣"。

洪武三十一年（1398年），朱元璋去世。第二年，燕王起兵。

02
朱元璋诛杀功臣的底层逻辑

朱元璋是中国历史上对待功臣最冷酷的皇帝，丝毫不在意他们为建立大明王朝立下的功勋。明朝初期封赏的三十四位公侯中，只有徐达的家族幸免于难，并将爵位传承下去，其他功臣的家族大多在持续十年以上的“胡蓝党案”中遭到清洗。朱元璋杀掉这些功臣的底层逻辑是什么？在维持国家稳定的前提下，他究竟是如何进行这样一场规模浩大的清洗的？

一、不相信任何人

除了自己，朱元璋对任何人都不信任，他在留给子孙的《皇明祖训》中反复强调："虽亲信如骨肉，朝夕相见，犹当警备于心。"

朱元璋的童年生活极为悲惨，这或许导致他形成了多疑的性格。在大疫大灾之年，朱元璋在饿殍遍地的河南和安徽乞讨了三年，活了下来，这段不同寻常的经历让他的观念与普通人截然不同。在《皇明祖训》中，朱元璋教导子孙要时刻保持警惕，"凡警备常用器械衣甲，不离左右；更选良马数匹，调教能行速走者，常于宫门喂养。及四城门令内使带鞍辔各置一匹。"这种性格在朱元璋三十年的施政生涯时常发挥影响。在朝堂上，他废除了宰相制度，让原本隶属于宰相的各个部门直接向他汇报工作，并让他们相互制衡；在民间，他设立里甲制度，通过连坐的方式迫使民间的百姓相互监视。

最让朱元璋头疼的是，如何处理那些与他一同征伐天下的功臣们。这些功臣主要集中在军队中，他们是国家的基石，守护着大明王朝。而且，功臣们都是从死人堆里爬出来的，每个人都是乱世枭雄，他们的势力在军队中枝蔓相连，一呼百应。他们清楚朱元璋为了发迹所用的卑劣手段，比如害死岳父郭子兴的儿子们、将明教教主韩林儿抛入江中，他们也见识过朱元璋历次兵败后的狼狈模样，不会像百姓那样将朱元璋奉若神明。

而且，这些功臣大多来自安徽凤阳周边的一两个县，他们的子女彼此通婚，家族间同声相应。功臣们认为自己与朱家共同治理天下，在他们的眼中，百姓甚至官吏都不算什么，想杀就杀。例如，朱元璋曾斥责永城侯薛显擅自杀害胥吏、兽医、火者、马军以及千户吴富之罪，但最后也只能将他贬到海南。

那么，在保证国家稳定的前提下，朱元璋该如何清洗这些功臣呢？

二、政策转向

洪武五年是明朝政策的重要转折点。那一年，徐达、李文忠、冯胜分三路讨伐北元，却大败而归，损失数万将士。这次失败让朱元璋意识到北元的势力不可能轻易被消灭。因此，在之后的几年里，他将精力投入国家建设中，大明的主要任务也从对北元作战转变为发展。在此阶段，为了防备北元的攻击，安心发展经济，朱元璋并没有大肆屠杀功臣，在洪武十三年前，被杀的公侯仅有水军领袖、巢湖水寇派的领袖廖永忠。

围绕着发展实力这一目标，在后面的八年里，朱元璋主要做了三件事：第一，调集近九万工匠、几十万军士和民夫，花费六年建设家乡凤阳；第二，向人口稀疏的北方移民，促进当地的经济发展；第三，在各地调整组织架构，改变了行政权、监督权和军权集于地方长官一身的状况，将三权分给承宣布政使、提刑按察使、都指挥使，三人互不隶属，相互制衡。

通过以上三条措施，朱元璋把经济建设得有声有色。洪武前十三年，全国增垦土地一百八十万顷，实现了官民田翻番。然而，此时期积累的财富有相当大部分被浪费在凤阳皇宫的建设中。当凤阳皇宫即将建成时，朱元璋或是不想让淮西帮进一步壮大，便放弃了迁都的计划。

洪武十三年，朱元璋认为时机已经成熟，为实现集权于皇帝一人，发起了持续十余年之久的胡惟庸案。

胡惟庸是淮西人，为人干练，颇有吏才。他从宁国主簿这种小官做起，在县、府和省三级官府任职多年。在此期间，他在民间不遗余力地为朱元璋的一次次军事行动敛财，被百姓称为“胡扒皮”，成为与苏州知府“陈烙铁”陈宁并列的酷吏。

在朱元璋消灭张士诚的同年，胡惟庸得到淮西派领袖李善长的赏识，被提拔到太常寺担任少卿一职。《明史纪事本末》称，胡惟庸为了这次提拔，向李善长赠送了两百两黄金。有了李善长的帮衬后，胡惟庸获得了更多展示才华的机会，他本就颇具才干，很快便引起了朱元璋的注意，朱元璋开始对他青睐有加。

洪武四年，李善长在与朱元璋多年共事之后，感到高处不胜寒，他深知朱元璋的为人，便想功成身退，回到凤阳隐居。胡惟庸迅速填补了李善长留下的空缺，成为中书省的最高官员，据《明史》本传记载，他当时的权力足以“独专省事”。

胡惟庸的能力极强，在随后的洪武六年、洪武七年间，明朝的耕地数量增加了一百二十七万顷，是前五年新开垦数量的十倍。在之后的七年里，胡惟庸一直是明朝最高官位的文官，主导了国内的建设工作，政绩显著。如果没有胡惟庸的努力，明朝不可能这么快就恢复元气，也不会很快就有能力对北元发起新一轮的军事行动。日后，明朝才子王世贞在《弇州别集》中也不得不承认胡惟庸“雄爽有大略”。

然而，在朱元璋的规划中，他不能容忍一个团结在宰相身边的文官群体。这最终导致了胡惟庸的悲剧结局，因为他的存在和影响力威胁到了朱元璋对权力的绝对控制。

三、朱元璋的集权措施

封建社会的皇帝大多会受到文人的极力吹捧，朱元璋也不例外。

在文人的吹捧中，朱元璋有些飘飘然了，认为自己天赋异禀，不仅在军事和政治上是一把好手，在建设上也有才干。在政治理念上，朱元璋认为皇帝不能独揽大权是历朝衰败的根源。他在《皇明祖训》中写道：

> 自古三公论道，六卿分职，并不曾设立丞相。自秦始置丞相，不旋踵而亡。汉、唐、宋因之，虽有贤相，然其间所用者多有小人，专权乱政。

朱元璋要集权。他要不受制约的权力，要将封建帝王的专制推向顶峰。于是，在地方上完成组织架构调整后，朱元璋下一步就是重新调整权力中枢，如此，中书省左丞胡惟庸的命运已然注定。

洪武十年（1377 年），朱元璋命令李善长复出为官，让他与尚在地方的李文忠一起“空降”到胡惟庸之上，使二人的职务高于胡惟庸。之后，他又将胡惟庸的佐理官员全部调走。

洪武十一年（1378 年），朱元璋下令“奏事毋关白中书省”，即命各部及地方上书朝廷时，无需再将内容告知中书省，从而切断了中书省与六部以及地方诸司的联系。

洪武十二年（1379 年），朱元璋将李文忠从陕西调回金陵，利用他加强自己对京城的控制。

同年，朱元璋又给一批新兴军事贵族封侯，包括蓝玉、王弼、仇成、谢成、张龙、吴复、金朝兴、曹兴、叶升、曹振、张温、周武等将领。同时，朱元璋陆续将此前已经被封侯的淮西勋臣从中书省、大都督府和御史台调出，他们此前与淮西同乡胡惟庸有千丝万缕的联系。

朱元璋准备动手了。正好在此时，胡惟庸的儿子坐马车在街上疾驰时出了车祸，不治身亡，胡惟庸一怒之下让警卫杀了车夫。朱元璋听闻后，决定追究到底。胡惟庸请求用金帛补偿车夫的家人，但未被朱元璋许可。

明朝有史料称，胡惟庸准备反叛，诈称在府中的院子里掘出喷泉，邀请朱元璋来参观，却暗中埋伏好刀斧手，随后此事被宫内的小太监获知，拦住了朱元璋。这个为朱元璋诛杀胡惟庸增加合法性的说辞可信吗？真实的情况是：胡惟庸当时已经被彻底孤立。此前为了能成为宰相，他拼命地执行朱元璋决定的各项搜刮钱财的政策，在民间声名狼藉，毫无人望，谁会与他一起共谋呢？更何况，在对胡惟庸动手前，朱元璋极力笼络新兴军事贵族，并剥夺了一批淮西勋臣的军权，确保之后的杀戮可以万无一失。

如今，胡惟庸只不过是案板上的鱼肉，所有人都知道胡惟庸要完了。洪武十二年底，胡惟庸的下属、御史中丞涂节上奏称刘伯温是被胡惟庸毒死的（当代史学家杨讷考证过刘伯温之死，他认为刘伯温不可能是被胡惟庸害死），并指出胡惟庸的副手汪广洋知悉此事。汪广洋是名儒余阙的学生，他知道自己大限已至，但抵死不肯诬陷胡惟庸，最终被朱元璋诛杀。

虽然汪广洋不肯攀诬，胡惟庸的罪行也很好找。他能做到文官之首，怎么会没有污点？最终，朱元璋给胡惟庸安的罪名是擅权植党、指控他利用手中权力干预司法等。值得注意的是，此时罪名中尚无谋反罪。洪武十三年正月初六，朱元璋下令处死胡惟庸。随后，胡惟庸被带到金陵玄津桥附近斩首。《纪事录》记载，其尸体被“肢解于市，纵犬食之”，家人也不能幸免于难，“妻子分军士，子弟悉斩之”。

在胡惟庸案中，朱元璋最初的打击对象是文官系统，随后借此案几乎杀光了三大朝政机构——中书省、大都督府和御史台的所有高层，仅右御史大夫一人被饶了性命。每个被杀的政坛巨擘背后都有一众追随他的官员，所以随后有数千人也被诛杀。

借此案之机，朱元璋还调整了明朝的监察制度。他将御史台改组为都察院，将人员编制扩充了一倍。改组之后的都察院下设十三道，对应明朝此时的十三个行省，意味着监察御史们能够监控、弹劾各地区的各级官员，这是之前的历朝历代所没有的。

不过，朱元璋即便要调整，原来的官员能用就用，不能用撤职便罢，何必把他们全杀了呢？答案大约是，稻田里的麦子熟了，割了才好种下一茬。把这些臣子全杀了，不仅能消除他们带来的消极影响，还能为朱元璋带来极大的经济收益。

吴晗在《胡惟庸党案考》中写道:“明初连年用兵，承元疲敝之后，益以兵荒天灾，国库奇绌。一面又因天下未定，不能不继续用兵。明太祖及其部属大抵都出身卑贱，自来就不满于一般专事尅削的地主巨商，因此除不断用徙富民的政策以夺其田产以益军实外，又不断地寻出事来择肥而噬，屡兴大狱的目的只是措财筹款。”

中枢被杀的高官背后是几千个文官，而哪一个文官后面又没几个富商。随后，朱元璋借此案杀戮地方豪族，责令富豪出钱出粮，还迫使这些人大量迁徙到凤阳。由于文官被杀了太多，朱元璋紧急令天下各府、州、县推荐人才到朝廷，不用参加科举考试便可授官，此轮新纳人才有八百六十余人。之后，地方上又陆续推举数千人来金陵。

收获了这些豪族的家财，第二年即洪武十四年（1381 年），朱元璋命傅友德、蓝玉和义子沐英出征云南。

四、杀文官

从出征云南到大军班师回朝历时三年（1381—1384 年），在此期间朱元璋利用他改造后的新儒学培养了大量文人。首先是国子监的建立，每年能为明朝输送大量受新儒学熏陶的文人。其次，朱元璋还恢复了科举制度，以他划定的内容为考试范围，并颁布《科举成式》，建立了一个层次清晰、名目繁多、等级分明的人才选拔体系。越来越多新文人成长起来，准备进入政坛。

洪武十七年（1384 年），傅友德凭消灭了奉北元为正朔、统治云南部分地区的梁王势力之军功而晋封为颍国公，大批军事贵族得到赏赐。此时，北元的土地只剩下了辽东和蒙古地区。朱元璋打算彻底解决北元问题，还需要大量钱财。昔年汉武帝为征匈奴，不惜使人口减半，朱元璋岂能逊于刘家的彘儿（汉武帝最初名为刘彘）。洪武十八年（1385年），朱元璋掀起了郭桓案。

郭桓，山东泰安人，并非出自处于明朝权力核心的淮西集团，因此在朝堂上没有根基。他在洪武五年入仕，在山西任职十二年。洪武十七年，郭桓因才干出众被调入管理天下钱粮的户部，升为副职，当时户部长官空缺，由他主管户部。然而，仅一年后，朱元璋指控郭桓与北平的官员合谋倒卖官粮，将其下狱。

三木之下，何求不得？[①]经过审讯，六部的大部分官员受到牵连，正副主官有八人被杀，底下的官员也多“阖部皆死”，六部几乎被一扫而空。这还只是开端，很快，朱元璋就公布了郭桓的罪行，主要有三条：第一条，郭桓倒卖了七百万石官粮，约合现在的一万三千多吨，足够一百万人吃一年；第二条，郭桓贪污了浙西四个府的税收，并收受贿赂；第三条，郭桓贪污了印刷的明钞。最终，经朱元璋认定，郭桓贪污的钱粮折合成米大约是两千四百万石，相当于大明一年税粮的八成。如此巨大的数额让人觉得荒谬，更何况，郭桓才到户部任职一年。而且，其他涉案的六部主官也多为任职较短的新人。

惩治朝堂六部还只是“开胃菜”，随后，朱元璋在地方上实施“瓜蔓抄”，即一人犯罪，亲族被诛，甚至朋邻乡里也不能幸免，如瓜蔓般辗转牵连。据《明史·刑法志》记载，郭桓案“词连直省诸官吏，系死者数万人”。朱元璋定下了两千四百万石的数字，这就相当于给下面的官员定了任务，地方上的无数富户因此破产。想象一下，一个官员被抓进牢狱，锦衣卫说他贪了一万两白银，他拿不出来，在遍体鳞伤后被问这些钱是否已经借给了某地富商，这个官员会怎么说？于是，明朝就出现了“核赃所寄借遍天下，民中人之家大抵皆破”的现象。

通过郭桓案，朱元璋达成了一箭三雕之效。第一，他成功重新调整了朝堂

① 三木是古时套在犯人颈、手、足上的刑具，此句的意思是指严刑之下，必得供词。

官员；第二，在地方上，一大批关系盘根错杂的官员被更换；第三，他筹集到了大量钱粮，为发动对北元的新战争做好充分的准备。之后，一大批新文人进入了政坛。郭桓案之后的第二年，朱元璋让上千名国子监学生毕业，授予他们知府、知县的职位。他们与淮西派元老没有瓜葛，将成为朱元璋的拥趸。

五、杀武将

洪武二十年（1387 年），积累了海量资源的明朝对北元发动了总攻。明朝调集了冯胜、傅友德和蓝玉三名公爵，出征辽东。面对如此重兵，北元守将纳哈出选择直接投降。

次年，蓝玉取得捕鱼儿海大捷，北元皇帝脱古思帖木儿扔下文武百官仓皇逃窜，不久死于属下之手。至此，明朝终于无需再担心蒙古铁骑重返中原。

之后，朱元璋开始考虑身后事，特别是如何处理这些如狼似虎的猛将。唐太宗李世民二十四岁便平定天下，而朱元璋此时已经六十一岁。晚年的朱元璋身体欠佳，担心自己随时会离世。他每年都召集分封到各地的儿子们回来一两次，称："我知道你们每年从封地来一趟金陵很辛苦，但我年纪大了，不知道与你们的哪次见面就是最后一次。"看着自己的太子朱标，朱元璋更是忧愁。他一直认为，朱标的性格过于柔弱，不适合当皇帝，甚至正德朝大学士王鏊的《王文恪公笔记》称朱标是被朱元璋呵斥，受惊后跳河，被救起后病死的。

于是，朱元璋决定除掉最早跟随自己、根基深厚的部下。此时，徐达、常遇春等名将早已病故，李文忠也在劝谏朱元璋少用太监后死得不明不白。朱元璋决定拿淮西派元老、自己的儿女亲家李善长开刀。

这一年李善长七十七岁，可能会有人质疑朱元璋杀掉李善长的必要性，但朱元璋深知政治的残酷性。最著名的例子便是司马懿，发动高平陵之变时他已经七十岁，从此，年龄便不再是臣子保命的借口。

李善长等一批功臣手中皆持有丹书铁券，按例可被免除谋反之外的所有死罪。然而，是否谋反是由朱元璋说了算，朱元璋声称，李善长参与了当年的胡惟庸团伙，此举令天下人目瞪口呆。其实，明朝最早公布的胡惟庸罪行中并无谋逆之罪，但这些年来，经过朱元璋数次升级，此案在明朝的官方口径中，胡惟庸竟与日本人、蒙古人勾结，妄图篡夺朱家的江山了。

朱元璋从李善长周边亲戚入手，一番拷打之下，坐实了李善长的罪名。朱元璋知道仅这样做还不能服众，就再找了一个借口，让负责占星的官员预测皇上有灾，需要大臣出来顶灾。就这样，朱元璋处死了李善长一家七十余人，只留下娶了公主的李家长子李祺，但李祺夫妇和子女也均被流放。

不仅是对李善长家，此次朱元璋借胡惟庸案一共清洗了唐胜宗、陆仲亨、费聚、赵庸、陆聚等二十二家勋贵。这次屠杀主要针对老勋贵，他们大多为洪武三年封公侯的第一批勋贵，而这些年新获封的二十家公侯基本完好无损。很多被杀的勋贵与朱元璋的关系深厚，为他立下了无数功劳。

吉安侯陆仲亨，濠州人。十余岁时，陆仲亨的父母兄弟为乱兵所杀，他惊恐地躲在草丛中，手中握着一把麦粒。此时还只是郭子兴麾下小队长的朱元璋看到了他，喊道："跟我走吗？"陆仲亨答："跟。"从草丛中出来后，他仍然紧紧握着那一把麦子，生怕这点口粮被人抢走。

平凉侯费聚，五河（今安徽省蚌埠市五河县）人。朱元璋刚加入红巾军，两人就成了好朋友。朱元璋成为小队长后，属下有"九步二骑"，费聚便是那二骑之一。

荥阳侯郑遇春，濠州人，在朱元璋领兵进攻属于他的第一座城市滁州时，担任先锋。

即便有些老勋贵已经去世，但他们的后人仍不能幸免，比如顾时、陈德、王志等人虽已去世，但子孙或被屠灭，或受牵连。而活下来的则是朱元璋围绕太子朱标打造的新一代军事贵族，以蓝玉、常升（常遇春之子）、曹震、冯胜、叶升等人为代表。没有被除掉的第一代军事贵族如冯胜、耿炳文等人，也与朱标有着千丝万缕的关系。比如，常遇春之女为太子妃，蓝玉为常遇春的妻弟；常升是朱标的妻弟；曹震之妻是朱标的乳母；叶升和蓝玉是姻亲；冯胜和常升之兄常茂是翁婿；耿炳文则与朱标是姻亲。然而，人算不如天算，朱元璋为太子朱标布局了新一代军事贵族，可仅仅两年后，朱标竟然死了！

朱元璋不得不重新选择新的继承人。朱元璋有三个选择：一是从自己的儿子中挑选一个继承人；二是选择朱标与常遇春之女所生的朱允熥；三是选择朱标与文官吕本的女儿所生的朱允炆。

第一个选择意味着将彻底推翻此前所有的布局。朱元璋已经将成年的诸子分封各地，他们手握重兵，若从其中挑选一人，可能会引发其他皇子的不满，甚至可能重蹈西晋皇室的覆辙，上演一场八王之乱。

对于第二个选择，朱允熥有着常遇春的血脉，会得到新一代军事贵族的支持。但在历史上激烈的政治斗争中，血脉根本不算什么。隋文帝杨坚不就是从外孙的头上摘下皇冠的吗？不仅如此，杨坚还杀死了姻亲宇文家的所有直系血脉，包括自己的外孙。朱元璋担心的是，蓝玉这些人中会不会诞生下一个“杨坚”呢？

第三个选择是文官群体所期望的。《明史纪事本末》卷十五记载，翰林刘三吾当即表态称：“皇孙（朱允炆）世适，富于春秋，正位储极，四海系心，皇上无过忧。”

权衡再三之后，朱元璋选择了朱允炆。新一代军事贵族的命运就此注定。一年后，蓝玉案爆发。蓝玉、常升、曹震、冯胜、叶升等原来朱标的核心团队成员全部遭到清算，十七家新勋贵被屠杀一空。而且，在四皇子朱棣的煽风点火下，大明最后的两个顶梁柱傅友德和冯胜也相继被杀。

至此，明朝的勋贵家族只剩八个：徐达、李文忠、汤和、耿炳文、吴良、沐英、吴复和郭英家族。其中，徐达、李文忠、吴良、吴复早已去世。沐英是朱元璋的义子，郭英是朱元璋的妻弟，而汤和是朱元璋最早的心腹，此时他已中风，连话都说不清，无法对朱元璋造成威胁。

杀掉蓝玉后的第五年，朱元璋去世。

次年，朱棣起兵，此时朝中宿将只剩下耿炳文。然而，耿炳文以防守见长，让他指挥军队进攻实在勉为其难。

最终，朱棣夺得了天下。而这仅存的八个家族，经过朱棣的整顿，只有徐达、沐英、郭英三个家族的爵位传了下来。

至此，洪武三年第一次分封的三十四个公侯，仅剩徐达一家（沐英和郭英是后来才封侯的）。如此惨淡，连朱元璋的后代都看不过去了，一百多年后嘉靖帝追封回五家公侯。

03
晚年布局都成空

朱元璋晚年经常在思考一件事——迁都。

“金陵这地方风水太差！我让几十万人修皇宫，修出来却是前高后低，风水上称作‘前昂后洼’，实在晦气！”朱元璋整日这般念叨。洪武年间，朱元璋曾三次筹备迁都，但每次都未能如愿。

不得不说，朱元璋对金陵的看法确实精准。虽然他晚年对身后事做了缜密的布局，但仅这一点漏洞，便让朱元璋深深忧虑，最终也导致他的一切谋划付诸东流。

一、首都不在北京，天下必乱

中国历史上似乎存在一个规律：自唐代以来，如果首都不设在今天的北京一带，大约百年左右就会发生内乱。

唐朝定都长安（今属陕西省西安市），大约百年后，河北地区爆发了安史之乱，这场叛乱标志着唐朝盛世的终结。到了元朝，这一规律再次显现。最初，元朝以和林为首都，但在蒙哥可汗去世后，蒙古贵族推举阿里不哥为大汗，忽必烈在北京发动了叛乱，夺取帝位后迁都至北京。之后，明朝的燕王朱棣发起叛乱后也采取了这番做法。

产生这个规律的根本原因在于，我国从宋朝之后就出现了经济中心和军事中心分离的现象。因为中原王朝的主要威胁来自北方，所以朝廷必须在河北囤积重兵。例如唐朝中后期，为了应对契丹与奚人的入侵，朝廷在幽州的驻军多达十万，且均为精锐，而当时全国兵力仅在六十万左右。朱元璋建立明朝后，在河北和东北地区驻扎了超过二十万的精兵，并配备了最优秀的将领，比如徐达就曾长期驻守北平。

政治中心远离军事中心会带来诸多问题。如果远离前线的皇帝对边军管控过严，事事需要通报，军队将很快失去战斗力。但如果皇帝管控过松，赋予将领更大的自主权，让其形成威信，边将们将形成新的利益共同体，从中诞生出一个个“安禄山”。

金陵作为明朝初期的都城，地理位置距离北方防线较远，唯一能解决这个问题的办法只有迁都。早在洪武之初，朱元璋就想迁都到汴梁，还亲自去考察过。结果他发现此地还不如金陵，不仅无险可守，被元朝统治百年后更是民生凋零。尽管如此，朱元璋还是借鉴了历史上的南北二京制度，以汴梁为北京，以金陵为南京。

之后，迁都一事屡屡被提起。洪武二年，朱元璋又召集群臣讨论新都选址，大臣们提出了西安、洛阳、金陵、汴梁、北平等地，并展开讨论。朱元璋却说他们说的都不对，新都应该选他的家乡——凤阳府，即今天的安徽省滁州市凤阳县。在他给出的最重要的一条理由是风水好，“为朕兴王之地”，诞生了他这个有能力建立新王朝的人。

上一个将都城定在自己家乡的还是西楚霸王项羽。在推翻秦朝后，别人劝项羽定都关中，他却以“富贵不归故乡，如衣锦夜行，谁知之者”为由拒绝了。于是，为了让故乡的百姓都知道他发达了，项羽定都徐州。也因此，他被有识之士讥讽为“沐猴而冠”，意指他虽有霸王之名，却不过是如猴着冠般虚有其表。

之后六年，朱元璋调集了近九万工匠、几十万军士和民夫，准备仿效元大都，在凤阳打造一个周长五十里的明中都。凤阳即将成为都城，大街上当然不能再只有穷汉，所以朱元璋还将江南的十几万户富豪都迁了过来。

然而，定都凤阳遭到了包括刘伯温在内的浙东派的反对。他们认为，明初一半以上的公侯都是凤阳周边的人，如果再把都城定在凤阳，其他派系将更加难以立足。正常的理由朱元璋听不进去，但刘伯温还担任一个重要的职位——太史令，负责给朱元璋看星辰、测风水、算卦。朱元璋曾做过僧人，就信这一套。或许刘伯温经常就凤阳的风水问题与朱元璋讨论，朱元璋在验收凤阳城的时候，就开始疑神疑鬼。

洪武八年（1375年），在凤阳新城即将竣工投入使用之际，朱元璋前去验收，回来后便立即下诏罢建，十分突然。官方给出的理由是担心百姓受苦，“以劳费罢之”，但问题是新都城都快建成了。《明史·薛祥传》中记载了另一个原因。朱元璋在验收时，发现匠人们在修筑宫殿时有人作法诅咒他，即“厌（压）镇法”。

时造凤阳宫殿，帝坐殿中，若有人持兵斗殿脊者。太师李善长奏诸工匠用厌镇法。帝将尽杀之。祥为分别交替不在工者，并铁石匠皆不预，活者千数。

这在今天看来或许非常荒谬可笑，但朱元璋早年曾出家为僧，第一个职业对他的后半生有着深远的影响。朱元璋投奔郭子兴之前，便曾在寺庙里求签问卦。此后，几乎每次战前，他都有问吉凶的习惯，他还亲自撰写了《御制纪梦》《周颠仙人传》等涉及神怪事迹的书籍。因此，我们不能简单地用现代的思维方式去评判他的行为。

既然凤阳不能作为都城了，回到金陵后，朱元璋又开始修建宫殿。关于宫殿的选址，朱元璋最看重的就是风水。他不把宫殿建在平地上，非要选在燕雀湖，称此地位于钟山的“龙头”前方，是龙脉所在，有“帝王之气”。于是，朱元璋再次调集了几十万民工，填平燕雀湖后修建了宫殿。然而，皇宫建好后没几年，地基就开始下沉，呈现出前高后低的样子。

按照传统的风水观念，房屋应该前低后高，正如后来清朝的紫禁城那样。而前高后低称为“前昂后洼”，在风水上是不吉利的，是大凶之兆。这种房屋连普通人都不住，朱元璋这么崇信风水的人，却每天都要看着自己前高后低的宫殿，自然浑身不自在。

之后十几年，朱元璋极为忙碌。他先是试图消灭北元，接着又借胡惟庸案清洗掉李善长等一批淮西勋贵。朱元璋还将儿子们分封在各地，让他们掌握重兵。然而，掌兵的都是朱家人后，在政治中心与军事中心分离的情况下，又产生了极大的隐患。上一个如此行事的西晋司马家就爆发了八王之乱。

解决了明朝的外部军事威胁后，朱元璋决心彻底解决迁都问题。洪武二十四年（1391 年），朱元璋以“天下山川，惟秦中号为险固”为由，考虑将都城迁至西安，令太子朱标赴陕西考察。

朱标在陕西考察了近两个月，回来后向朱元璋献上了陕西的地图，并提出了关于建都的策略。西安靠近西北前线，若定都于此，朝廷能有效地控制西北边军。而且，关中地区有函谷之固、华山之险，即便藩王们叛乱，也不过是再次上演西汉时期的七国之乱。

可朱标回来后没过几个月，竟然病死了。朱元璋深感无奈，选择了朱允炆作为继承人。随后，朱元璋掀起了蓝玉案，诛杀一万多官员及家属。这一年，朱元璋已经六十五岁，明朝又一次伤筋动骨，朱元璋终于不再提迁都之事。

二、为朱允炆组建新班底

在平均年龄只有三十多岁的古代，朱元璋不知道自己还能活几年。但作为一个历经大风大浪的政治家，他很清楚孙子朱允炆在他死后将面临什么。所以，在接下来的几年里，朱元璋每天都在和时间赛跑，努力为朱允炆打造出一个新团队。这个团队在军事上依赖朱元璋最信任的勋贵家族，在文治上则以年轻文官为主。

在军队建设上，朱元璋非常看重徐达的长子徐辉祖和李文忠的长子李景隆，让他们在陕西、甘肃等地练兵，从而熟悉军队并积累军功。朱元璋还着重历练一些没有受到清洗的家族子弟，包括徐增寿（徐达第三子，其次子早逝）、李增枝（李文忠次子）、沐晟（沐英次子）、耿瓛（耿炳文的儿子）等人。朱元璋安排他们进入掌管天下兵马的五军都督府，三年后更是对他们委以重任。五军都督府中的五军之中，徐增寿、李增枝和沐晟分别成为其中三军的主要负责人左都督。不过，年轻一代在经验上终究不足，为了弥补这一点，朱元璋把以善守闻名天下的耿炳文作为托孤重臣，让朱标的女儿嫁给耿炳文的儿子耿瓛，结成姻亲。

在文官上，朱元璋为朱允炆选拔的人才都受过他改造过的儒学熏陶，他们对君王忠心耿耿，与明朝晚期那些被认为“读书多是负心人”的文官截然不同。而且，与一般人的印象不同，这些文官并非少不经事的理想主义者，他们大多有在地方任职的经历，对明朝的实际情况有着深刻的理解。比如，日后备受争议的方孝孺，曾在四川做过蜀王世子的老师，清楚地了解藩王们的实力和诉求；日后建文帝重用的礼部尚书陈迪，他曾在山东历练，还在民族问题复杂的云南担任右布政使，政绩显著。

屡屡有人向朱元璋提起藩王的威胁，甚至朱允炆都问爷爷：“虏不靖，诸王御之；诸王不靖，孰御之？”（明代尹守衡《皇明史窃》）意思是：“外寇作乱时，我可以依靠叔叔们，但叔叔们作乱时，我又能依靠谁呢？”然而，在朱元璋的观念中，废除藩王制度是不可能的，不信任自己的家人，难道还要去信任外人？

尽管有人以西晋八王之乱的历史教训提醒朱元璋，但朱元璋仍然坚持自己推行的藩王制度承自元朝的宗王出镇制度，即藩王们虽有封号但不直接管理土地，虽有爵位但不直接统治百姓，他们只掌握军队而不涉及民政，本质上只是官衔较高的军事官员。为了防范可能存在的风险，朱元璋对各地的藩王采取了一系列的约束性措施，包括对藩王的幕僚、兵力配置和军队调动进行严格控制。此外，他还特别扶持晋王朱棡（gāng），企图让他与燕王朱棣相互制衡。

朱棡在朱元璋的儿子中排行第三，以相貌英俊著称，《明史》本传称他“修目美髯，顾盼有威”，而且他为人聪慧、善谋略。朱棡与朱标、秦王朱樉（shǎng）是同母兄弟，与朱标的关系较为亲近。而朱棣与周王朱橚（sù）则是同母兄弟，与太子朱标和晋王之间存在矛盾。

朱元璋赋予朱棡在山西的军事指挥权，甚至要求冯胜、傅友德等名将也服从朱棡的调遣。凡是山西的军务，在奏知朝廷时也必须同时奏报晋王。此外，朱元璋还安排朱棡的嫡长子朱济熺（xī）与傅友德的女儿联姻，以加强晋王在军中的人脉和威望。

更重要的是，朱棡在蓝玉案中扮演了关键的角色，并且从中获取了巨大的利益。当时，朱元璋以操练和防御蒙古为由，命军中的主要将领率军前往山西，却将蓝玉及其部分党羽留在金陵。等军队在山西集结完毕后，朱元璋又以议事为由将一部分勋贵召回，把军队留在山西由晋王控制。之后，朱元璋和朱棡在金陵和山西同时动手，杀掉了大批将领。在大规模的清洗中，晋王朱棡掌控的军队越来越多，搜刮的财物和资源也越来越多，实力越来越强，一跃成为诸王之首，名望甚至超过朱棣，二人之间的矛盾也愈发尖锐。《明靖难史事考证稿》中提到："燕、晋失睦，而晋王党比太子，其节制沿边军马，或径对燕有监视意，然则使非早薨，成祖之能否起事殊未可定。"

例如，洪武二十七年（1394 年），朱元璋曾颁发圣旨调停燕王和晋王之间的纠纷，事情的起因只是晋王手下一个小小的千户，竟然敢抢占朱棣位于大明川的果园之事。如此小事，朱棣也需要朱元璋居中调停。

渐渐地，朱棡变得骄纵起来，慢慢生了问鼎之心。朱棡的长子朱济熺是朱元璋最年长的孙子，因生母去世得早，他很小就被接进宫里，由奶奶马皇后亲自照看，《明太宗实录》称"皇考妣长孙，钟爱尤笃"。然而，朱标去世后，无论朱元璋如何催促，朱棡都一直让自己的儿子待在京城不返回山西。在当时那个暗流涌动的局面下，朱济熺既是朱家最年长的孙子，背后又有岳父傅友德的支持，谁能否认他没有资格成为继承人呢？

朱元璋自然明白儿子的心思，写信直言："今秋凉，若不取世子归，直贬你到云南。"可朱棡仍不理会，他清楚自己在朱元璋的布局中的重要性。朱元璋无奈，活了一辈子，竟然被自己的儿子拿捏。他虽不能向亲儿子下手，但处死了朱棡的岳父永平侯谢成和朱棡的姻亲傅友德。可怜傅友德，在平蜀、讨滇、征甘肃时英姿勃发，指挥若定，立下赫赫军功，是明朝顶级的名将，竟因这等腌臜事而死。

三、请不要辜负我

朱元璋此举甚是高明，表明谁敢出头，他就惩治谁。这招确实奏效，自此朱棡气势不再，整日郁郁寡欢。

如此，按照朱元璋的布局和预想，朱允炆就可以平稳地继承皇位，诸藩王之间互相制衡了。即使朱允炆日后想削藩，也不用操之过急。然而，两年后，就在朱元璋死前两个月，朱棡竟然去世了，年仅四十岁。

朱棡一死，朱元璋以晋王和燕王相互制衡的布局也随之崩塌。在最后的两个月里，朱元璋紧急采取措施制约朱棣。他让朱棡的儿子朱济熺迅速继承晋王的爵位，统率晋王府的军队，并在五月十二日下密旨让朱济熺挑选将领军士在燕王封地周围布防，以应对紧急形势。

第一封密旨发出后，朱元璋感觉言有不尽，又在同日给朱济熺下了第二道密旨。可见，此时朱元璋方寸已乱。这份密旨只讲述了一个故事，即五代初期，晋王李克用病逝，世子李存勖（xù）继位。他的叔叔李克宁图谋不轨，李存勖当机立断，斩杀李克宁，延续了后唐基业。

信中所指的晋王李克用，明眼人都能看出暗指晋王朱棡，而信中的李克宁指的是谁？

对于朱棣那边，朱元璋则派遣心腹左军都督杨文，以参赞燕王军事的身份前往北平辅佐。所谓"辅佐"，从后续情况来看实际是监视和防备。朱元璋更重要的一步棋是调锦衣卫指挥使宋忠前往河北，打算架空朱棣。宋忠在朱元璋去世后差一点就压制了朱棣。

除了强硬手段，朱元璋对朱棣也采取了怀柔之策。他在临死前给朱棣下了敕令，着重提到周公辅佐成王稳定周朝江山的故事，命令朱棣效仿。朱元璋还在敕令中说："在你（朱棣）的同辈众多兄弟中，老二老三都已去世，如今你（朱棣）是最年长的儿子，要担负起责任，你（朱棣）要带领其他诸王爱护百姓，守护大明的江山。请不要辜负我的托付！”

《明太祖实录》记载：

> 乙亥，敕今上（燕王）曰：朕观成周之时，天下治矣，周公犹告成王曰：诘尔戎兵，安不忘危之道也。今虽海内无事，然天象示戒，夷狄之患岂可不防？朕之诸子，汝独才智克堪其任。秦、晋已薨，汝实为长，攘外安内，非汝而谁？已命杨文总北平都司行都司等军，郭英总辽东都司并辽府护卫，悉听尔节制。尔其总率诸王，相机度势，用防边患，乂安黎民，以答上天之心，以副吾付托之意。其敬慎之，勿怠。

洪武三十一年（1398 年），七十一岁的朱元璋在皇宫中的卧榻上停止了呼吸，离开了他亲手创建的大明王朝。他在遗诏中对自己一生的功劳做了总结，主要包括平乱和治国两方面，即“定祸乱而偃兵，妥生民于市野”。遗诏中还写到，在登上皇位的三十一年里，他“忧危积心，日勤不怠，专志有益于生民”。

朱元璋也承认自己的起点低微，许多事情不知如何处理，只能摸索前行，即“奈何起自寒微，无古人之博智，好善恶恶，不及多矣”。他还希望中外文武臣僚能同心辅佐朱允炆，引领大明走向辉煌。对于身后事，他希望像汉文帝一样薄葬，即“葬祭之仪，一如汉文无异”。

可效仿汉文帝不过是说说而已，朱元璋处理身后事更像汉武帝。为防止外戚专权，汉武帝去世前立汉昭帝，杀了汉昭帝的生母钩弋夫人。而按照朱元璋的遗命，除了宝庆公主的母亲张美人外，其余所有四十多位嫔妃全部殉葬。

之后，建文帝登上了历史舞台，开始了新的博弈。

后记

本人曾长期供职于新闻单位，习惯从新闻视角看问题，深入挖掘出事件背后的底层逻辑及各参与方的利益得失。我在审视明朝初年的历史时，同样从新闻视角出发，把以封建专制时代的价值观为主旨的《明史》等史料打碎，运用类似新闻调查的方法，提取出最纯粹的历史事件，将明朝的历史重新呈现给读者。

中国古代的史书多以“君史”为中心，皇帝们站在“神坛”上，用儒家伦理俯瞰众生。然而，若抛弃那些“君君臣臣，父父子子”的理念，明朝开国皇帝朱元璋又比他的对手陈友谅和张士诚高尚多少呢？因此，本书以分析各方的利益得失而非儒家伦理为重点，为读者们解读明朝开国进程中众多历史事件的底层逻辑。

这是一本对每句话都力求做到言出有据的书。在长达两年的写作过程中，仅与明朝相关的论文，我就查阅了上千篇，梳理关于各个历史事件的不同观点，找出最接近真相的论述，努力从各个角度准确地还原明初的历史。在大部分人的眼里，读历史书是比较枯燥的，但我致力于将复杂的历史事件写得生动有趣，让书中的人物不再是一个刻板的名字和符号，而是一个个活生生的人。无论你是历史爱好者还是普通读者，都能从中找到读史的乐趣。

历史本身远比小说更精彩，真实历史事件的诡谲曲折也远远超出作家的想象，让人难以看懂。我在写作过程中，专注于如抽丝剥茧般细致地分析重大历史事件，通过描写鲜活的细节，让历史不再复杂和神秘，努力使读者像读侦探小说一样，酣畅淋漓地领略历史细节的精彩之处，了解历史浮沉背后的线索和脉络。

总之，这是一本直截了当讲利弊，带读者读懂明朝开国历史的书。本人与传统历史作家有不同的专业背景和看问题的角度，有许多不同的观点，若有不足之处，望读者海涵。

这是我出版的第一本历史书，在此感谢同样热爱历史的姑父陈福建对我的帮助和鼓励。我是一个曾经走过歧路的孩子，许多老师曾无私地帮助过我，为我指引了正确的人生方向，特别感谢我的初中老师王红拽，高中老师路晓彦、袁文清，大学老师刘丽虹。

对我走上历史写作道路影响最大的是我在复习班遇到的语文老师，他是一位老派文人，拥有深厚的文史素养。当时，我的作文分数一直很低，但有一次我写的一篇评点历朝兴衰的作文竟被老师打了满分。老师在班上点评了这篇作文，还在教室的后墙上展出了一周。现在回想起来，当时我的文笔还很稚嫩，但老师还是发现了那篇作文的亮点，并给了我最大的鼓励，在我心中埋下了一颗热爱历史的种子。

遗憾的是，这位语文老师只教了我一年，毕业后我也未曾与他联系。日后，当我踏入社会，在十几年间被现实撞得头破血流，不知道自己能做什么时，我突然回想起那篇满分的历史作文，想起那位两鬓斑白的语文老师。

于是，两年前，我提起笔来，开始写这本历史书。当时正值夜半，窗外月光如洗。

猫智深

2024 年 10 月 16 日写于广东